A REVOLUÇÃO SILENCIOSA:
Autobiografia pessoal e transpessoal

Pierre Weil

A REVOLUÇÃO SILENCIOSA
Autobiografia pessoal e transpessoal

Editora
Pensamento
SÃO PAULO

O primeiro número à esquerda indica a edição, ou reedição, desta obra. A primeira
dezena à direita indica o ano em que esta edição, ou reedição foi publicada.

Edição	Ano
5-6-7-8-9-10-11-12-13-14	08-09-10-11-12-13-14

Direitos reservados
EDITORA PENSAMENTO-CULTRIX LTDA.
Rua Dr. Mário Vicente, 368 – 04270-000 – São Paulo, SP
Fone: 6166-9000 – Fax: 6166-9008
E-mail: pensamento@cultrix.com.br
http://www.pensamento-cultrix.com.br

A sociedade, como atualmente está constituída, é uma coisa horripilante, com suas intermináveis guerras de agressão — não importa se agressão defensiva ou ofensiva. Necessitamos de coisa totalmente nova, de uma revolução, uma mutação da própria psique.

KRISHNAMURTI

Uma mudança de consciência é o fato maior de transformação evolutiva próxima; é a consciência que, pela própria mutação, impera, e que irá operar as mutações necessárias ao corpo.

SRI AUROBINDO

A alegria do elemento que se tornou consciente do Todo que ele serve e no qual ele termina — a alegria extraída pelo átomo refletido no sentimento de seu papel e da sua compleição no seio do Universo que o carrega: tal é, de direito e de fato, a forma a mais alta e a mais progressiva que me seja possível de lhes propor, e de lhes desejar.

PIERRE TEILHARD DE CHARDIM

A coisa mais bonita que podemos experimentar é o mistério. É a fonte de qualquer arte e de todas as verdadeiras ciências.

ALBERT EINSTEIN

ÍNDICE

Introdução

Por que Resolvi me Manifestar para o Público 9

I — Meu Primeiro Deus: Pronto Socorro
Conflitos Culturais e Religiosos da minha Infância 13

II — A Guerra Mundial — Descoberta da Não-Violência 26

III — Chegada ao Brasil — O Meu Novo Deus: A Ciência e o Infinito 41

IV — Crise Existencial: Início da Revolução Silenciosa. . 51

V — As "Coincidências" 61

VI — Primeira Implosão — Experiência Cósmica 77

VII — A Viagem dos Colares — Segunda Implosão 85

VIII — A Mudança Definitiva 102

IX — Saídas do Corpo Físico 143

X — O Padre do Deserto 153

XI — Terceira Implosão — O Despertar da Kundalini 166

XII — Transformação na minha Vida Sentimental 181

XIII — "Eu Sou" — Uma Nova Fase da minha Existência 192

Psicossíntese 211

Anexo I

Recomendações Gerais para quem está Interessado na sua Própria Revolução Silenciosa 222

Anexo II

Declaração de Princípios 231

Obras do Autor 233

Introdução

POR QUE RESOLVI ME MANIFESTAR PARA O PÚBLICO

> No fundo, só me parecem dignos de ser contados os eventos de minha vida em razão dos quais o mundo eterno irrompeu no mundo efêmero. Eis por que eu falo sobretudo de minhas experiências interiores.
>
> C. G. JUNG

Este é o primeiro livro que escrevo com a intenção de falar de minha vida pessoal, especialmente das descobertas que fiz através da minha experiência no domínio da **Parapsicologia** e da **Psicologia Transpessoal.**

Muitos leitores e ouvintes de minhas conferências me perguntam se o que eu relato como tendo acontecido com outras pessoas, ou como sendo o resultado de investigações na Universidade, também acontece comigo. Portanto, o presente livro é uma resposta aberta a esse público.

O leitor esclarecido já deve ter pressentido que relutei muito antes de tomar tal decisão.

Já enfrentei este problema na época em que resolvi abordar este assunto, para dele fazer uma matéria universitária de base do psicólogo.

Evidentemente havia o risco de eu ser desacreditado pelo meus colegas, principalmente pelos que não me conhecem pessoalmente. Embora fundado em pesquisas e investigações bastante sérias feitas por autoridades de qualidade indiscutível, este ainda é um terreno que se presta a muitas mistificações. Entretanto, recebi o apoio de muitos colegas, e o entusiasmo de meus estudantes de Psicologia me convenceu de que eu havia tomado uma decisão acertada.

Mas, escrever um livro revelando experiências pessoais às vezes bastante íntimas — e muitas delas aparentemente impossíveis de acontecer — faz reavivar o risco de ser avaliado por muitos como fantasioso ou mesmo supersticioso. Outros ainda podem me acusar de sensacionalista; devo dizer, porém, que já não preciso me promover, pois estou mais na situação de alguém que se protege de intrusos e indiscretos através de disfarces. Posso até mesmo dizer que, por ser tão conhecido como sou, cabe-me o dever (ou mesmo a missão) de mostrar o que aconteceu comigo (ou com pessoas com as quais convivi o suficiente para testemunhar sua boa fé e honestidade). Deixo bem claro, portanto, que se estivesse preocupado com minha reputação, melhor seria manter-me calado.

Pode ser também que pensem que eu esteja querendo enriquecer às custas de assuntos paranormais e místicos. Também neste caso é sabido que tenho uma situação material que não justificaria tal ganância. Mesmo que não tivesse tal estabilidade, minhas ambições nesse terreno (material) nunca foram muito grandes; sem contar que direitos autorais nunca me deram possibilidade de uma renda fixa e tranqüila, pois vivo e sempre vivi do meu trabalho como profissional liberal e como professor universitário.

Na realidade, o fato de querer que os outros compartilhem de minhas experiências é sem dúvida o motivo maior que me levou a escrever este livro. Com efeito, a maioria das pessoas que passaram pelas experiências que passei têm uma verdadeira compulsão, uma febre de comunicar suas vivências aos outros, para com eles compartilhar o entusiasmo, a alegria e o clima de elevação e amor que as inspira. Porém, nem sempre são bem-sucedidas. Freqüentemente são objeto de chacota, de piadas ou até mesmo consideradas loucas ou lunáticas.

É também para que estas pessoas não se sintam mais sozinhas que estou escrevendo, para que saibam que eu — decerto não sou louco ou desequilibrado — já vivi todas essas experiências.

Quantas vezes, depois de uma palestra sobre a Consciência Cósmica, pessoas vêm me procurar para dizer o quanto ficaram satisfeitas em saber que tinham encontrado alguém que também tinha conhecimento de tais experiências. Os inúmeros agradecimentos que nessas ocasiões recebo são emocionantes.

Há ainda um outro fato que me levou a tomar esta decisão: muitas são as pessoas que não têm tempo, paciência ou interesse em ler relatos de pesquisas científicas repletas de estatísticas e citações bibliográficas. Um caso concreto relatado por uma pessoa digna de confiança as convence muito mais do que mil estatísticas. É também para este público que me dirijo.

O grande psicanalista Jung não fez outra coisa quando descreveu as suas experiências pessoais; mas relutou muito quando da publicação de suas memórias, pois não queria que sua obra científica fosse desqualificada pelas suas revelações pessoais.

Desde Jung os tempos mudaram, em parte graças aos seus próprios trabalhos, mas também graças ao fato de biólogos e físicos estarem avançando a passos largos em direção à Psicologia Transpessoal e à Parapsicologia, inclusive na União Soviética, como eu mesmo testemunharei no decorrer desta obra.

A exemplo de todos os meus livros, este também reflete uma preocupação pessoal: à medida que descobria este mundo maravilhoso de outra dimensão, minha própria existência começou a tomar mais sentido; este livro será, assim espero, uma oportunidade de definir ainda melhor o sentido de minha vida, ajudando outros a melhor compreender o sentido de suas vidas.

Quero frisar que o que vou relatar a meu respeito acontece, em vários de seus aspectos, com uma certa freqüência; mas nem por isso devo ser considerado como um paranormal, um guru ou um santo. Estou muito longe disso. O pouco que tenho a relatar tem-me custado muitos esforços. Porém, é preciso considerar que se trata de um relato de experiências que se deram ao longo de vinte ou vinte e cinco anos, período em que começaram a se multiplicar.

Como eu disse, essas experiências se inscrevem dentro de um processo evolutivo que para mim se torna cada vez mais claro e consciente à medida que eu mesmo penetro cada vez mais no meu ser interior.

O livro é, assim, uma espécie de balanço provisório, pois continuo existindo enquanto o escrevo e possivelmente muita coisa ainda acontecerá. Não sei quando será publicado. Também não sei se devo esperar mais tempo para acrescentar experiências futuras. O que sei, por intuição, é que este é o momento de começar a escrever, pois a lista de assuntos anotados já é tão grande, que, em relação a alguns deles, minha memória arrisca-se a não ser tão precisa. Por isso, em relação a outros tenho conservado anotações ou mesmo fragmentos.

A minha evolução em direção a uma maior compreensão do papel que eu e o homem em geral estamos desempenhando neste planeta e no universo pode ser dividida em várias fases.

São estas fases que constituirão as grandes divisões da presente obra; hoje, vejo-as como degraus de uma escada contínua que vai do finito ao transfinito, do amor narcíseo ao amor universal, da matéria ou energia densa à fonte da energia, da pluralidade à unidade, do apego ao desapego, do conceito de morte à experiência viva de uma transformação ou de uma passagem, de um Deus utilitário e antropomórfico a uma onipresença, oniciência e onipotência que permeia tudo, inclusive cada um de nós, e que é este todo. Esta evolução me leva progressivamente do ter ao ser, da dúvida à certeza, do crer ao saber, da inconsciência à plena consciência, das oscilações entre felicidade e infelicidade à paz interior permanente. Sei, hoje, que estou em algum ponto ou degrau dessa escada; estou aprendendo a conhecer melhor o mapa desta viagem à medida que percorro o caminho; as descrições dos que já o percorreram me dão maior segurança e me evitam certos tropeços; mas só cada um de nós pode fazê-lo, e nisto estamos absolutamente sós; sós, até descobrir que nunca estamos sós.

Graças à divisão em fases que adotei, poderei continuar a escrever este livro na medida em que essa evolução se processa, e, se for o caso, poderei até mesmo publicar o restante mais tarde.

I

MEU PRIMEIRO DEUS: PRONTO-SOCORRO. CONFLITOS CULTURAIS E RELIGIOSOS DA MINHA INFÂNCIA.

> O espetáculo do que foram as religiões, e do que algumas ainda são, é bastante humilhante para a inteligência humana. Que tecido de aberrações! A experiência pode insistir dizendo 'está errado' e o raciocínio 'é absurdo'; mesmo assim a humanidade se agarra ainda mais ao absurdo e ao erro. Ainda se ela se limitasse a isto! Mas vimos a religião prescrever a imoralidade, impor crimes. Mais grosseira, e mais lugar materialmente ocupa na vida de um povo.
>
> HENRI BERGSON (*A religião estática.*)

Como é que cheguei a ser um homem com inúmeras experiências interiores, que vão da telepatia à visão de formas luminosas de energia, geralmente associadas aos aspectos místicos da religião?

A primeira coisa que me ocorre é procurar alguma influência religiosa que me preparasse para tal fenomenologia.

É o que farei em primeiro lugar. Porém, devo dizer de antemão que minhas vivências religiosas da infância deixaram muito mais um saldo negativo do que positivo.

Uma família com três religiões antagônicas

O que sei de minha mãe antes de eu ser concebido, e antes que ela se casasse, é que quis ser freira, o que me permite supor que ela tivesse tido alguma vocação mística; no entanto, o que sinto e o que me foi dado a observar durante os anos que com ela convivi não confirmam nada disso.

Ela era uma alsaciana, de nível cultural primário, um tanto rude no trato com os outros; fazia questão de ser franca e de dizer o que pensava, doesse a quem doesse; com isso colecionou algumas antipatias, e também muitas amizades; era exímia cozinheira, aprendera a tocar piano, a pintar e a costurar e gostava muito de lugares bonitos, de sítios, de lagos, do pôr-do-sol. A respeito de religião, como meu pai fosse judeu, ela muitas vezes me dizia: "Pierre, tudo isto é o mesmo teatrinho de fantoches" (Guignol).

Esta última afirmação contrastava com o convite que me fazia todas as noites, pelo menos até a metade do curso primário, no sentido de rezar para o bom Deus. Quando eu tinha algum problema, eu pedia: "Meu caro bom Deus, me tira disto, por favor".

Assim, ela me comunicou um conceito utilitarista de Deus, uma espécie de pronto-socorro. Mas o contraste com a outra mensagem, que as religiões eram todas um teatrinho, deve ter sido uma das fontes do meu futuro agnosticismo e descrença de tudo. Era uma espécie de "doublebind", como o chama Gregory Bateson, que mostrou que tais contradições podem levar até à esquizofrenia; eu não fui a tanto, pois essas mensagens não eram tão essenciais para mim, nem freqüentes; mas me deixaram uma certa intolerância em relação a pessoas extremamente contraditórias.

De vez em quando minha mãe me levava à Igreja Católica; mas também ia a igrejas protestantes assistir a alguns casamentos de amigos; a Alsácia é uma terra predominantemente protestante, e um tio meu era também desta religião.

O meu pai, como já disse, era judeu, praticante da religião judaica, de modo liberal. Mas, a coisa aqui se complica: embora muito unidos em relação a perseguições exteriores, o povo judeu é o mais dividido e o mais levado a controvérsias religiosas de todos os povos; e há uma rigidez de posições que para mim se tornou intolerável. Existem duas grandes correntes: os judeus ortodoxos e os judeus liberais. Os dois tipos, porém, não se entendem de forma alguma. Na minha mente de criança ficou gravado que os judeus liberais usavam órgão, o que muito me agradava, e coral na sinagoga, e podiam comer presunto fora de casa.

Os judeus ortodoxos seguiam a Bíblia, a Tora e os textos sagrados ao pé da letra: tinham de observar a separação de comidas com ou sem leite; não podiam acender fogo ou tomar condução aos sábados; colocavam as tefilins — uma espécie de caixinha com laços na cabeça e nas mãos — todas as manhãs; e muitas outras coisas.

14

Lembro-me do fato de um primo meu, ao saber que eu comia presunto em restaurante ou durante as férias, fazer um gesto de vômito; achei isso realmente esquisito.

Para aceitar minha mãe, a família de meu pai exigiu que no casamento ela se convertesse; a coitada aprendeu hebraico e os complicados rituais de práticas alimentares. Ela o fez exclusivamente por amor ao meu pai, pois quando ele faleceu tanto ela como eu largamos todas as práticas. A partir desse dia, ela só ia rezar na sinagoga nos aniversários da morte dele.

Até o fim de sua própria vida ela chorou a morte dele.

Falando em chorar, ela chorou muito também quando a família de meu pai não quis recebê-la, mesmo convertida; para eles, ela era ainda um "goi", isto é, uma não-judia. Eu a consolava quando o meu pai viajava para visitar sua família. Só muitos anos mais tarde fizeram as pazes.

Também tenho em meu corpo a marca religiosa judaica: meus pais fizeram celebrar a circuncisão. Claro que não me lembro desta operação cirúrgica. Creio que é uma boa medida de higiene, embora também tenha várias conotações simbólicas, entre elas o sinal da aliança de Deus com o povo judeu.

Então, fui criado na religião judia, na sua forma liberal, o que fez com que eu fosse tratado com um certo desprezo, comiseração e condescendência pelos meus primos, com os quais, aliás, brincava muito.

Meu pai levava-me à sinagoga em Estrasburgo, onde morávamos, sinagoga essa que foi inteiramente arrasada por Hitler, preocupado em não deixar nenhum rastro da religião judaica. Nessa sinagoga havia, no lugar do coral, uma espécie de céu azul estrelado; lembro-me bem como a beleza da música se confundia com o símbolo azulado do espaço cósmico; eu sempre pensava que Deus devia residir ali; a única coisa que me comovia e acendia algo de verdadeiramente religioso em mim era este canto da sinagoga fundido com a música do órgão e das vozes do coral. As rezas eram de uma monotonia que me aborrecia; aqueles homens murmurando palavras de modo rápido e evidentemente sem nem pensar no que estavam falando despertavam em mim apenas desprezo, ainda mais pelo automatismo do seu ato; não havia nem alegria, nem êxtase, nem fervor; apenas faziam isto porque os seus pais, avós, bisavós também o faziam; para mim isto não tinha, e até hoje não tem, nada a ver com religião.

Devo dizer que nas religiões católica e protestante encontrava o mesmo comportamento; e também a comiseração por eu não ser cristão. De vez em quando uma de minhas primas tentava me convencer de que o Cristo era a grande solução. Acontece que do lado judaico me apontavam Jesus como um grande mentiroso, pois ele não podia ser o messias, já que o messias acabava com as perseguições e as guerras. Ora, guerras e perseguições de minorias existem até hoje. E além do mais são justamente os seus seguidores que mais massacraram os judeus, sobretudo na Inquisição. Eu ouvia com horror as histórias dos marranas da Espanha convertidos à força ou torturados pelos tribunais da Igreja Católica.

Esta imagem foi ainda reforçada pelos amigos protestantes que me contavam os massacres de São Bartolomeu, embora aí se tratasse de uma briga entre cristãos.

Tios meus católicos me acusavam de pertencer ao povo que tinha denunciado Jesus e, por conseguinte, me responsabilizavam pela sua morte. Sentia-me mal por ser responsável pela morte de alguém que não conheci e que nem pertenceu à minha época.

Só mais tarde vim a saber que Jesus também era judeu. Isso me aliviou muito desse sentimento de culpa que me incutiram. Desta vez era uma briga em família: o que tinham estes cristãos de se meter nisto?

Este ambiente persecutório influenciou muito toda a minha existência e deixou um rastro de tristeza em mim, com relação à burrice e estupidez de grande parte da humanidade. Certo dia, uma tia minha me perguntou se era verdade que na páscoa os judeus costumavam beber o sangue dos cristãos...

Na aldeia onde meu pai nasceu, Bouxwiller, havia muito anti-semitismo, mesmo na nova geração. Certo dia eu estava passeando de bicicleta, durante minhas férias escolares, em um lugar onde eu sabia haver fósseis de amonitas, um caramujo hoje extinto, para enriquecer a minha pequena coleção de mineralogia e geologia. No meio do caminho, uma turma de jovens derrubou a minha bicicleta; eu caí na terra e, ainda no chão, ouvi os risos e gritos deles: "Seu judeu sujo!". Eu associei isto a uma vingança pelo fato dos antepassados do meu pai terem denunciado Cristo aos romanos.

Quando entrei na escola primária meus pais me colocaram também no "Talmud Thorah", onde o rabino Deutsch, que hoje ainda está vivo em Israel, ensinava hebraico e a Bíblia para as crianças. Aprender o alfabeto francês e ao mesmo tempo o hebraico foi demais para mim. Essa língua estranha, cuja leitura vai da direita para a esquerda, com letras mudas, não podia penetrar em mim ao mesmo tempo que o alfabeto latino; era demais para mim. Tanto é que o rabino chamou meu pai e, na minha presença, falou que era cedo demais; que voltasse no próximo ano.

Efetivamente, no ano seguinte consegui aprender o alfabeto hebraico e passei a lê-lo corretamente. O rabino Deutsch sempre me levava para casa em sua bicicleta, o que me dava um sentimento de proteção e bem-estar. Lembro-me também que ele nos fazia discutir assuntos filosóficos, como por exemplo se tínhamos livre-arbítrio ou não. Aliás, é uma dúvida que tenho até hoje, e que minhas experiências com premonição levantam com mais acuidade ainda. Minha aprendizagem da escrita foi bastante penosa: meu pai perdia a paciência e dava-me bofetadas. Por certo ele me queria bem, embora à sua maneira um tanto germânica de educar. E este é um dos poucos ressentimentos que tiveram que ser dissolvidos na minha psicanálise. Mais tarde percebi que eu era canhoto. E isto explica bastante minhas dificuldades de aprendizagem escolar.

Fora essas poucas bofetadas, sentia meu pai como um bom amigo, e um ótimo defensor contra as surras da minha mãe, um tanto nervosa quando em conflito com vizinhos. Hoje, porém, sei que essas surras faziam parte da cultura popular, e que eles mesmos imitavam seus próprios pais. Achavam natural, e isso não impedia que eles me quisessem bem.

Coisas agradáveis, em se tratando de religião, houve bem poucas. O que muito me agradava era a festa judaica de Hanucca, em que meu pai, conforme a tradição israelita, acendia uma vela a mais durante seis dias no candelabro de sete velas; mal sabia eu que estas sete velas simbolizavam os sete níveis evolutivos do homem, que eu iria descrever mais tarde em meu livro "Fronteiras da Evolução e da Morte".

O ambiente desta cerimônia caseira era muito aconchegante, "gemütlich" como se dizia em alsaciano, um dialeto germano-francês, que eu também aprendi a falar. Imagine a neve caindo lá fora, tudo branco na rua; dentro de casa o fogo crepitando na lareira; e nós três, meu pai, minha mãe e eu, cantando juntos um velho cântico hebraico, ao acender as velas. Eu, sem dúvida, era tocado pela beleza do evento.

Esta festa coincidia com o Natal cristão, que deve ter-se nela inspirado, pois nele também se acendem velas numa árvore. O can-

17

delabro de sete velas é, na realidade, descrito na Bíblia como uma árvore. Essa coincidência fazia com que na mesma semana fosse convidado para a festa de Natal de meus tios católicos. Lá eu recebia lindos presentes. Como criancinhas encantadas, esperávamos o momento de Papai Noel passar pelo quarto vizinho e deixar-nos trens elétricos, bonecas, castanhas e doces. As velas acesas eram lindas e minha tia tocava valsas e músicas clássicas no piano. Cristianismo e judaísmo fundiam-se agradavelmente em minha mente e coração, por ocasião desses eventos. Era uma trégua na guerra das religiões no seio da minha família!

Com Claude, meu primo mais liberal, brincávamos dizendo que criaríamos a associação católica dos judeus protestantes a favor do Islamismo budista.

No liceu Kleber, onde estudei desde o primário e início do secundário, um outro rabino nos ensinava elementos do velho testamento. Devo dizer que esqueci o seu nome, de tão ruim que eram suas aulas. Ele nos fazia repetir durante horas os nomes bíblicos num ritmo monótono: "Milka e Chiska, Milka e Chiska, Milka e Chiska...". Ou então: "Adão e Eva, Adão e Eva, Adão e Eva, Adão e Eva...". Isto é tudo que eu lembro. É o que se poderia chamar de ensino a muque... mas, pelas informações que tinha do ensino religioso católico e protestante, não eram muito mais brilhantes...

Onde senti uma influência mais mística foi com os escoteiros. Meus pais me colocaram no ramo israelita dos escoteiros franceses. Ora, até nisso havia divisão das religiões.

Lá tomei contato com danças hassidins, com canções vindas dos rabinos da Polônia e da Rússia, onde se contavam histórias de milagres, de visões, de aparições; o que mais me impressionava era a história do Golem, este homem construído em segredo a partir do barro e a quem uma palavra divina secreta, amarrada a seu corpo, lhe dava vida.

Também dançávamos a "horrah", dança típica dos Kibbutzins de Israel, comunidades agrícolas que naquela época estavam em plena efervescência naquilo que ainda era conhecido como Palestina. Eu ia colher fundos para o Keren Kayemeth, dentro de uma caixinha azul onde estava gravada a estrela de David.

Hitler estava despontando do outro lado do Reno, o rio que separa a França da Alemanha; isto se passava a dois quilômetros da minha casa. As perseguições começavam. Nosso chefe escoteiro, Fritz Hammel, deu-nos longo treinamento de sobrevivência: adaptou-nos a viver no mato, a ficar horas andando escondidos sem comer e beber, a andar quilômetros a pé em montanhas. Ele tinha uma antevisão do que ia acontecer, e nos comunicava os fatos reais. E isso muito me ajudou a salvar a minha própria vida mais tarde; por isso lhe sou muito grato até hoje e agora sei por que ele se mostrou um chefe impiedoso e duro.

Eu mesmo pude presenciar o que significava este início de perseguições. Judeus-alemães começavam a fugir a nado através do Reno, que era aliás um rio selvagem e muito perigoso. Meu pai acolheu muitos desses pobres fugitivos em nossa casa, e eles ocasionalmente nos relatavam os horrores a que foram submetidos pelos soldados da SS.

Cheguei, assim, à adolescência num ambiente bastante ameaçador; era a época da travessia do Atlântico pelos primeiros aviadores, a época dos primeiros aparelhos modernos de rádio; lembro-me do primeiro aparelho que meu pai comprou: era todo de mármore, com duas colunas lembrando um templo romano; de dentro saía música clássica, e notícias sobre nosso vizinho, Adolf Hitler...

Este ambiente ameaçador foi crescendo, até chegar aos acontecimentos de Munique; Hitler e Chamberlain adiaram a guerra de um ano.

A morte de meu pai e meu primeiro contato com o fenômeno do desenlace

Estamos em 1938. Um pouco antes dos acordos de Munique meu pai, que era Juiz de Direito, recebeu instruções secretas para evacuar sua família, em virtude do perigo da guerra. Ele, porém, tinha que ficar no seu posto, como funcionário do governo; e vocês podem imaginar a tensão que isto representou: eu e minha mãe tomamos o trem, e pela primeira vez na sua vida meus pais tiveram que se separar. Fomos para La Bourboule, uma estação de águas para asmáticos, nas montanhas no interior da França. Ficamos num hotel, até vir a notícia dos acordos de Munique: alívio geral.

Quando voltamos para casa, meu pai se jogou nos braços de minha mãe, chorando; eles foram para o quarto e eu fiquei esperando fora, pensando em todos esses acontecimentos. Eu estava ao mesmo tempo em plena crise de puberdade, a sexualidade despertando e eu sem preparo para saber o que fazer com isso.

O despertar sexual glandular foi violento; eu não sabia o que fazer; com medo das meninas, só me restava descobrir que eu podia me satisfazer sozinho. E foi o que fiz, até meu pai descobrir. Ele, então, me ofereceu um livro: "O que todo rapaz deveria saber". Bastante culpabilizante!

Meu pai tinha mudado de cargo; fora nomeado presidente do Tribunal de Mulhouse, para onde tínhamos nos mudado um ano antes. Meu novo chefe escoteiro, ao contrário do antigo, preconizava a amizade e camaradagem entre rapazes e moças. Lá fui eu fazer "camaradagem" com uma das meninas que freqüentava, como eu, reuniões dos sábados à tarde na sinagoga; porém, a "camaradagem", para mim, se transformou numa paixão louca, não expressa e escondida de meus pais. Ficávamos olhando um nos olhos do outro durante horas; era uma forma de contemplação que me levou muito cedo a viver, através da relação com o outro sexo, a comunicação existencial profunda, resultante de sublimação de energia na sua forma sexual.

Esta experiência muito me marcou; e eu não sabia como revelar isso aos meus pais; chorava muito num misto de felicidade, culpabilidade e saudades. Ficava horas na janela da sinagoga esperando ela aparecer e me olhar. Ou então, também numa das janelas da casa de um primo de meu pai, que por coincidência se situava em frente ao apartamento onde ela morava. Janine era seu nome; nome de doce recordação.

Resolvi falar com meu chefe escoteiro a respeito dessa ligação amorosa; ele achou tudo isso muito bonito. Falei-lhe que meu pai não concordava com esse namoro e achava que eu devia estudar em vez de passear com essa menina, mesmo que, como era o caso, a ligação fosse só uma "camaradagem".

Meu pai adoecera; estava acamado com uma doença ainda não diagnosticada. Então meu chefe resolveu tomar a minha defesa e ir visitar o meu pai. Eu mal sabia que estávamos a três dias da sua morte. Conversaram sozinhos, eu esperando o "veredicto" na porta, angustiado e com medo de alguma proibição definitiva. Felizmente meu pai concordou com uma amizade e camaradagem. Eu estava com quatorze anos e ela com treze...

Pediram-me para levar a urina de meu pai para análise; demorei um pouco, no meio dessas preocupações. Mais tarde eu iria me culpar pela morte de meu pai por essa demora; na realidade ele estava com diabete e com gangrena já adiantada. A gangrena foi subindo num traço vermelho na pele; foi a última coisa que vi de meu pai. Ele morreu, após uma tentativa de fugir da cama, já em estado de semicoma.

Minha mãe encomendou um vestido e um chapéu redondo com véu preto; lembro-me que fiquei um tanto chocado com a sua preocupação de elegância numa circunstância tão triste. Encomendamos também o caixão. Como filho único, tomei as iniciativas e me senti o chefe da pequena família remanescente: duas pessoas...

Colocamos a toga de Juiz em cima do caixão; recusei-me a ver meu pai morto. Queria guardar a lembrança dele vivo; acho agora que isso foi uma boa racionalização. Na realidade eu estava me defendendo do medo de ver a morte de frente.

Continuei por muitos anos, já adulto, a evitar enterros, e só vi o primeiro defunto quando tinha trinta e cinco anos de idade. Hoje, a minha tendência é acompanhar os amigos e ajudá-los a se desligar, dando-lhes uma orientação segura. Como eu mudei!...

Esta é a história da minha mudança; ela foi lenta, muito lenta.

Colocaram meu pai num caixão abrigado com uma camada blindada, pois ele ia ser transportado para outro departamento francês, e enterrado em Estrasburgo; o rabino fez um discurso muito bonito, lembrando que meu pai foi uma das primeiras vítimas indiretas das ameaças nazista. Realmente, o diabete foi resultado da tensão devida ao medo da guerra e à primeira separação da minha mãe.

O *hall* do cemitério de Estrasburgo estava repleto de amigos e parentes; ouviu-se mais um discurso do rabino de Estrasburgo. O som da terra caindo sobre o caixão ainda ecoa no meu ouvido. Quando chegamos em casa, minha mãe e eu nos deitamos no sofá e choramos. Esse choro não foi suficiente, pois mais tarde, vinte anos depois, ainda chorei esta morte na minha psicanálise e em psicodramas. E foi lá que fiz o verdadeiro luto e que aceitei essa morte de alguém que eu precisava para me guiar no meu comportamento de jovem, sobretudo nas minhas relações amorosas.

Pouco tempo depois o meu primeiro amor transpessoal se dissolveu; ela me deixou, para passear com outro rapaz, aliás um rapazola pequenininho e feio... A minha tristeza aumentou; eu não soube como reagir a esta situação.

Mais tarde, durante a guerra, ela me escreveu pedindo perdão pelo que tinha feito; nunca tinha me ocorrido que ela pudesse ter tido um sentimento de culpa a respeito deste corte brusco de uma relação tão bonita.

Assim, a morte de meu pai foi acompanhada do nascimento e morte da minha primeira relação existencial mais profunda, que começou pelo olhar. Esta relação pelo olhar que descobri por acaso marcou a minha vida amorosa; descobri aos poucos que era uma das portas de entrada para estados transpessoais da consciência. O que eu tinha descoberto espontaneamente encontrei mais tarde como experimentos e técnicas de Ioga-Tântrica. Eu estava com isso na porta da verdadeira mística e da verdadeira religião, no sentido de religar o que está desligado. Com efeito, este encontro de olhares é acompanhado de um estado de contemplação, que leva a uma fusão de mentes e de sentimentos e muitas vezes a uma espécie de estado de graça. Embora presente, a atração propriamente sexual preenche um papel secundário nisso; mas é a energia que se transforma de sua forma sexual em forma contemplativa; é uma meditação a dois; e é por isso que são tão belos e saudosos muitos casos de amores de adolescentes: estou convencido hoje que eles vivem o verdadeiro amor sublime. Acho que até hoje guardo esse aspecto da minha adolescência, e, em vez de ter vergonha disso, estou convencido que é um dos fatores que me ajudou a entrar nas experiências que mais tarde irei relatar. Sou e fui incompreedido pelos que não viveram esse tipo de relacionamento. Mas posso lhes garantir que está ao alcance de todo mundo. E, à medida que escrevo estas linhas, estou tomando consciência que estou unindo num só contexto a minha experiência amorosa com experiência mística e cósmica.

Primeiros contatos com símbolos religiosos e esotéricos

Enquanto tudo isso acontecia, eu era de vez em quando confrontado com toda uma simbologia que mais tarde voltaria à minha lembrança, estimulando minha curiosidade a tal ponto que escreveria livros inteiros sobre esses símbolos.

Já citei o candelabro de sete velas, a "menorah" que simboliza a árvore da vida, a qual representa o nosso próprio ser.

A morte de meu pai foi seguida de vários dias de recolhimento; pessoas vieram à minha casa, todas as noites, para rezar. Mais tarde encontrei práticas análogas em monastério tibetano; ali essas práticas visam a acompanhar o corpo não-físico do defunto, a fim de que ele não se deixe desencaminhar por seres ilusórios, e siga apenas a luz que o guia na sua frente.

22

Nos jardins do parque "L'orangerie", em Estrasburgo, durante o tempo em que brincava de apanhar flores — para fazer coroas — ou de pega-pega com os meus amiguinhos, de vez em quando me defrontava com uma réplica da esfinge, estátua oferecida à municipalidade pela loja maçônica da cidade. Este animal polimorfo, com cabeça de homem, sempre me intrigava. Em meus estudos secundários aprendi que a esfinge constitui um mistério que ninguém até hoje desvendou. E eu mal sabia que eu mesmo faria uma tese de doutoramento sobre o assunto. O mais interessante é que só muito tempo depois de ter publicado o trabalho é que deparei novamente com essa esfinge num passeio saudoso nesse mesmo parque. Como veremos mais tarde, foi justamente a esfinge um dos fatores que me levou a investigar a outra dimensão.

Outra coisa que muito me intrigava era a proibição que nos comunicou o rabino de não pronunciar o nome original de Jeovah. Quando líamos esse nome em hebraico, nós o substituíamos por Adonai, que significa o Senhor ou, mais simplesmente, "Haschem", isto é, o "Nome"... Isso foi a semente para que eu mais tarde escrevesse um livro, sem dúvida o mais importante, em que confrontei a tradição sobre o uso do nome de Deus e a tradição da Ioga da Índia.

Na sua introdução, entro em maiores detalhes biográficos sobre o assunto.

Nos contos e lendas de Israel, eu ouvia muito sobre a Cabala e os cabalistas, estes detentores de tradições orais que seriam provenientes diretamente da época de Moisés, e transmitidas ao pés do ouvido de mestre a discípulo. Havia muitas histórias sobre aparições, visões e fenômenos de iluminação que me deixavam ao mesmo tempo perplexo, encantado e cético. Cético porque fiquei muito decepcionado quando minha mãe me revelou que Papai Noel não existia, e essa revelação se estendeu a tudo o que me tinham contado sobre poderes e milagres.

Este ceticismo se estendeu progressivamente à existência de Deus.

Não vou me estender sobre outros símbolos que mais tarde tomaram significados diversos dos daquelas estórias puras que me foram contadas e ensinadas como em todos os catecismos e ensinos religiosos: a história de Adão e Eva e a serpente, que sempre ouvi bocejando, o bastão de Moisés que se transforma em serpente, os sonhos de Ezequiel com os animais-símbolos e a carruagem de fogo, as profecias que sempre me pareciam muito vagas. Tudo isso misturado com batalhas e vinganças sanguinárias, inclusive do próprio Deus, o que não deixava de me colocar perplexo e não me dava nenhuma vontade de subir a escada de Jacó; este céu era tão distante de mim, e tão ameaçador.

Só foi na idade madura que comecei a desconfiar que esse "céu", esse "reino do céu" é uma metáfora para designar um certo estado de consciência.

Quanto aos Santos da Igreja Católica, ensinaram-me que isso era idolatria. Infelizmente esse preconceito impediu-me durante dezenas de anos de entrar em contato com uma fenomenologia ímpar. Mas, recentemente me dei conta que tudo tem uma razão de ser na nossa existência e que nada se dá em vão. A fixação automática e irracional desses símbolos foi uma semente que despertou a minha curiosidade para os meus estudos e investigações futuros.

O meu primeiro Deus: pronto-socorro

Assim, desde a tenra infância havia uma mistura de fé em Deus, quando precisava dele e quando as coisas pioravam para mim, e de descrença, quando me comunicavam estórias irracionais e sem sentido para mim. Vejo hoje que o que era o Deus de minha infância é o Deus da maioria dos adultos de hoje que se afirmam religiosos.

Quando vem o sofrimento sob ameaça de uma doença, da perda de um namorado, do ciúme, do luto, eles recorrem à reza e correm para as igrejas e templos; depois esquecem e ficam em dúvida sobre a própria existência da divindade.

Eu já descrevi os fatores que me levaram a esse estado de espírito. De um lado minha mãe que me fazia rezar. Lembro-me que um dia caí sobre o nariz; sangrou muito e se formou uma crosta. Todos os dias eu rezava: "Meu bom Deus, tire a crosta do meu nariz". E um dia a crista caiu mesmo. Porque tinha que cair, dirão os agnósticos. Concordo com eles. Mas hoje me pergunto: que processo maravilhoso é esse de uma cicatrização? Quem é que montou esse subsistema tão complexo e tão perfeito?

Mas estamos nos adiantando. Esse comportamento de pedir coisas a Deus quando estamos sofrendo e em situações difíceis é o comportamento da maioria das pessoas, mesmo adultos. Saí dele muito depressa, embora não garanta que se eu estiver em grande aperto... Mas hoje eu sei que existem leis que regem esses pedidos.

O argumento de minha mãe, de que todas as religiões são o mesmo "teatrinho", prevaleceu logo depois da morte de meu pai reforçado com os meus estudos secundários. Os quais, devagarzinho, me encaminharam para uma posição agnóstica, descrente; o meu Deus progressivamente se tornou a Ciência. E é o que vamos ver agora.

II

A GUERRA MUNDIAL.
DESCOBERTA DA NÃO-VIOLÊNCIA.

> Que podem importar a humanidade, a caridade, a modéstia, a temperança, a doçura, a sabedoria, a piedade... se meus olhos, ao abrirem pela última vez, vêem a cidade onde nasci destruída a ferro e fogo, e se os últimos sons que meus ouvidos escutam são os gritos das mulheres e das crianças que morrem sob as ruínas?
>
> VOLTAIRE (*Dicionário filosófico*)

> O gasto global com atividades militares em todo mundo é de cerca de um milhão de dólares por minuto. E isto acontece num mundo em que 500 milhões de pessoas sofrem de desnutrição grave, 800 milhões são analfabetas, 1.500 milhões carecem de cuidados médicos, 750.000 morrem mensalmente devido a enfermidades provocadas pela insalubridade da água, 250 milhões de crianças menores de 14 anos não dispõem de escolas... Cerca de 75% do comércio mundial de armas pesadas — tanques, aviões, navios e mísseis — destinam-se aos países em desenvolvimento.
>
> CORREIO DA UNESCO

Assim, nascido numa família com três religiões em conflito e ainda com duas culturas também opostas, a francesa e a germânica, eu só poderia me transformar num homem ávido de síntese, de paz e de união entre os homens. E foi isso que me tornou um psicólogo, um psicoterapeuta, um especialista em relações humanas e mais tarde em Psicologia Transpessoal.

Esqueci de falar no capítulo precedente que meu avô nasceu francês e se tornou alemão; meu pai nasceu alemão e se tornou francês; e eu nasci francês e teria me tornado alemão, se não fosse a minha origem meio judaica e a evacuação forçada. Pobre povo este, que muda periodicamente de jurisdição conforme quem ganha a guerra. Espero que desta vez a unidade européia se torne uma realidade; aliás, não é por acaso que minha cidade natal seja a sede do Conselho da Europa; ela merece ser a capital desta nova comunidade de nações.

Mas, voltando ao assunto Deus, meus estudos secundários abalaram profundamente o pouco de fé que se tinha desenvolvido em mim; a formação cartesiana francesa, o racionalismo científico e a influência de Voltaire vieram reforçar uma observação que minha mãe fazia muito quando se falava de uma vida extracorpórea e *post-mortem.*

Ela me contou que meu pai sempre lhe afirmava que ninguém tinha voltado da morte para contar como é a vida lá. Este argumento foi bastante convincente, se acrescentado aos que eram subjacentes a toda a minha educação científica.

Hoje eu sei que as observações sobre a experiência de pessoas que morreram clinicamente e foram reanimadas contrariam frontalmente esta afirmação de meus pais.

A Guerra Mundial

Pouco tempo depois da morte de meu pai, novo alarma geral na Alsácia: Hitler acabara de atacar a Polônia. Após madura reflexão sobre o lugar mais protegido da França, cheguei à conclusão de que seria o "Massif Central", La Bourboule, aquela mesma cidade onde tínhamos nos refugiado o ano retrasado.

Expliquei para minha mãe que, se Hitler chegasse até lá, a própria França estaria perdida. Os acontecimentos posteriores mostraram que foi uma escolha acertada. Apesar dos meus quinze anos, eu me conduzia como o chefe da família. E minha mãe só concordava, o que me deu muito cedo senso de responsabilidade e reforçou o uso do bom senso.

Voltamos para o mesmo hotel. Era fim de tarde; o rádio estava tocando alguma música; o ambiente era carregado. De repente, a notícia: a França e a Inglaterra acabavam de declarar guerra à Alemanha. Retirei-me para um canto do jardim; e chorei. E ao chorar iniciei a reza mais importante dos judeus: "Chemah Israel, Adonai Elohenou, Adonai Echod" ("Ouça Israel, Deus o nosso Senhor, Deus é Um"). Acho que eu mesmo não sabia bem o significado desse gesto, aliás bem íntimo, pois é a primeira vez que o revelo. Provavelmente era a única coisa que eu podia fazer diante da imensidão do desastre que estava se aproximando. Acho interessante, tomando distância desse evento, ver que era ainda um ato religioso, já em franca contradição com a minha posição intelectual de agnóstico, cada vez mais assumida.

Alugamos uma casinha. Os móveis, única posse que tínhamos além da garantia de uma pensão que o governo pagava mensalmente para minha mãe, chegaram da Alsácia. Porém, essa pensão se tornou rapidamente insuficiente, e comecei a dar aulas de Alemão e Inglês para um curso secundário de emergência que se instalou em La Bourboule. Durante um ano uma paz ameaçadora reinava: era a "drôle de guerre", a guerra esquisita, em que praticamente alemães e franceses não trocaram nenhum tiro. E de repente o ataque geral, a França invadida, os refugiados na estrada, engarrafando o trânsito para as tropas do exército circularem.

Como chefe escoteiro que era, resolvi procurar o prefeito da cidade; pedi o teatro emprestado, organizei uma campanha de colchões e agasalhos; em dois dias o teatro estava repleto de refugiados recolhidos nas estradas. Improvisamos uma cantina e, com doações, conseguimos mantê-la durante algumas semanas. Para conseguirmos dinheiro, fizemos um espetáculo teatral, com uma peça e números de prestidigitação. Depois a prefeitura tomou conta da organização já montada e eu voltei a estudar e a dar aulas.

Com o tratado feito pelo Marechal Pétain, La Bourboule ficou na zona livre, não ocupada pelos alemães. Isso nos deu uma relativa segurança. Mas era apenas ilusória: em pouco tempo o governo de Vichy teve de tomar a iniciativa, pressionado pelos alemães, de registrar todos os judeus. Eles tinham que passar na prefeitura, a qual colocava um carimbo em cada carteira de identidade. A maioria dos judeus foi se declarar, o que era absurdo, pois nada provava que eles eram desta cultura religiosa. Os coitados foram por mero respeito à lei; e essa honestidade custou a vida de muitos deles que foram deportados e queimados nos campos de concentração. Vários amigos de meu pai, e meus também, desapareceram assim.

Eu me beneficiei de uma lei que dizia que quando um dos parentes era cristão o filho não era considerado como judeu, se educado na religião cristã. Restava eu provar este último aspecto. Sabia que alguns padres e pastores forneciam atestados de batismo forjados, para salvar muitos judeus. E lá fui eu, ingenuamente, procurar o padre do Mont Dore, uma localidade perto de La Bourboule.

Pedi proteção da Igreja Católica, explicando o meu caso, e que se tratava de me salvar do carimbo. Eu sabia, por experiência adquirida na Alsácia, como já contei, o que iria acontecer. O padre me recebeu muito mal; ficou furioso e me declarou textualmente: "O que você está me pedindo é típico da tua raça; saia daqui imediatamente...".

Saí decepcionado, pensando: "Se Cristo soubesse disto...".

Na semana seguinte, peguei o trem e fui procurar um pastor protestante, alsaciano como eu. Ele não vacilou um instante: bateu o atestado, carimbou o papel e me explicou que o atestado era referente à comunidade protestante cujo templo tinha sido destruído. Este simples ato caridoso desse pastor contribuiu sem dúvida para salvar não somente a minha vida como também me deu condições de salvar muita gente da deportação.

Os alemães invadiram toda a França. Mas como La Bourboule era muito pequena eles nunca apareceram por lá, ainda mais que nas montanhas se organizavam as equipes de guerrilheiros.

Entrei em contato com a organização OSE de socorro às crianças judias. Acompanhei comboios clandestinos de crianças órfãs de pais. Tomava o trem e as levava para Marselha, onde barcos as esperavam para levá-las para a Palestina.

A polícia de La Bourboule começou a receber ordem de prender e entregar os judeus aos alemães. Não tive dúvidas: como isso se fazia à noite, recebia e escondia os amigos em nossa casa. Organizei, com meus escoteiros, um sistema de alarme. Consistia no seguinte: como sabíamos que as prisões se faziam de madrugada para pegar os judeus de surpresa, organizei um sistema de espionagem da polícia. Eu e alguns colegas, por rodízio, ficávamos observando a sede da "Gendarmerie". Se as luzes acendiam, íamos avisar toda a população judaica.

Devo dizer que os policiais se mostraram muito amigos e facilitavam como podiam a fuga das próprias presas.

Uma amiga minha, por exemplo, pediu autorização para ir ao banheiro e fugiu pela janela. Mais tarde recebi um recado de sua mãe. Levei sua roupa até uma estrada onde ela estava me esperando e ela desapareceu. Mais tarde eu soube que estava escondida em Lion com uma identidade falsa.

Aos poucos tornei-me demais conhecido como protetor dos judeus. Receando uma denúncia, consegui emprego numa escola militar. Lá arranjei muitas carteiras de identidade para jovens que precisavam fugir do trabalho forçado.

Eu já estava com dezessete anos. Dava aulas de reforço para os jovens aspirantes à vida militar de um exército que já estava praticamente dissolvido. Lembro-me que uma das minhas aulas era sobre o alcoolismo.

Eu sabia que na própria escola havia um posto clandestino de rádio, em comunicação com o exército clandestino, a resistência francesa em Londres. Alguns dias antes dos alemães invadirem a escola eu tinha conseguido um emprego mais seguro num sanatório de crianças pretuberculosas.

Creguei lá com uma nova identidade: eu me chamava Pierre Wibault, nome que eu tinha escolhido no catálogo telefônico.

É uma experiência muito interessante, a de viver sob um falso nome. As pessoas me consideravam como um católico, e me senti realmente mais seguro. A carteira falsa me foi fornecida por um padre jesuíta dentro de seu convento. O "Père Gounon", este era seu nome, também contribuiu para salvar a minha vida; ao mesmo tempo ele compensou a falta de caridade do seu colega anterior, e me deu o exemplo de fraternidade e abnegação: o monastério estava repleto de judeus escondidos; ele arriscava a sua própria vida. Comecei a perdoar a inquisição medieval...

Por medida de prudência mudei-me para um outro estabelecimento de crianças com pais prisioneiros. Era num castelo do século XVII, cheio de subterrâneos, de corredores escondidos na parede. Isto foi mais uma segurança para mim.

Travei amizade com alguns colegas, sendo que um era nazista: seu quarto estava cheio de imagens de Hitler. O outro era muito católico; eu ensinava, junto com ele, as crianças a rezar o Padrenosso todos os dias antes do almoço e do jantar. Que situação estranha era a minha!

Mais tarde soube que o nazista era o chefe da rede clandestina da resistência francesa; quanto ao amigo tão católico, tão devoto, era na realidade judeu, também com outra identidade...

O leitor pode imaginar o que rimos quando nós nos encontramos mais tarde no exército clandestino francês, no famoso maqui, os três como guerrilheiros!

As minhas aventuras de guerrilheiro pacífico

O maqui se desenvolveu rapidamente; a própria polícia estava passando progressivamente para a clandestinidade. A rádio de Londres multiplicava as suas mensagens codificadas que todos os franceses ligados a ela ouviam sem perceber-lhe o sentido, a não ser que fizessem parte do núcleo da resistência, e mesmo assim se a mensagem se referisse a estes.

A minha consciência me dizia que eu deveria dar minha contribuição, mesmo modesta, para apoiar o desembarque dos aliados, que se achava próximo. Só não sabia ainda onde ia se efetuar esse desembarque. Piadas corriam de boca em boca como, por exemplo, esta da arma secreta dos italianos: o lenço branco, para receber os aliados.

Antes de tomar a decisão, refleti bastante sobre a idéia de ter que aprender a matar. Apesar de eu ter muitas razões para odiar os alemães, não o conseguia. Lembro-me que um pouco antes dessa época entrei em um trem cheio de soldados alemães. Sentei-me ao lado deles e só senti prazer em ouvir conversas numa língua que me era familiar, pois o alsaciano é um dialeto germânico. De outro lado, só via gente como eu, com caras preocupadas, pois atravessavam uma zona onde o maqui fazia explodir os trens ou pontes. Eram seres humanos como eu, e nada mais...

Como poderia eu dar a minha contribuição sem ter que matar? Hoje, ao examinar este conflito com a distância do tempo, me dou conta que havia em mim um sistema pacífico muito arraigado. O meu lado psicanalítico está a me dizer que isto foi criado pelo sofrimento causado pelos conflitos raciais e religiosos que acabo de expor. Creio que sim, mas esta explicação me parece incompleta; eu sinto que há dentro de mim um centro, ou uma força que me leva naturalmente a procurar saídas pacíficas para qualquer situação conflitiva, minha ou dos outros. E tenho dado muitas provas disso tanto na minha vida profissional como íntima. Os que me conhecem de perto sabem que já estive em situações em que preferi abrir mão de bens materiais para não ter que revidar agressões. Uma atitude como esta é interpretada pelos machões falsamente viris como covardia; eu sei que não é, pois com dezessete anos resolvi entrar no maqui, mas de modo não violento; precisava de minha coragem para isso.

De fato, eu definitivamente não queria matar. Veio-me então a solução, de modo bastante natural. Eu tinha feito um curso de "primeiros socorros" nos escoteiros; resolvi então ir para a clandestinidade e para o exército secreto como membro da Cruz Vermelha.

Agora me lembro da minha leitura da autobiografia de Gandhi e reconheço o tanto que, já naquela época, estava eu praticando "Ahimsa", isto é, não-violência com amor.

Falei de coragem. Porém, devo reconhecer que havia também neste ato dito de "coragem" uma boa dose de ignorância do que me esperava; hoje, acho que, salvo honrosas exceções, a coragem é uma forma de inconsciência. Só pode haver verdadeira coragem para quem avalia objetivamente os riscos que corre; o meu senso de dever a cumprir, uma certa dose de espírito de aventura e por que não dizer, também uma certa vaidade antecipada de poder dizer aos outros que "eu fui guerrilheiro" eram adicionados a esta coragem como um bom condimento na comida. E havia também a pressão social dos colegas que já estavam lá. Eu me sentiria um covarde e um traidor se deixasse de ir; "não parecer um traidor" foi a pimenta adicional a este prato chamado "Coragem".

Como é bom ser honesto consigo mesmo, primeiro, e também perante os outros; me dou conta agora que eu estava entrando numa cilada em relação a mim mesmo: a de me apresentar, ao escrever estas linhas, como um sujeito firmemente corajoso. Digamos que o sou também, mas que as motivações deste gesto foram muito mais complexas e múltiplas. Este é o caso para a maioria dos comportamentos humanos.

Em relação a "Ahimsa", no entanto, não tenho dúvida que é um comportamento genuinamente puro. A não-violência faz parte de mim mesmo, até onde me conheço hoje; isto por convicção, por condicionamento e por natureza. E sinto-me muito bem assim, e experimentando diariamente que este é um dos aspectos pelas quais as pessoas me amam e confiam em mim. Isso não quer dizer que eu não seja sujeito a ressentimentos; acho mesmo que uma das minhas dificuldades nas relações com o sexo oposto foi o de escondê-los, em vez de expressá-los francamente, na hora oportuna e sem ferir o outro.

Levei muito tempo para aprender que um ressentimento guardado por medo de ferir é muito mais nocivo nas relações interpessoais do que um ressentimento expresso. A expressão de um ressentimento, quando feita com amor e respeito ao outro, aproxima as pessoas em vez de afastá-las.

Este é um capítulo da prática da não-violência, que me custou muito sofrimento e muitos fracassos, especialmente nas minhas relações amorosas. Até hoje me surpreendo, às vezes, deixando de expressar os meus ressentimentos por medo de ferir o outro. Embora isto seja uma forma de "Ahimsa", isto é, a de não revidar a violência pela violência, há uma maneira mais eficiente de "Ahimsa": a de expressar o ressentimento, que é a violência de contra-ataque retida em nós, de maneira calma, objetiva e sem julgar o outro.

Quando conseguimos isto, brota deste gesto o amor.

Feitas estas ressalvas sobre a pureza da minha "não-violência", vou passar a contar agora como entrei no maqui.

Estamos a três semanas do desembarque dos aliados, em 1944, em algum dia do mês de maio. O meu colega disfarçado de cristão se revelou a mim com a sua verdadeira identidade, assim como o chefe da resistência que, como eu já disse, era disfarçado de militante nazista. Ele nos deu as dicas para podermos ingressar no maqui. Marcou um encontro, à meia-noite. Em determinada estrada um caminhão estaria nos esperando, assim como aos que na região queriam fazer o mesmo.

Arrumei a minha mochila, de maneira bastante romântica: um pulôver, uma calça, uma gaita, uma flauta, um caderno para anotar as minhas impressões e... a surpresa para mim agora, uma Bíblia. Digo surpresa, porque este detalhe, que me vem à memória, não condizia com as atitudes que eu descrevi anteriormente. Tudo se passa como se houvesse dois Pierre: um deles completamente agnóstico, intelectual; um outro, lendo de vez em quando a Bíblia, sentimental; não posso falar no místico. O que me surpreende mais ainda, agora que me recordo ao escrever estas linhas, é que se tratava de uma Bíblia com o novo testamento também. E falando disso, agora me lembro que naquela época eu fiquei admirado com frases pronunciadas por Jesus, tais como: "Tenha piedade deles, pois eles não sabem o que fazem". O perdão do próprio Cristo pelos seus irmãos que o crucificaram.

Achei linda também a idéia de estender a outra face a quem te esbofeteia. O que mais me impressionou ainda foi a frase: "Eles vêem a palha no olho do outro, mas não vêem o tijolo no olho deles mesmos...". Eu me lembro agora que ficava encantado com estas máximas, e as integrei como norma de conduta minha. Que coisa estranha redescobrir isto agora; estranho e paradoxal, pois nada tinha me preparado para aceitar Cristo, muito antes pelo contrário.

Para dizer a verdade, levei também instruções do método de limitação de filhos de Ogino, pois eu já tinha tido as minhas primeiras relações sexuais, muito escondidas de todo mundo, e com muito medo de gerar uma prole antes do tempo. Este folheto, ou tabela, joguei-o fora no caminho, como se fosse um compromisso de me dedicar exclusivamente ao meu trabalho na Cruz Vermelha, ou talvez também por medo que descobrissem essa tabela e caçoassem de mim; sinceramente não me lembro bem. De qualquer forma, nesta bagagem rudimentar de novo acho, objetivamente, rastros de sexo e religião juntos. Não é de estranhar que mais tarde escrevesse um livro chamado "A Mística do Sexo...".

O que se passou depois não deixou mais margem para pensar em sexo.

A Batalha do Mont Mouchet

Na hora e lugar combinados um caminhão coberto de lona estava nos esperando; já estava repleto de camponeses, alegres pelo vinho que tinham tomado.

Sentei lá dentro com meu amigo. Na hora da partida todo mundo cantou a Marselhesa de modo um tanto desafinado.

O caminhão subiu a montanha durante duas horas, até chegar a um lugar, onde parou. Uma sentinela de posto avançado pediu a senha e nos deixou passar. Rapidamente chegamos a um lugar que no dia seguinte identifiquei como sendo o quartel-general, instalado numa granja. Deitamos no feno e eu caí num sono profundo.

Ao amanhecer, tive uma noção mais clara do lugar. Um escritório improvisado num dos quartos da granja recebia os novos recrutas. Eu logo me apresentei e fui registrado como membro da Cruz Vermelha, conforme eu tinha planejado, o que me encheu de alegria: eu não teria que matar ninguém.

Em frente à granja várias barracas tinham sido arranjadas com o tecido dos pára-quedas multicoloridos que todas as noites desciam do céu, carregando armas, munições e alimentos provenientes diretamente da Inglaterra. Havia inclusive sardinhas enlatadas portuguesas, com as quais me deliciei; o tempo de restrições alimentares foi suspenso para mim por alguns dias...

Um ônibus levado para lá à força tinha sido transformado em hospital de emergência; eu soube que o chefe era um professor da Faculdade de Medicina de Estrasburgo, a minha terra natal. Ele era pai da minha primeira chefe de lobinhos; eu já estava me sentindo em casa. Para surpresa minha encontrei alguns professores da escola militar onde tinha lecionado; eram eles que manejavam o posto de rádio clandestino. Disseram-me que tinham suspeitado de mim, pois eu sumi exatamente alguns dias antes da escola ser invadida pela gestapo. Minha mãe, por cúmulo do azar, chegou no mesmo dia da invasão e só teve tempo de apanhar a minha carteira falsa e sumir. Como ela tinha um sotaque alsaciano, isto é, germânico muito forte, tomaram ela por uma agente secreta alemã! Desfeito o equívoco ficamos de novo bons amigos.

A uns cinqüenta metros ouvi gritos de dor: era um agente da milícia francesa, o equivalente gaulês da gestapo, que estava sendo torturado pelos "truands", um grupo de franco-atiradores que o tinha capturado. Batiam nele com um nervo de boi, e forçaram-no a cavar o seu próprio túmulo. Tirei os olhos de lá, indignado; eu que vinha lutar contra a ditadura, a tortura e os campos de concentração nazistas encontrava o mesmo processo num movimento que foi criado para acabar com isso. Era mais uma contradição que eu tinha que digerir.

Outra contradição que me deixou um tanto triste também é que eu soube que havia vários maquis com cores políticas diferentes. Um deles era o FTP, franco-atiradores partidários comunistas; o nosso era do FLN, Frente de Libertação Nacional de tendência liberal. Devo dizer que eu não sabia dessas diferenças e divisões, e que eu poderia muito bem ter entrado no outro maqui. Embora colaborassem entre si, o comportamento do outro maqui, logo depois da guerra, foi de esconder as armas em vista de uma eventual luta partidária.

Deram-me o meu destino: juntar-me ao primeiro batalhão que se encontrava do outro lado do vale. Eu teria que tomar um caminhão que chegaria no dia seguinte para ir até lá. Na espera passeei por ali; muitos novos recrutas estavam recebendo as suas primeiras lições de metralhadora. Apanhei uma dessas armas para experimentar como eu me sentiria; não senti nada. Só mais convicção ainda de que eu não era feito para atirar no meu próximo, seja lá quem for.

Dormi de novo no feno. No meio da noite fomos acordados por um capitão que nos pediu para conservar a calma; uma coluna de alemães tinha sido assinalada como avançando rapidamente em nossa direção; tínhamos de nos manter alertas. "Logo no meu primeiro dia", pensei por mim mesmo. "Que azar! Não deu nem tempo de respirar!" De manhã cedo, coloquei o meu capacete que um amigo bondoso me tinha dado; era um capacete de soldado da primeira guerra mundial; proteger-me-ia contra as balas. O caminhão tinha chegado. Entrei nele e vi que estava repleto de policiais franceses que tinham desertado da polícia de Vichy. Não tinha mais lugar para mim. Sentei-me em cima de pequenos pacotes de um material qualquer. No meio do caminho, me explicaram rindo que eu estava sentado em cima de "Plastic", um explosivo mais poderoso que a própria dinamite. Eles iam fazer explodir a ponte que tínhamos que atravessar para nos juntarmos ao primeiro batalhão.

No meio do caminho uma sentinela nos fez descer, explicando que os alemães estavam por perto e já tinham atravessado a ponte. O que é que eu ia fazer; o meu primeiro batalhão a esta altura já estava ou preso, e neste caso fuzilado, pois os alemães não faziam prisioneiros guerrilheiros, ou estava entrincheirado em algum lugar desconhecido.

Eu vi um *citroem* chegar do quartel-general; um comandante desceu do carro e expliquei-lhe a minha situação de trânsito. Ele me convidou para entrar no carro, o que fiz com um sentimento de muito alívio. O alívio foi muito provisório, pois mal sabia eu o que me esperava nos minutos seguintes!

Sentei no banco de trás; o comandante, ao lado do chofer, pediu para este avançar na estrada, além das primeiras sentinelas. "Vamos ver onde eles estão", declarou ele com o tom o mais natural possível.

O carro avançou mais uns cinco minutos; a última sentinela nos avisou que eles estavam "Por aí", indicando vagamente uma área mais na frente. O comandante desceu do carro e pediu ao chofer para esperar. Eu, como "Cruz Vermelha", imbuído do meu dever, o acompanhei, pensando que se lhe acontecesse algum ferimento eu poderia tratar dele. Em nenhum instante me ocorreu a idéia que isso poderia também acontecer comigo.

Tomei o estojo de primeiros socorros que me tinham dado no quartel-general e fomos andando num pequeno monte.

Muitos policiais de Vichy, agora transformados em maquis, mas com o uniforme oficial de sua profissão, já estavam deitados, rastejando na posição de tiro; só nós dois estávamos andando em pé; naquele momento não me dei conta disso.

Subimos numa pequena elevação; logo que chegamos lá eu ouvi em torno de mim pequenos gritos secos, como se fossem de gansos. Acho que até falei "tem gansos por aí"... Não eram gansos. O meu comandante me fez o gesto de deitar imediatamente ao mesmo tempo que ele mesmo dava o exemplo. O que tomei por gritos de gansos era o chiar em torno da minha própria cabeça das balas de metralhadoras instaladas num carro de assalto, um pequeno tanque que avançava em nossa direção. O comandante mais tarde me explicou que escapamos da morte justamente por ter sido metralhadora. "Se os alemães tivessem atirado com fuzis nós estávamos fritos." Pelo menos era uma explicação racional...

Recuamos rastejando até detrás da elevação e voltamos correndo para o carro que nos aguardava mais atrás, na estrada.

Eu agachei no fundo do banco traseiro, coloquei o meu capacete na nuca de tal modo que me protegesse em caso dos alemães atirarem por detrás. Por cúmulo do azar, pelo menos assim o senti, o comandante nos pediu para descer e irmos ver, numa floresta próxima, à direita da estrada, onde estava o posto de comando do primeiro batalhão. Entramos os três na floresta, andando com muito cuidado. O nosso chofer, o único armado com metralhadora e que poderia ainda nos proteger em caso de ataque, mostrava sinais evidentes de medo; estava tão inquieto que o comandante perguntou se ele queria voltar para levar o carro para o quartel-general. Ele concordou imediatamente; que bela desculpa, pensei. Começava a se ouvir os canhões e metralhadoras disparando de ambos os lados.

Andamos meia hora sem encontrar ninguém; de repente, num mato mais escuro, eu ouvi nitidamente: "Wer ist da?". Isto é: "Quem é que está aí?". O nosso reflexo foi abaixar e fugir meio rastejando; deve ter acontecido mais um evento que nos protegeu: a dúvida dos alemães, pois eram eles, sobre quem é que estava aí, e a minha experiência adquirida nos escoteiros, pois nessa hora nitidamente fui eu que dirigi o comandante.

Andamos umas duas horas, em silêncio. O trovão dos canhões se distanciava cada vez mais. Chegamos à conclusão que tínhamos atravessado, sem o saber nem querer, as próprias linhas alemãs.

De uma colina se avistava uma pequena cidade inteiramente em chamas. "Você está vendo esta aldeia? Pois é a minha cidade, onde moro. Está vendo aquela casa ardendo em brasas? É a minha casa..." Naquele momento, de comandante ele se transformou em ser humano; já não éramos apenas soldados do maqui; ele se apresentou sob o seu verdadeiro nome e condição social: Deputado Montel. Ele era o deputado daquela região, e chefe da resistência já havia alguns anos.

Eu também dei o meu verdadeiro nome, contei um pouco da minha história; me queixei da tortura que eu tinha presenciado e da revolta interior que me causou; me agradou muito o fato dele ter concordado comigo.

Andamos mais uma hora. Eu já estava com fome. A minha mochila, com Bíblia, gaita e caderno de anotações, tinha ficado no carro. Nunca mais a vi. Aliás, era melhor assim, pois o massacre foi grande lá no quartel-general; meu próprio amigo levou um tiro na perna e o chefe do Hospital improvisado foi fuzilado.

Sem querer, ou pelo fato do comandante ter sido conhecedor da região, salvamos as nossas vidas.

Chegamos perto de uma granja; um camponês estava arando a terra, como se nada tivesse acontecido. Que espetáculo bonito foi esse: o símbolo da paz, em contraste com a batalha cujo início presenciamos. Esse espetáculo, acompanhado de um lindo pôr-do-sol, ainda tinha como pano de fundo o longínquo ressoar de canhões e metralhadoras.

É sempre com emoção que me lembro desse espetáculo campestre de serenidade; estava ali um modelo do nível em que a humanidade talvez devesse ter ficado: viver da terra, ficar em contato com ela, sem a ambição e os apegos desmedidos para que nós, membros da civilização industrial, fomos condicionados.

Ah! Se eu pudesse juntar o saber intelectual, a espiritualidade do místico com a simplicidade do camponês nesta nova era que está despontando!

Eu sentia algo assim como acabo de expressar, mas sem ter ainda a experiência que tenho hoje para afirmar que a vida rural em pequenas comunidades será, com muita probabilidade, uma das únicas alternativas para o grande *débâcle* que espera a humanidade deste planeta.

Pois os fermentos de uma nova guerra, mais cruel, mais fria por ser mais científica ainda, estão nos aguardando. Oxalá eu esteja errado!

Já era noite. Fomos numa outra granja onde residiam amigos do deputado, e agora amigo para sempre, Montel. Fomos recebidos com alegria, que durou pouco. Em meio ao jantar chegaram refugiados da cidade queimada. Uma mulher nos explicou chorando que os alemães queimaram a sua própria mãe enferma dentro da sua própria casa. Muitos habitantes foram fuzilados como reféns.

Como nós não sabíamos se os alemães viriam para o nosso lado, resolvemos dormir na floresta. O céu estava estrelado... Lembro-me que no caminho encontramos camas e mesas de um casal de camponeses que tinha resolvido se mudar de vez. A noite passou bem, ao ar livre; dormi de um jato.

No dia seguinte chegou a notícia de que, em virtude da Batalha do Mont Mouchet, o nosso maqui tinha praticamente sido desmanchado; mas tinha preenchido a sua função: atrasar de quarenta e oito horas a coluna de alemães que se dirigia para o Atlântico à espera do desembarque aliado.

Também muito rapidamente veio a notícia do desembarque dos aliados; só me restava voltar para o meu trabalho de monitor de crianças e aguardar o desfecho da guerra. Foi o que eu fiz. Despedi-me do Comandante Montel, me disfarcei de camponês com chapéu de palha na cabeça e voltei a pé, através das montanhas, para o meu lugar de trabalho. Levei três dias até chegar lá. No caminho fui hospedado por camponeses e outras pessoas. Bastava dizer que vínhamos do maqui para sermos recebidos de braços abertos. Aprendi muito sobre a solidariedade humana em períodos de perigo; é quase um instinto.

Embora esse assunto de guerra pareça muito longe do propósito deste livro, essa retrospectiva me levou a encontrar um significado bastante evidente para a minha viagem interior futura.

Em primeiro lugar, como eu já disse, foi uma boa oportunidade para eu tomar consciência do quanto eu sou impregnado da filosofia de não-violência, do "Ahimsa" de Gandhi, o qual aliás eu não conhecia naquela época. Ora, o "Ahimsa" é uma das condições preliminares, descrita pelos tratados de Ioga, para se chegar à Consciência Cósmica. Consegui entrar num exército sem dar um tiro. Embora a minha participação tenha sido insignificante, eu fui mais um se juntando a milhares para constituir o obstáculo que os aliados precisavam para atrasar os alemães. Gandhi também expulsou os ingleses da Índia sem que se desse praticamente um tiro.

Em segundo lugar, vejo hoje o quanto eu estava sendo protegido por uma força cuja existência eu relutei muito tempo em admitir; é muito mais fácil chamar a isso de acaso. As minhas experiências posteriores me levaram à quase certeza que não foi por acaso que fui cercado de balas, sem ter nenhum arranhão.

Além disso, a minha formação de escoteiro me levou a uma relativa sublimação sexual. Só tive as minhas primeiras relações sexuais com vinte anos, um pouco antes de eu ir para o maqui.

39

Hoje vejo que isso levou a certos estados quase místicos, pois não tenho dúvida, já em função dessas experiências, que a energia, se deixar de ser gasta demasiado sob a forma de atividade sexual, se transforma em ternura, amor-compaixão e finalmente êxtase ou "Ananda", como o chamam os indianos. É, paradoxalmente, através dos meus primeiros namoros que cheguei muito perto de tais realizações. Já falei de Janine e da sublimidade de sentimentos a que cheguei com ela. Mais tarde, um pouco antes de eu escolher o emprego da escola militar, namorei uma moça judia, de origem turca. Lembro-me que certo dia, ao olhar para ela, uma luz muito forte saiu de seus olhos; senti-me como transportado. Foi uma experiência que marcou profundamente e ela se repetiu várias vezes, com outra namorada, mas em muito menor grau.

Mas eu não fazia nenhuma ligação entre essas experiências amorosas beirando a mística e Deus. Continuei agnóstico por muitos anos. A minha posição continuou a de expectativa, de abertura. Não tendo prova experimental da existência de Deus, não se podia nem afirmar nem negar a sua existência.

III

CHEGADA AO BRASIL.
O MEU NOVO DEUS: A CIÊNCIA E O INFINITO.

> Mas em primeiro lugar convém reconhecer a imensa
> e indispensável utilidade de muito breve período de
> Materialismo racionalista pelo qual passou a huma-
> nidade. Pois só se pode penetrar com segurança neste
> vasto domínio de indicações a colher e de experiên-
> cias a serem feitas, o qual começa agora a nos reabrir
> as suas portas, quando o intelecto chegou, por um
> seríssimo treinamento, a uma límpida austeridade.
>
> SRI AUROBINDO

Logo no fim da guerra, quando os alemães estavam sofrendo as suas últimas derrotas, resolvi entrar em Vichy, sozinho, de bicicleta, com as minhas insígnias do maqui. O meu projeto era organizar aí um serviço de propaganda, visando a fazer conhecer aos habitantes desta cidade, que havia duas semanas ainda era a sede do governo pró-nazista de Laval e Pétain, os horrores que cometeram os agentes de Hitler.

Consegui uma delegação de poderes da central do Movimento de Libertação Nacional, do qual eu fazia parte (MLN), e algum dinheiro para iniciar essa tarefa. Em pouco tempo reuni administrador, contador, artistas e assistente social. Requisitamos, com ajuda do Exército, o prédio da agência Havas de publicidade, e começamos por uma exposição de fotografias e instrumentos de tortura utilizados pelos nazistas.

A minha vocação de psicólogo

Depois, resolvi me mudar para Paris, onde me matriculei no Instituto de Orientação Profissional, dirigido pelo grande psicofisiologista francês Henri Piéron. Lá eu recebi a minha primeira formação realmente científica.

Muito cedo fui preparado pela vida para ser psicólogo. Já como pequena criança eu brincava de marionetes e dava espetáculos para os amiguinhos de teatro dentro dos armários dos meus pais e avós. A minha imaginação era tão fértil que eu mesmo criava as peças. Estava aí o embrião do Psicodrama.

Como lobinho eu fui promovido muito rapidamente a chefe de um grupo de seis crianças. Eu tinha a responsabilidade de desenvolver as suas aptidões, tais como senso de observação e memória. Lembro-me que eu passava horas em casa organizando minuciosamente as reuniões, entremeando jogos, exercícios manuais com cantos e passeios na natureza.

Quando chefe escoteiro, já durante a guerra, eu aprendi com uma psiquiatra psicanalista alguma coisa de teoria psicanalítica; em troca eu dava aulas de francês para ela. Ela era uma aluna de Bleuler, o famoso psicanalista. Aprendi também com ela a aplicar o teste de Binet Simon. Já com dezessete anos aplicava o teste aos meus escoteiros, fazia fichas de observação deles, me tornando muito cedo um verdadeiro psicopedagogo.

Aliás, lembro-me muito bem que certo dia, quando eu já era monitor de crianças pretuberculosas, andei nos trilhos da estrada de ferro que tinha sido dinamitada pelos guerrilheiros. E foi aí que eu me vi no futuro organizando um grande serviço onde teria todos os recursos psicológicos e pedagógicos à disposição de crianças com problemas. Eu sonhava que esse serviço seria gratuito e financiado com o meu próprio dinheiro, que eu teria ganho antes disso. Naquela época eu já tinha me matriculado num curso de Psicopedagogia na Universidade de Lion.

Comecei uma pesquisa sobre a masturbação e a vida sexual dos meus escoteiros. Foi uma forma inconsciente de me livrar do meu sentimento de culpa da minha própria atividade masturbatória de adolescente. E escrevi o meu primeiro livro: "A Juventude e o Escotismo perante o problema sexual". Mandei imprimir o livro e entreguei a sua distribuição à organização dos "Eclaireurs de France", uma das organizações escoteiras francesas. Lembro-me que foram vendidos uns dois mil exemplares, o que muito reforçou esta minha vocação de escritor.

Foi também no escotismo que aprendi a observar as pessoas e a tirar deduções dos traços de seus comportamentos. Baden Powell, o criador do escotismo, conta num dos seus livros que para observar sem ser visto, quando era espião, ele costumava subir nas árvores ou em outras elevações de edifícios pois observou que a maioria das pessoas nunca anda olhando para cima. Lá fui eu trepar nas árvores. Eu me deliciava com essa experiência inconfundível de ver sem ser visto, mesmo sem se esconder verdadeiramente. Ele ensinava também que a observação dos sapatos das pessoas permitia tirar conclusões quanto ao seu nível sócio-econômico. Até hoje costumo olhar para os sapatos das pessoas; eles estão cheios de ensinamentos sobre os seus hábitos, tônus vital, higiene, etc.

Além de meu pai, o escotismo foi o maior contentor da minha atividade sexual, porém de maneira bastante repressora e culpabilizante. Eu "devia ser puro"; mas não o era na prática... A natureza em mim gritava mais forte...

Desenvolvimento dos valores humanos

Foi primeiro meu pai que deu o exemplo para mim da cultura dos valores da verdade. Ele era um jurista na alma, e muito cedo me incutiu o hábito de ser verdadeiro, através do seu próprio exemplo. Só tenho ganho estima e respeito de todo mundo por esse comportamento. As pessoas confiam em mim naturalmente, porque sentem que sou natural, que não uso de disfarces. É verdade que eu tive e tenho ainda uma tendência a projetar essa honestidade nos outros, isto é, pensar que todo mundo que eu freqüento é honesto. Isto me fez, às vezes, ser malsucedido. Algumas pessoas me enganaram, outras me exploraram e não cumpriram a palavra empenhada, às vezes em assuntos vitais para mim. Mas foram exceções que muito me doeram e as compreendo. A compreensão é o primeiro passo para fechar os olhos e ver os seus aspectos positivos.

Se o meu pai me comunicou o espírito de verdade e de justiça, a minha mãe cultivou em mim o senso estético, o amor à beleza. Ela pintava, tocava piano, cantava alegre e sentimentalmente o dia inteiro. Ela também me ligou à terra, pois preparava bons pratos dentro da tradição da boa cozinha alsaciana; e me legou também o bom senso.

Servir aos outros aprendi nos escoteiros; tornou-se uma segunda natureza pensar no outro, procurar compreendê-lo.

Sempre tive dificuldades em aceitar a existência das fronteiras entre os países. Nasci na Alsácia, a dois quilômetros da fronteira da França com a Alemanha. Durante a guerra eu sonhava com uma federação da Europa; falava sobre isso para alguns adultos, que me olhavam com comiseração dizendo que isso era uma utopia. Hoje tenho a satisfação de ver a minha querida Estrasburgo promovida a capital da Europa, e sede da Organização da Comunidade Européia.

Até hoje minha visão de mundo está na frente do meu tempo, e por isso mesmo sou incompreendido por muitos, ou olhado como sonhador e poeta por outras. Tornei-me muito cedo um homem universal.

Foi com alegria que me registrei como cidadão planetário, uma organização fundada há alguns anos que distribui passaportes que têm um valor apenas simbólico. Fico muito satisfeito de possuir um passaporte assim.

Nos meus pensamentos registrados quando eu tinha dezessete anos está escrito: "Minha pátria não é só a França, minha pátria é a Terra. Meus compatriotas não são os franceses apenas, meus compatriotas são todos os homens do planeta...".

Outro pensamento que me lembro ter escrito e que deve estar guardado no sótão da casa de minha filha, Emmanuelle, no Sul da França, é o seguinte: "É preciso acabar com as fronteiras e criar uma moeda única".

Quando terminei os meus estudos em Paris fui estudar em Genebra, na Suíça, no Instituto das Ciências da Educação. Já era casado e tinha minha primeira filhinha, Emmanuelle. Eu morava numa casa na França e tinha que atravessar todos os dias a fronteira, munido de passaporte. Hoje já não preciso mais disso, felizmente. Certo dia passei distraidamente na frente do policial sem exibir o passaporte. Furioso, ele me falou: "O senhor não sabe para que serve um passaporte?" "Para provocar as guerras", respondi também meio irritado. Ele me olhou surpreso e me deixou passar.

É provável que por constatar esses valores humanos em mim que as pessoas das mais diversas e opostas tendências políticas ou religiosas quiseram me converter aos seus credos. Católicos me diziam: "Um dia você será cristão". Alguns comunistas que passaram na minha rota também afirmavam: "Um dia você será do partido". Até hoje eu fujo de qualquer "Ismo", não porque os despreze: acho que todos eles preencheram ou ainda preenchem alguma função importante na evolução da humanidade. Mas porque as divisões da minha família me deram, cedo, verdadeira alergia a toda espécie de sectarismo; e hoje porque a minha concepção molar do cosmos está me levando a transcender toda espécie de dualidade. É por isso que escrevi estes pensamentos:

```
...ISMOS
UMA COISA FOI CRISTO,
OUTRA É O CRISTIANISMO.
UMA COISA FOI MARX,
OUTRA É O MARXISMO.
UMA COISA FOI BUDA,
OUTRA É O BUDISMO.
UMA COISA FOI MAOMÉ,
OUTRA É O ISLAMISMO.
UMA COISA FOI MOISÉS,
OUTRA É O JUDAÍSMO.
O AMOR UNE,
OS ISMOS DIVIDEM...
E CAUSAM AS GUERRAS.
```

Se Jesus, Moisés, Buda, Maomé, Marx e tantos outros ainda vissem o que a ambição e o orgulho fizeram dos ideais que difundiram, eles se virariam nos seus túmulos de revolta e tristeza.

Havia sim um "ismo" que era meu, porque eu mesmo o criei, e ninguém sabe até hoje que criei uma teoria do cosmos, pois jamais a divulguei: o Infinitismo.

Minha teoria de juventude: o Infinitismo

Foi através dos meus estudos com o teste de Rorschach que entrei em contato com o conceito de projeção. O homem tem uma tendência a projetar no outro, isto é, a atribuir a outrem sentimentos que na realidade são dele. Se por exemplo ele está triste e acha que a vida não vale a pena ser vivida, ele terá uma tendência a atribuir esta depressão a outras pessoas.

Apliquei este princípio à concepção que o homem tem do Universo. Como o nosso corpo tem começo e fim nós atribuímos ao Universo também esta idéia de começo e fim. Fala-se muito ultimamente no "fim do mundo"; isto não é nada mais nada menos do que uma projeção da nossa vivência limitada.

E se, pensei eu, partíssemos de uma hipótese diametralmente oposta? O Cosmos nunca teve início nem nunca terá fim. Chegaríamos a uma teoria do Infinito, a um "Infinitismo", com uma série de conseqüências lógicas, tão lógicas como as construídas a partir da teoria segundo a qual o mundo é finito no tempo e no espaço.

A teoria do mundo finito implica num criador que seria infinito. A teoria do Infinitismo implicaria que o próprio Universo seria infinito. Até que ponto as duas teorias não se encontrariam no mesmo ponto? Pois mesmo no caso do cosmos ser infinito, como tudo nele se transforma, deve ele conter um elemento que dirige essa transformação, a qual obedece às suas leis.

É esta a forma das minhas preocupações naquela época, que corresponde mais ou menos à minha vinda para o Brasil.

Viagem para o Brasil

Um dos meus professores, Leon Walther, especialista em Psicologia Industrial, certo dia me chamou perguntando se eu queria vir para o Brasil, como seu assistente, e ficar aqui por uns três meses, ensinando métodos de diagnóstico da Personalidade. Devo reconhecer que eu sonhava em ir para o estrangeiro; com vinte e quatro anos era muito difícil para mim lançar-me profissionalmente. Como, com esta cara de menino, convencer os mais velhos que eu era "psicólogo", ainda mais numa época em que esta profissão era desconhecida? Além do mais, tudo ainda estava destruído pela guerra; racionamento e competição desenfreada tornavam o ambiente pouco propício para um início de carreira. Assim pensava eu. É bem verdade que eu já tinha montado meu próprio consultório em Annemasse, perto de Genebra, e tinha conseguido mais de vinte empresas como clientes, entre as quais a própria Prefeitura e a estação de trem. E ainda dei um curso de Psicologia Educacional para uma organização de crianças vítimas da guerra, em Genebra.

Logo, o motivo verdadeiro não era este; descobri mais tarde que um dos motivos mais profundos era fugir da superproteção da minha mãe. Hoje acho que há outros ainda cuja natureza eu nem suspeitava na época; mas isso seria nos adiantarmos muito.

Tomamos um "Constellation" no aeroporto de Genebra. Sempre me lembrei da primeira impressão de voar em cima das nuvens, de ver o Atlântico e o deserto do Saara, de cima, e o choque da imensidão verde do Brasil. Vinte e quatro horas de vôo!

O avião desceu primeiro no aeroporto de Recife, um galpão de madeira onde serviram um delicioso suco de abacaxi, o meu primeiro gostinho de Brasil. Chegados ao Galeão, pegamos um barco a motor que nos levou ao aeroporto Santos Dumont, pois não havia ainda estrada nem ponte ligando a ilha ao continente. Vi as primeiras aves tropicais nas pequenas ilhas do percurso e fiquei encantado com o Brasil, e também com as primeiras brasileiras. Quando vi aquelas morenas servindo o café no bar do aeroporto pensei bem baixinho: "Esta é a minha terra!".

Mas nem tudo foi cor-de-rosa no início. Fomos hospedados pelo SENAC, a organização que nos tinha contratado para formar Orientadores Vocacionais, no Hotel Central, no Flamengo. A primeira coisa que fiz foi ir tomar banho de mar. Tirei o terno novinho que eu havia comprado com as minhas primeiras economias na França. Conforme se faz na França, eu tinha deixado o maiô por baixo. Tomei um delicioso banho de mar e voltei para me secar e vestir. Vestir-me com o quê? O meu terno tinha sumido, levado por um amigo do alheio... Voltei para o Hotel e pedi, com a maior inocência do mundo, que chamasse a polícia para eu dar queixa e poder recuperar o meu terno. O gerente, muito solícito, me explicou que isso não adiantaria, pois o meu terno tinha sumido de vez.

Os diretores do SENAC, muito gentilmente, me adiantaram o dinheiro para eu comprar o que foi o meu primeiro terno de linho carioca. O pessoal, aliás, foi muito gentil comigo e fiz os meus primeiros amigos. Como sou grato hoje a esses primeiros amigos que me orientaram nos meus primeiros passos no Brasil: Lafayette Belfont Garcia, Francisco da Gama Lima Filho, Ottacílio Rainho, Theodomiro Rothier Duarte, Álvaro Porto Mohitinho, Maria Aparecida do Vale Pereira, Roberto Dannemann, Maurício de Magalhães Carvalho e tantos outros ainda.

Outro dissabor foi o nosso primeiro almoço no Hotel. Junto com a salada vinha uma garrafinha com um molho de cor muito convidativa. Leon Walther e eu preparamos a salada com bastante molho e, estimulados pela fome da viagem, atacamos a salada. Em poucos segundos a nossa boca virou puro fogo: o gostoso molho era pura pimenta!... As nossas bocas ficaram ardendo durante vários dias. Deve ser isso que tornou Moisés gago no Egito...

Mas fora estes dois incidentes desagradáveis, as nossas primeiras experiências de vida no Brasil foram maravilhosas; aliás, sem a pimenta a comida seria pouco saborosa.

Organizei as minhas aulas e percebi que as pessoas gostavam muito delas e de mim também. A recíproca foi também verdadeira. Como gostei dos brasileiros! Acho ainda que é um dos povos mais abertos, mais humanos e com mais coração do mundo. Adorei o abraço brasileiro, que aliás está se perdendo, infelizmente. O que também admirei muito é a paciência e o amor que tem para com as crianças. Que contraste com as bofetadas distribuídas pelas mães francesas para os seus filhos. A violência na Europa começa muito cedo. Só mais tarde é que soube das barbaridades cometidas pelos jagunços dos coronéis do interior do Brasil. Isso felizmente está desaparecendo, graças à tradição humana que predomina no povo brasileiro.

O Brasil também me agradou no tocante à integração racial e cultural. Aprendi a dançar samba, mas foi como se eu tivesse reaprendido, pois esse ritmo penetrou no meu sangue e até hoje não resisto a uma boa batucada. Pretos, brancos, mulatos, amarelos, caboclos e índios; católicos, protestantes, judeus, ateus, espíritas dançando juntos... e ricos e pobres também...

Muito cedo entrei em contato com o espiritismo brasileiro. As minhas primeiras reações foram bastante significativas no que se refere à minha impermeabilidade na época para esses assuntos. É o que vou contar agora. O leitor irá ter assim uma idéia do estágio bem pouco desenvolvido em que me encontrava então.

Primeiros contatos com o Espiritismo e o Esoterismo

Foi o filho de um dos pioneiros da Psicologia brasileira que foi o primeiro a me falar de fenômenos espíritas. Ele me afirmou que havia seres que andavam em torno de todos nós, e que ele mesmo os havia visto.

Perguntei a ele se esses seres eram vestidos como nós; ele me respondeu que sim. "Eles têm carteira de identidade?" foi a pergunta mais objetiva que me ocorreu. Lembro-me dessa pergunta, pois ela mostra o quanto eu era cético a respeito disso. Pensei realmente que esse meu amigo tinha algo de paranóico e fiquei muito tempo com essa impressão.

Um dia me apresentaram um casal que tinha contatos com espíritos; eles me convidaram para uma sessão na casa deles, no Flamengo, se bem me lembro. Era uma sessão de copo. Ela consiste em colocar um círculo onde estão escritas todas as letras do alfabeto. Todo mundo põe um dedo num copo colocado no centro do círculo; aos poucos o copo começa a andar e formar palavras com as letras nas quais ele encosta sucessivamente. Para mim isso não passava de uma grande fantasia; um líder com tônus muscular ou pressão mais forte, pode muito bem dirigir o copo para onde ele quiser. Na minha presença formaram-se palavras sem nexo, como em jogo de salão; achei divertido; nada mais.

Outra vez, me levaram para assistir a uma cerimônia de Umbanda. Era uma sala enorme, todo mundo vestido de branco, algumas pessoas sentadas passavam a mão em torno do corpo das pessoas fazendo de vez em quando um estalido com os dedos; alguns fumavam cachimbo; não entendi nada daquilo. Achei primitivo e estranho, nada mais. Quanto aos transes convulsivos, os identifiquei imediatamente como crises epiléticas ou histéricas. Se havia curas eu atribuía isso a mera sugestão.

É com esses conceitos tranqüilizadores que encerrei o assunto e durante mais de quinze anos me firmei nesse ponto de vista. Certo dia levei o Professor André Rey, junto com o meu amigo Pedro Bloch, para assistir a um candomblé num bairro retirado de Caxias. André Rey foi meu professor, junto com Jean Piaget, no Instituto Jean-Jacques Rousseau da Universidade de Genebra. Era conhecido como um dos grandes experimentalistas na Psicologia européia. Ele nos explicou que era provavelmente a percussão da vibração sonora dos tambores sobre os músculos dos médiuns que deflagrava e servia de estímulo para o transe; achei a explicação bastante valiosa, e ela veio reforçar a minha opinião de que não havia nada de sobrenatural nisso tudo. E continuei não me preocupando com assuntos do além.

Eu estava por demais preocupado com a minha realização pessoal e com minhas pesquisas terrenas, tais como a de medir a emotividade através do reflexo eletrocutâneo, ou de pesquisar o potencial intelectual da população brasileira com uma equipe de mais de trezentas pessoas, do Amazonas ao Rio Grande do Sul.

Criei vários testes.

No terreno das aplicações da Psicologia, organizei o consultório médico psicopedagógico da Sociedade Pestalozzi, a convite da Professora Helena Antipoff, que se tornou uma amiga muito querida. E continuei estimulando e contribuindo para a organização de serviços de orientação educacional para o SENAC em vários estados do Brasil. Viajava muito para isso.

A Livraria Juan Laissue e Krishnamurti

De vez em quando vinha me visitar o Sr. Juan Laissue, um livreiro especializado em livros de Psicologia e de Esoterismo. Ao mesmo tempo em que ele me apresentava as mais recentes edições importadas de Psicologia Experimental, insistia em que eu comprasse livros do famoso filósofo indiano Krishnamurti. Eu resisti durante muito tempo, até que um dia Pedro Bloch me falou a seu respeito, dizendo que ele era realmente irrefutável nos seus argumentos quanto à natureza do homem e do Universo. Resolvi comprar o livro.

Lembro-me muito bem que foi durante uma viagem a Belém que li e devorei o primeiro livro de Krishnamurti. Fiquei realmente impressionado com a clareza dos seus argumentos irrefutáveis: só através de uma consciência e um estado permanente de presença é que podemos despertar para uma outra dimensão que está sempre aí, mas que não estamos vivenciando porque fomos cegados pelos condicionamentos negativos da nossa educação. O que ele disse dos rituais também me impressionou; eles são condicionantes e nos impediriam de tomar contato direto com a realidade. Bastava ficar diante de uma árvore e procurar ser essa árvore. Aconteceria então um momento em que formaríamos uma unidade com a árvore, passaríamos a ser essa árvore. Tentei fazer isso, mas não aconteceu nada.

Apesar desse fracasso continuei a me empolgar por Krishnamurti e li muitas de suas obras.

Voltando ao livreiro Juan Laissue, tenho algo muito engraçado para contar, e que também traduz bem o quanto eu evoluí; é sobre a livraria dele. Essa livraria constitui um ponto de referência muito importante da evolução dos meus interesses. A livraria de Juan Laissue se situa num sobrado da rua Gonçalves Dias, no Rio de Janeiro. Ele a organizou de tal forma que toda a parede esquerda da livraria é composta de estantes com livros esotéricos. O lado direito da livraria só tem livros de Psicologia. Pois bem. Cada vez que ia na sua livraria, eu me dirigia imediatamente para o lado direito, onde tinha a minha motivação para Psicologia Experimental e Aplicada. Olhava o lado esquerdo com bastante desprezo. Um certo sentimento de comiseração me invadia em relação aos "coitados" que perdiam tempo lendo tais livros. Hoje, quando vou visitar a livraria, eu também faço parte desses "coitados"; sou sem sombra de dúvida um deles. Eu me precipito do lado esquerdo; só depois procuro novidades do lado direito da livraria.

Como se fez essa evolução? Onde é que começou? É o que vou contar no próximo capítulo.

IV

CRISE EXISTENCIAL:
INÍCIO DA REVOLUÇÃO SILENCIOSA.

> Uma flor fenece
> Depois de dar nascimento à fruta;
> A fruta se foi
> Depois que abriu mão do seu suco;
> E o suco se foi
> Depois de ter propiciado satisfação.
>
> JNANESHVAR MAHARAJ

Depois de dez anos no SENAC, considerei minha tarefa principal como realizada: tinha formado mais de dez equipes de psicólogos orientadores em todo Brasil, e ainda me promoveram a Diretor da Divisão de Ensino do Departamento Nacional. Lá incentivei a criação de escolas hoteleiras, insistindo no aspecto profissionalizante da instituição, sem no entanto descuidar da cultura geral.

Sem eu saber, o Banco da Lavoura, hoje Banco Real, estava de olho em mim. Convidaram-me para fazer uma palestra em Belo Horizonte, e depois para ficar organizando um moderno departamento de desenvolvimento de pessoal. Aceitei porque me propuseram para realizar ali tudo que eu tinha na mente em matéria de desenvolvimento psicológico e psicossociológico relacionado com adultos. Efetivamente, durante dez anos consagrei grande parte do meu tempo a organizar sistemas de recrutamento, seleção, treinamento, conscientização, promoção, pesquisas de 12.000 funcionários, executivos e gerentes de todo o país. Foi uma experiência extremamente rica. Tal como no SENAC, são milhares de pessoas que se beneficiaram desse sistema. Mais uma vez a minha motivação para os grandes valores humanos estava satisfeita.

Paralelamente a isso fui convidado pelo Professsor Pedro Parafita de Bessa para lecionar na Faculdade de Filosofia da Universidade Federal. Eu já tinha contribuído no Rio de Janeiro para a criação da profissão de psicólogo. E foi nessa época que nasceu o primeiro curso de Psicologia, de cuja lei eu fui um dos redatores na sua fase de anteprojeto.

Foi nessa época também que, movido pelos meus valores humanos, resolvi, num Congresso Internacional de Psicotécnica, pedir supressão dessa palavra que, além de soar muito negativamente, implicava num aspecto exclusivamente tecnocrático da minha profissão, o que eu definitivamente não concordava. A moção foi aceita por unanimidade. Depois, pedi a mesma coisa para o Brasil ao Professor Mira Y Lopes e a Lourenço Filho, que também aceitaram mudar o termo Psicotécnica por Psicologia Aplicada. Fiquei muito orgulhoso de ter conseguido tal proeza, ainda como rapaz de uns vinte e tantos anos...

Um dos meus primeiros livros, "Relações Humanas na Família e no Trabalho", estava sendo indicado como *Best-seller* pelo jornal "O Globo". Já com trinta anos era um homem conhecido no país inteiro, um homem de sucesso, dando entrevistas na TV e nas grandes revistas. É claro que isso me dava uma certa alegria e que a minha vaidade teria sido bastante inflada, se eu não tivesse uma certa consciência dela e não a mantivesse sob controle.

Estou dizendo tudo isso para mostrar ao leitor que passei mais alguns anos da minha existência sem me preocupar muito com assuntos transcendentais. Mesmo os meus filmes preferidos ainda eram os de Tarzan e filmes policiais de alta tensão, ou literatura erótica. A música clássica me dava sono, com exceção de Chopin, que eu adorava, juntamente com samba.

Crise existencial: Tédio e vazio do homem "realizado"

Eu tinha me tornado bastante conhecido e posso dizer que tudo o que queria, e não queria, eu tinha nas mãos. Eu era um homem "realizado".

No plano profissional, um cargo invejável me dava não somente posição financeira bastante abastada, mas ainda eu podia, como já o disse, realizar todos os meus sonhos em matéria de técnicas pedagógicas para adultos. A empresa em que trabalhava não me negava nada; eu gozava de respeito, carinho e amizade do Presidente e Diretores, que me davam todo o apoio moral e material necessário à realização da minha tarefa. Até filmes educativos realizamos.

52

Eu gostava de meus colaboradores e acho que a maioria correspondia a isso. Eu tinha uma mulher que procurava atender a todas as minhas necessidades e duas filhinhas adoráveis. Uma casa com vista maravilhosa e vizinhos simpáticos e agradáveis.

Além da casa da cidade mandei construir uma casa de campo onde podia desfrutar nos domingos frios mineiros de uma lareira que me lembrava as fogueiras dos meus bons tempos de escoteiro.

E no entanto eu não estava satisfeito. Alguma saudade indizível me perseguia e eu não sabia o que era. Mais sensações, sensualidade e prazeres que eu desfrutava não era possível; mas eu queria sempre mais. Mais tarde, descobri na minha psicanálise que eu tinha tido na infância alguma insatisfação oral que me tornava bastante ávido. Mas isso não foi uma explicação suficiente para mim. Indaguei muito se se tratava da saudade do seio materno; realmente havia algo assim. Mas mesmo assim não era suficiente a explicação, e nem a revivência e tratamento desses aspectos foram suficientes para acabar com essa saudade.

Foi então que entrei na grande crise existencial. Ela se caracterizou antes de tudo pelo tédio, seja sozinho ou, o que é muito pior, a dois. O tédio e o vazio provocado paradoxalmente pela satisfação de todos os meus desejos. Hoje eu posso dizer que isso foi o resultado de uma vida baseada predominantemente no TER em vez de no SER. Eu não tinha consciência nenhuma de que o problema estava dentro de mim, e a sua solução também. A crise me levaria a uma doença muito séria.

No entanto, ao mesmo tempo a chama acesa por Krishnamurti estava insidiosamente brotando no meu ser mais profundo. Uma revolução silenciosa se operava em mim, muito lentamente.

A revolução silenciosa

O fator desencadeante foi sem dúvida o Psicodrama de que participei sob a direção de Anne Ancelin Schutzenberger, em Paris, mais ou menos em 1960. Algo de muito profundo aconteceu várias vezes durante as sessões de grupo, mais especialmente durante certos silêncios que eu poderia traduzir como sendo de comunhão, e que Anne chamava de encontro existencial. Percebi o significado do amor verdadeiro, e revivi várias vezes aquele sentimento provocado pelo contato de olhares com Janine, a minha namorada de 14 anos.

A procura do encontro existencial passou então a ser um dos motivos da minha vida. Firmaram-se os meus valores humanos. Mudaram até os meus gostos artísticos e musicais. Lembro-me que quando voltei para o Brasil colocava na radiola música de Bach e de Beethoven. Alguma coisa me tocou profundamente. O meu gosto pelas artes plásticas se desenvolveu de modo notável; passei a me realizar como verdadeiro esteta.

Voltei a tocar flauta-doce, que eu tinha aprendido nos escoteiros com um jovem polonês que morreu na câmara de gás dos nazistas. Ele se chamava Leo Cohn. Ele também, já naquela época, contribuiu para o desenvolvimento da minha sensibilidade musical; e lhe sou grato por isso até hoje.

Perto da morte

Alguns anos se passaram assim. Numa viagem à França descobri a revista *Planète,* e passei a ler os livros de Gurdjieff e Ouspensky, estimulado pelo famoso livro "O Despertar dos Mágicos", de Louis Pauwels. A leitura de Ouspensky, que desenvolve a idéia de que todos nós estamos adormecidos, mesmo em estado chamado de vigília, despertou a minha atenção. Fiquei muito impressionado com a idéia de que além dos estágios instintivo, emocional e intelectual existiriam outros estágios na evolução do adulto; e eu queria passar por esses estágios. Falava-se, nos seus livros, na existência de "Escolas" que ensinariam e dariam iniciações nesse sentido. Isso me fascinava.

Esses livros, eu os escondia dos meus colegas, pois poderia ser mal interpretado por eles. O meu prestígio e a minha vaidade profissional estavam em jogo... Durante muitos anos colocava os livros esotéricos em armário fechado, deixando só os livros literários e científicos à vista das visitas na minha biblioteca aberta.

Em 1963 começou a crescer um tumor. Mostrei-o ao médico e ele disse que não era nada de grave; indicou-me as medidas a tomar. Durante um ano o tumor ficou crescendo. Procurei um especialista, que me mandou internar imediatamente: eu estava com câncer.

Fui operado. Embora maligno, o tumor não tinha se espalhado e sua natureza era pouco perigosa. Fui submetido à radioterapia durante um mês.

Passei, no entanto, sete anos sem saber se eu iria sobreviver ou não. O leitor pode imaginar as angústias que se apoderaram de mim.

Ainda no leito do hospital lembrei-me que tinha me tornado muito mais aberto à dor alheia, ficando confidente das pessoas que me visitavam e procurando ajudar a todo o mundo. O meu amigo, o psicanalista Djalma Teixeira, foi o meu acompanhante e muito me ajudou a superar este período penoso.

Certo dia um frei beneditino, possivelmente o capelão do Hospital, veio me fazer uma visita. Pensei que esta era uma oportunidade para eu poder externar a minha ansiedade. Ele apenas olhou para mim, e fez um bonito sinal da cruz em cima do meu peito. Quando eu ia abrir a boca para desabafar, ele já estava abrindo a porta e saiu. Automatismo das instituições religiosas; ele nem me perguntou quem eu era, se era católico, se queria confessar; nada...

Como eu estava convencido de que não iria mais viver muito tempo, perguntei-me qual seria o meu último livro; resolvi escrever sobre aquilo que mais me preocupava naquela época: "A Comunicação Profunda no Amor".

Quando voltei para casa, depois da convalescência, escrevi o livro com um entusiasmo imenso. Era uma espécie de testamento sobre a minha experiência amorosa, pois passei pela maior parte do que está descrito lá. É muito delicado falar numa autobiografia das relações amorosas, pois elas envolvem outras pessoas, todas vivas ainda. É por isso que no presente livro me refiro pouco a esse aspecto, ainda mais que estaria fugindo em grande parte do nosso assunto central, a não ser o encontro existencial e a comunicação profunda. O meu editor mudou o título para "Amar e ser amado", título de que não gostei.

O medo da morte me levou a começar a pesquisar sobre o após morte, e também a procurar sistemas de vida mais sadios. Estes dois assuntos me levaram diretamente a aprender e praticar a Ioga. Comecei pela Hatha Ioga. Escolhi um professor que tinha na sua academia retratos de Gurdjieff e Krishnamurti, e muitos outros com cujas personagens eu iria travar conhecimento aos poucos. O meu professor era George Kritikos, discípulo de um mestre de uma escola esotérica francesa criada por Papus e chamada de "Martinismo". Foi aí que começou mesmo a minha verdadeira aventura espiritual.

Os meus primeiros passos na Ioga

Comecei com aulas particulares de Hatha Ioga. Eu tinha uma amigdalite crônica desde a infância. O professor me mandou mudar de hábito e em vez de expirar pela boca, como me ensinaram na educação física na França, passei a expirar pelo nariz. Em pouco tempo a minha amigdalite cedeu.

O que mais me fez bem, e o que mais apreciei naquela época inicial, foi o relaxamento na chamada "postura de cadáver". Isso me dava um estado de paz interior que se transmitia durante todo o dia. Até minha postura ao guiar o carro mudou. Em vez de ficar agarrado ao volante numa postura muscular tensa, eu tomava consciência dessa tensão e passei a guiar completamente relaxado. Aos poucos a minha maneira de reagir a eventos de emergência como sempre acontecem no trânsito mudou também completamente. Sumiram as reações emocionais de medo que eu sentia no plexo solar ou no coração; passei a reagir de maneira a dar o movimento certo sem nenhuma emoção.

O professor me convidou para fazer parte de um grupo mais fechado que se reuniu durante vários anos na quarta-feira. E nesse grupo aprendi os primeiros passos para meditação. Durante um ano não aconteceu nada de especial. Outros membros do grupo diziam que viam cores, formas no espaço, ou mesmo afirmavam receber mensagens do seu ser interior. Comigo não acontecia nada; eu me queixava ao professor e dizia que eu me sentia completamente "tapado", o que provocava riso nele.

Quando nos ensinou a concentrar sobre um ponto num pedaço de papel, sem pestanejar, eu comecei a perceber uma luz brilhante em torno do ponto. Acho que foi a partir daí que começou o aparecimento de certos poderes psíquicos dos quais vou falar mais adiante.

A descoberta do segredo da Esfinge

Numa das aulas de quarta-feira, e também numa outra que o professor deu para moças, ele nos explicou que a esfinge, aquele animal polimorfo, com corpo de boi, tórax de leão, asas de águia e cabeça de homem, simbolizava nosso ser, o ser humano.

O boi representaria o nosso corpo físico e os nossos instintos, o leão as nossas emoções, a águia a nossa mente. A cabeça de homem seria o ser consciente que pode conhecer e controlar esses três inconscientes.

Fiquei realmente maravilhado com essa explicação. Eu não podia me conformar com o contraste existente entre essa revelação tão simples e evidente e a tradição de mistério e segredo reinando até hoje em torno desse símbolo, o mais velho talvez da história conhecida da humanidade.

Fiquei tão impressionado com essa explicação que resolvi aprofundar o assunto e procurar as fontes dessa tradição. O professor Kritikos me indicou o endereço de seu mestre Sevananda, o Conde de Mascheville, um esoterista francês, que naquela época, em 1966, ainda estava vivo, retirado num sítio do interior mineiro. Muito gentilmente ele respondeu à carta que eu tinha mandado para ele e me indicou Papus como a sua única fonte de referência. Mandei vir os livros de Papus e efetivamente encontrei as descrições esperadas, um pouco mais detalhadas.

A partir daí, uma verdadeira febre se apoderou de mim. Febre de saber mais e mais a respeito da esfinge. Eu procurava nas bibliotecas e nas livrarias livros que tratassem do assunto. Isso me levou aos Hititas, Babilônios, Assírios, Fenícios e à Bíblia. Descobri que os querubins do antigo testamento eram esfinges, ou pelo menos inspirados na esfinge. Até os evangelistas eram simbolizados pelos quatro elementos desse conjunto; e até hoje a tiara do Papa tem, em torno dela, uma representação dos quatro elementos alados. Isto me levou a estudar a cabala dos judeus, mais particularmente o Sepher Hazohar que contém inúmeras descrições e interpretações a respeito.

Aos poucos tive o sentimento que alguma força desconhecida por mim me guiava neste estudo. Com efeito, quando entrava numa livraria ou numa biblioteca, às vezes, nem sempre, eu já sabia de antemão que eu encontraria alguma indicação sobre a esfinge. Um dia chegou ao cúmulo de eu abrir o livro "Tertium Organum", de Ouspensky, e encontrar exatamente a página que tinha algo sobre a esfinge. Depois procurei no índice e vi que era a única página sobre a esfinge; e o livro tinha mais de 1.000 páginas. Uma probabilidade contra mil... Efeito do acaso?

Foi então que me veio a idéia de criar um novo tipo de Psicodrama que permitiria resolver mais rapidamente certos conflitos. Chamei-o de Psicodrama da Esfinge. Após inúmeras experiências prévias, resolvi apresentar o método no Congresso de Psicodrama de Barcelona.

Parando "por acaso" em Lourdes

Foi em 1966, na volta do Congresso Internacional de Psicodrama em Barcelona, que eu tinha resolvido visitar a minha filha

Emmanuelle que mora com o seu marido Gaston e meus três netinhos no sul da França. Eu tinha marcado encontro com eles em Lourdes, que se encontra a uns cem quilômetros de Montreal du Gers, onde eles residem.

Quando cheguei lá, eles não estavam me esperando e verifiquei, por telefone, que eles não tinham recebido minha mensagem por estarem ainda viajando; eles só voltariam dali a três dias.

O que fazer? Eu tinha efetuado a viagem a partir de Barcelona com um casal muito simpático, Dean e Doreen Elephtery, conhecidos psicodramatistas norte-americanos, e eles me tinham dito que fariam a peregrinação de Lourdes e me convidaram para acompanhá-los. Aceitei e devo dizer que não me arrependi dessa minha decisão, pois vivi realmente momentos bastante elevados e belos.

Fomos para o hotel para nos instalarmos e de lá nos dirigimos para a gruta de Lourdes. Fiquei em primeiro lugar mal impressionado, tal como fiquei também em todos os lugares de peregrinação de todas as religiões que visitei, pelo comércio de objetos de culto que cerca o lugar.

Mas isso passou rápido, quando entramos no pavilhão médico de controle dos milagres. Esses continuam ocorrendo no lugar e são submetidos a um controle rigoroso. Dean, na sua qualidade de médico, e eu, na minha de psicólogo, fomos convidados a manejar o imenso arquivo de umas setenta curas inteiramente patenteadas. Lembro-me de ter visto radiografias de um câncer ósseo da perna, tirada antes e imediatamente depois do milagre; realmente não sobrara mais nada do tumor. Há muito maior número de curas; mas como o processo de verificação é bastante complexo, rigoroso, nem em todos os casos é possível reunir a documentação necessária.

Depois da visita, fomos convidados para entrar numa procissão; como autoridades científicas, nos colocaram imediatamente depois dos bispos e cardeais, o que nos permitiu acompanhar a procissão num lugar privilegiado. Foi a primeira vez na minha vida que eu assisti a uma procissão: são aproximadamente cinqüenta mil pessoas cantando Ave-maria, juntas. Eu não pude conter a minha emoção, e chorei sem parar até o fim. Ver gente de todas as nacionalidades e raças do mundo unida para rezar pela cura própria ou de familiares é uma experiência inesquecível!

A primeira pessoa que eu vi rezando na própria gruta onde a menina Bernadette teve a sua visão foi um indiano de túnica comprida, uma vela na mão, rezando com um fervor extraordinário;

os seus olhos brilhavam como se ele estivesse em êxtase; o brilho tomava um caráter mais incrível ainda, pois a luz da vela se refletia nos seus olhos.

À noite começamos a participar de outra procissão mais incrível ainda, pois além dos cantos eram cinqüenta mil velas acesas que desfilavam interminavelmente no imenso parque que cerca a gruta. Desabei de novo a chorar; um choro que não era nem de tristeza nem de alegria; era emoção pura. Eu estava tocado pela beleza do momento. Os meus amigos me tomaram pelo braço; eu senti o calor do amor deles e da sua compreensão pelo que ocorria em mim.

É interessante que essa experiência que realmente moveu algo muito profundo em mim mesmo ocorreu alguns anos depois que Moreno nos passou a sua mensagem em Milano, sobre a posição do Homem no Cosmos. O homem como ser cósmico; era uma noção tão nova e chocante para mim que eu cheguei a fazer piadas sobre isso. Como o mostrou Freud, a piada é sinal de repressão; eu tinha reprimido muitos anos aquilo que estava explodindo agora em Lourdes.

Eu já estava em plena revolução silenciosa.

O azul-pavão

À medida que eu progredia na meditação, começaram realmente a aparecer manchas azuis, um azul-pavão, parecido com este das soldas acetilênicas. Vinha e saía do meu cenário interior de modo rítmico. Esse azul apareceu durante muitos anos. E nada mais.

Hoje sei que esse azul corresponde à cor de um dos meus chakras, "Vishuda", ou chakra laringos, que, segundo a Ioga, é um centro energético do que no esoterismo se chama o corpo sutil. O corpo sutil é um sistema energético paralelo ao nosso corpo físico, o qual em última instância também é feito de energia mais densa e grossa.

Isso quer dizer que eu estava desenvolvendo a terceira visão, já que comecei a perceber energias interiores que não eram percebidas normalmente. De outro lado, algo acontecia no nível do centro da criatividade, do vácuo receptor que representa o centro da garganta. O que, não sei; mais tarde receberei confirmação desse fato.

Sem o saber, comecei também a entrar em sintonia com pessoas das minhas relações de amizade. Um dia, por exemplo, estava conversando com uma amiga quando, de repente, sem mais nem menos, ela me falou: "Azul-pavão". Fiquei atônito. Perguntei por que ela dizia isso. Ela respondeu que não sabia; simplesmente veio a palavra à mente dela.

Naquela época eu não sabia que a meditação regular como eu a fazia, todas as manhãs, desenvolvia os poderes latentes dentro de mim; por isso mesmo eu não fazia a conexão entre a meditação e fenômenos parapsicológicos que começaram a acontecer cada vez com mais freqüência. Eu achava que as coisas tinham que se passar durante a meditação.

Quero logo avisar ao leitor que se ele estiver tentado a meditar para desenvolver poderes psíquicos, tal como a clarividência ou a telepatia, eu lhe desaconselharia isso, pois a meditação foi feita para servir de instrumento para a evolução do ser humano em direção ao seu eu interior, para descobrir quem ele é na realidade última. Querer desenvolver poder só leva a mais vaidade e a reforçar as barreiras mentais que impedem ao ser humano evoluir.

No entanto, o aparecimento de poderes para quem não os tinha é sinal de que está no caminho certo. Mas é desaconselhado deixar se entusiasmar por eles. Para mim, eles foram uma confirmação da existência de outra dimensão; é por isso que dei a eles um lugar de destaque. Insisto, no entanto, mais uma vez, eles não são o essencial; aliás, as experiências que vou relatar a seguir representam tinturas bem pálidas em relação aos estados de consciência em que vivenciei algo de realmente extraordinário, embora difícil de descrever em palavras; irei, porém, tentar fazê-lo depois de ter exposto os aspectos parapsicológicos da minha revolução silenciosa.

Em primeiro lugar, vou falar dos acasos, ou como os chamava Jung, as sincronicidades.

V

AS "COINCIDÊNCIAS"

> ...preocupamo-nos com as manifestações concretas de coincidências em sécie, sem tentar explicá-las, reconhecendo apenas que a repetição de fatos idênticos ou semelhantes, em áreas adjacentes ao espaço ou ao tempo, é um fato simplesmente empírico que deve ser aceito e não pode ser explicado como simples coincidência. Ou melhor, dá à consciência um poder de tal alcance que o próprio conceito de coincidência em si é negado.
>
> PAUL KAMMERER

Foi muito progressivamente que começaram a acontecer uma série de "acasos" na minha vida quotidiana. Estes foram se multiplicando a tal ponto que hoje não dá mais nem para tomar nota deles.

Não posso afirmar que esses "acasos" não se deram antes dessa minha revolução silenciosa. Devo reconhecer que naquela época eu não tinha as vistas voltadas para esse tipo de fenômenos, e que, por conseguinte, podem eles ter passado desapercebidos; é realmente necessária uma certa centração da atenção e um certo interesse para notar esses fenômenos.

Jung os chamou de "sincronicidade", que ele definiu como eventos que coincidem entre si, embora pareçam ter causas diferentes, inexistindo causa aparente para a coincidência.

Por exemplo, o primeiro acaso digno de nota foi o incidente da garrafinha de cachaça.

A garrafinha de cachaça

Durante muitas semanas antes do acontecimento que vou relatar eu estava muito preocupado com problemas ligados à manutenção e desenvolvimento da Paz do Mundo. Fazia sonhos, daqueles de se sentir um pouco salvador do mundo. Pensava em criar um Instituto de Pesquisas da Paz.

Um dia, recebo um telefonema de uma amiga minha que eu não via já há anos: "Pierre, deve ter acontecido algo sério com alguém das suas relações". Contou-me então que uma garrafinha de amostra de cachaça do norte, um presentinho que eu lhe tinha ofertado, tinha caído na cozinha. Ouviu um barulho na madrugada e encontrou a dita garrafinha intata no chão. Disse-me que não entendia como podia ter pulado do meio da geladeira em cima da qual ela a tinha colocado.

A garrafinha era de barro e não tinha quebrado; porém, tinha se esvaziado.

Tomei nota da data e hora: dia dois de dezembro às duas horas e oito minutos. Nunca se sabe, pensei, embora não tivesse acreditado muito que isso pudesse ter alguma relação comigo.

Dois meses depois encontro um amigo, Daniel Antipoff, que me anuncia a morte de um dos professores pelo qual tenho mais admiração: o Professor Pierre Bovet, criador das Escolas da Paz e autor de um livro famoso na Europa: "O Instinto Combativo". Perguntei a data do falecimento: dia dois de dezembro.

Quando o Professor Pierre Bovet veio para o Brasil, levou-me, com sua senhora, a uma Igreja Protestante para assistir ao Culto do Domingo. No meio dos cantos litúrgicos fui tomado de repente de uma emoção tão forte que desabei a chorar; foi uma das experiências sublimes da minha vida.

Este é um exemplo de sincronicidade. A morte do Professor Bovet tinha uma ou várias causas entre as quais a idade avançada. A queda da garrafa de cachaça tem outra causa ainda inexplicada. Podemos perguntar: o que é que fez os dois eventos coicidirem?

Esse episódio se inscreve entre os inúmeros sinais dados pelos defuntos para familiares ou amigos na hora exata de seu desenlace. Na maioria das famílias de todo mundo existem histórias dessa natureza.

A minha mãe sempre contava que na hora da morte do meu avô ouviu pancadinhas na janela do quarto.

Algum tempo depois tive uma outra ordem de experiência; uma intuição à qual não obedeci.

O assalto da minha casa

Praticamente todos os dias eu ia do centro de Belo Horizonte para a Pampulha dar aula ou fazer algum trabalho na Escola de

Administração do Banco da Lavoura. Embora eu morasse a dois minutos a pé, nunca passava na minha casa a essa hora.

Era meio-dia; eu estava na estrada quando me dei conta que o meu carro em vez de se dirigir para a escola estava indo em direção à minha casa. Como sou bastante distraído, coloquei o fato na conta da distração.

Na hora de passar na frente da minha casa, senti algo que me disse: "Pierre, deve ter ladrão na sua casa". Estava tudo fechado, inclusive as venezianas.

Para entrar na casa, que se encontra em cima de uma elevação, eu tinha que abrir o portão, descer e subir no carro; estava em cima da hora de minha aula; resolvi prosseguir para a escola.

No meio da minha aula recebo um bilhete do Diretor da Escola: "Arrombaram a sua casa. O que devo fazer? Chamo a Polícia?". Respondi no bilhete que sim e continuei a dar aula, pois não podia interromper no pé em que estava.

Logo que terminou a aula fui para minha casa. Lá estava um espetáculo lamentável: armários abertos, gavetas esvaziadas, tudo no chão. Garrafas de guaraná vazias no chão. Levaram uma radiola portátil, um gravador, uma máquina de escrever, grande parte da minha roupa.

No escritório, em cima da mesa, estava um bilhete, muito delicado: "Desculpe, mas precisava...".

A única coisa que me tocou e me deu um sentimento de perda foi uma gravação da voz de Vivianne, minha segunda filha, quando era pequenininha, dialogando comigo a respeito de uma gravura, e o registro das brincadeiras de Emmanuelle, a minha outra filha.

Tratou-se de uma percepção extra-sensorial. Algo dentro de mim disse-me que havia ladrões na minha casa; muito mais, algo me guiou até a frente da minha casa como para me avisar.

Poderia se dizer também que a força contrária que me impeliu a prosseguir o caminho não foi a pressa, mas sim uma medida protetora. Se eu tivesse entrado, talvez eu teria levado um tiro, e já não estaria mais aqui para escrever estas memórias. Quem sabe?

A morte de Ademar de Barros

Pessoalmente não tenho muito interesse por política, a não ser que estejam em jogo os grandes valores da humanidade. Não sei mesmo se o Dr. Ademar de Barros se inscreve entre estes. O que posso afirmar é que nunca tive nenhuma ligação afetiva ou funcional com esse político. O que sei dele é através de leituras casuais de jornais; além do mais, o seu nome tinha caído no ostracismo, já que estamos alguns anos depois da revolução de 1964.

Eis que certa noite, em São Paulo, pensei, não sei por que, em Ademar de Barros, na sua má sorte, expulsão do País, etc. Eram aproximadamente onze horas da noite.

No dia seguinte me anunciaram que Ademar tinha falecido às três e meia da manhã; e são quatro horas de diferença entre o Brasil e Paris, onde ocorreu o desenlace.

Achei esta coincidência bastante curiosa, pois em geral tais ocorrências se dão entre pessoas que têm estreitos laços afetivos.

A morte de Martin Luther King

Um evento parecido se deu em 1969. Era a época dos distúrbios raciais nos Estados Unidos.

Certo dia fiquei, não sei por que, mais preocupado do que nunca pelo problema. Estava na companhia de Marlene Trindade, uma pintora. Na hora destes pensamentos, falei com ela:

"Você poderia pintar uma mão de branco apertando uma mão de negro, saindo sangue desse aperto; em cima das duas mãos o símbolo KU KLUX KLAN".

Eu me lembro muito bem que insisti muito para que esta pintura fosse realizada; não me lembro se o foi. O fato é que no dia seguinte saiu a notícia da morte de Martin Luther King.

Este caso de PES (percepção extra-sensorial) tem mais lógica, já que pela minha própria história sou sensível a conflitos raciais, e partidário da união entre todos os homens.

Algum laço ideológico me ligava possivelmente a Martin Luther King. Eu sei pela imprensa que tais comunicações se deram com muita freqüência também no caso do assassinato de John Kennedy.

Ioga e Psicanálise no mesmo andar

No mesmo prédio e no mesmo andar da academia de Ioga, onde recebi os meus primeiros ensinamentos, havia uma sala ocupada pelo "Círculo de Psicanálise de Minas Gerais". Criado e dirigido pelo Professor Malomar Lundt Edelweiss, que já naquela época era amigo e freqüentava reuniões na minha casa, esse círculo se desenvolveu com muita prudência e à custa de muitos estudos e trabalho em profundidade.

Eu relutei muito em iniciar a minha própria psicanálise, pois tinha uma resistência muito grande em deitar num divã. Mas, depois da minha segunda separação, já com duas filhas de dois casamentos diferentes, eu quis saber o que havia dentro de mim que me levava a ter dificuldades de relacionamento dentro do casamento. Eu estava bem consciente que o meu problema era muito mais ligado à situação do casamento que ao mesmo tempo me atraía e que não suportava depois de algum tempo. Na Ioga eu não tinha encontrado resposta para esse aspecto peculiar; os grupos de Psicodrama me ajudaram a clarear muitos ângulos do problema, mas eu não tinha ainda chegado ao cerne da questão.

Resolvi, então, entrar num grupo de Psicanálise. Mais tarde, com a vinda do Professor Igor Caruso de Vienna, resolvi entrar em psicanálise individual com ele numa razão de quatro sessões semanais. E foi lá, no divã no qual eu tanto resisti em me deitar, que consegui desfiar o que penso ser o novelo essencial do meu problema. Tomei consciência de uma grande avidez originada em frustrações no estágio oral associada a uma verdadeira compulsão ao casamento. Como só se pode casar com uma pessoa de cada vez, você já viu o que deu... Um impulso para casar e uma atração irresistível pelas morenas brasileiras...

A Psicanálise, conjuntamente com a Ioga, me foram realmente de grande valia, tanto na minha vida profissional como íntima; fiquei mais em paz comigo mesmo; passei a administrar esta contradição interior com mais senso de responsabilidade. Aprendi a evitar sofrer e fazer sofrer os outros inutilmente. Se não o consegui inteiramente, é porque ainda estou aprendendo com a vida.

Durante a psicanálise com Igor Caruso tive uma experiência culminante, quase de ordem transcendental: estávamos tratando das minhas relações com meu pai, quando eu de repente vi como se fosse uma cadeia de pessoas cultoras dos valores humanos que me foram transmitidos. Nessa cadeia se encontravam o meu pai, Caruso, Einstein, Cristo, Buda, Moisés e todos os grandes ou desconhecidos homens que contribuíram para a evolução da humanidade. A emoção que se apoderou de mim foi muito forte; chorei durante quase a sessão toda; um choro de emoção pura, a mesma emoção que eu vivi no templo protestante que me fez visitar Pierre Bovet, e em Lourdes; a mesma emoção que irá se apoderar de mim na minha primeira experiência de Kundalini com o Swami Muktananda, uns quinze anos mais tarde.

Não há dúvida de que a Psicanálise muito contribuiu para me tornar um ser mais consciente e mais responsável; a minha oralidade ainda está presente, mas em grande parte sublimada no meu trabalho que hoje considero como uma missão. Este livro é fruto dela; ele é também resultado da ação da Ioga.

E, por "coincidência", as duas instituições se encontravam no mesmo andar.

O meu amigo, o Cabalista

Os fatos que vou contar agora passaram-se alguns anos depois de eu ter iniciado as minhas pesquisas sobre a Esfinge. Estava muito interessado na Cabala hebraica e mais particularmente no Sepher Ha Zohar, que era então uma obra rara, sendo que da edição francesa só existiam uns setecentos exemplares no mundo inteiro.

Indaguei junto a judeus locais se existia alguém conhecedor da Cabala; me responderam que não.

Certo dia, passando na loja de uma conhecida minha, ouvi-a falar de assuntos espíritas e de sessões que ela freqüentava; conversa vai conversa vem, pronunciei o nome de Cabala. Ela olhou para mim e disse-me que o seu marido tinha sido vítima de um derrame cerebral e que desde então ele estava estudando o Sepher Ha Zohar, impossibilitado que estava de exercer uma profissão.

Marquei encontro com ele e me deparei com um homem forte, cheio de vitalidade, olhando muitas vezes para o céu, como se estivesse em contato direto com alguma entidade do outro mundo, com um ar de felicidade angelical.

Ele ficou muito entusiasmado por encontrar, enfim, alguém que estivesse à altura de trocar idéias sobre os seus estudos. Prontificou-se muito gentilmente a permitir que eu consultasse os seis volumes do Zohar, o que muito me ajudou, até que viesse de Paris a nova edição.

E me contou como obteve a coleção. Quando ainda morava na Romênia, durante a guerra, aconteceu um dia de ouvir uma voz interior que lhe disse textualmente: "Esta tarde, às três horas, você vai tirar a sua menina do seu berço e levá-la com sua mulher para longe de casa". Foi o que fez o meu amigo.

Quando voltou, a cidade tinha sido bombardeada. Dentro do berço encontrou uma bomba que não estourou. A misteriosa voz tinha salvo a sua família.

Dias depois essa mesma voz lhe falou que ele receberia no mesmo dia um presente. O meu amigo era vendedor de livros antigos. Na tarde do dia em que ouviu a voz uma pessoa se apresentou querendo vender um lote de livros; o meu amigo aceitou a compra. Antes de partir recebeu uma série de volumes a mais, de sobra. Era o Sepher Ha Zohar. A mesma voz lhe explicou que esse livro lhe seria útil quando da sua velhice.

E foi o que realmente aconteceu. Já aposentado, tendo sido acometido de um derrame cerebral que ocasionou o esquecimento de algumas das línguas que conhecia, começou a estudar sistematicamente o Zohar, o que foi um dos fatores da sua recuperação.

Certa manhã ele me telefonou: "Pierre, eu vi você, hoje de manhã, lá pelas cinco horas, sentado na sua cama, em posição de Buda, debaixo de cortinas grandes". Acontece que realmente aquela manhã eu tinha levantado mais cedo para fazer um exercício de meditação, em postura de lótus, expressão que o meu amigo desconhecia. Efetivamente havia cortinas grandes por detrás de minha cama. E ele naquela época ainda não conhecia a minha casa, e não tínhamos amigos comuns que a conhecesse. Ele também ignorava que eu estivesse às vezes meditando às cinco horas da manhã.

Ultimamente a voz tem lhe mandado mensagens destinadas a mim. E ela lhe diz coisas que só eu sei. Por exemplo, certo dia eu estava em casa com grande dúvidas sobre qual deveria ser o meu próximo livro, já que eu tinha três idéias na cabeça, quando tocou o telefone. O meu amigo tinha um recado da "voz": eu devia tomar muito cuidado, pois o livro que eu tinha em mente não era o que eu "devia" escrever. "Diga a ele que ele sabe a qual livro eu me refiro." Devo dizer que tais "mensagens" me deixaram perplexo

Há uma tradição judaica segundo a qual os que estudam a Cabala adquirem dons sobrenaturais: é o Dibbouk. Os iogues na Índia chamam a isso os Sidhis.

Também nesse caso é como se uma mão me tivesse guiado até esse meu amigo, pois pessoas que estudam sistematicamente a Cabala são bastante raras hoje em dia, ainda mais no Brasil. O que é que fez com que eu encontrasse justamente em Belo Horizonte, e no momento exato em que as minhas pesquisas sober a esfinge o necessitavam, informações contidas fartamente no Sepher Ha Zohar?

Tudo indica que o fenômeno de eu ser "teleguiado" na minha pesquisa continuava através dos anos. Aliás, a história da Esfinge não pára aí.

Como a Esfinge me levou à Sorbonne

Numa das suas vindas para o Brasil, para dirigir grupos de Psicodrama comigo, mostrei para Anne Schutzenberger o manuscrito ainda em português sobre a Esfinge. Ela ficou tão encantada que exclamou: "Isto é uma tese de doutoramento. Você precisa apresentar este trabalho como tese na Universidade de Paris".

Eu nunca tinha pensado nisso. Ela insistiu tanto que resolvi me inscrever. Passei nos exames preliminares e a banca me argüiu, e me deu "Menção Honrosa" na conferência do título de Doutor em Psicologia.

Fiquei muito contente com esse título; o meu ego ainda vibra só de pensar nisso, pois um dos meus condicionamentos foi operado pela minha mãe que insistia em que eu fosse um Doutor.

Era um presente que eu dava para ela; só que ela já não estava mais viva. Mesmo assim, posso afirmar, psicanaliticamente, que o título de Doutor satisfaz à minha mãe introjetada.

O leitor deve se perguntar onde está o acaso, onde é que se deu à "coincidência". Foi na composição da banca examinadora que se deu o sinal de que eu estava continuando a ser "teleguiado". Um dos meus examinadores fazia parte da sociedade dos Martinistas; ora, Sevananda e o Professor Kritikos faziam também parte do mesmo grupo. Alguns poderiam pensar que houve manobras do tipo maçônico para que isso se desse. Posso afirmar que, pelo menos nesta nossa dimensão física, não foi o caso; pois esse membro da banca, cujo nome por discrição não vou citar, só soube depois, numa conversa que tive com ele, da origem martinista de quem me revelou os primeiros dados sobre a Esfinge. Ele mesmo me afirmou que ficou surpreso pela existência de um ramo martinista no Brasil. A explicação do "acaso" deve se encontrar em outra variável. De qualquer forma, é fato que deve ser muito importante para os desígnios de quem está interessado em divulgar, nos meios científicos, a existência de tradições multimilenares, quanto à unidade fundamental do Homem e do Todo e quanto à possibilidade do homem evoluir para se libertar da ilusão da dualidade, que esta minha tese, que foi a primeira tese de doutoramento em Psicologia de natureza transpessoal, seja apresentada na Universidade de Paris, berço da tradição dualista cartesiana.

Nessa época eu ignorava completamente que a Psicologia transpessoal, que lidava justamente com a mesma ordem de preocupação que eu tinha, havia nascido nos EUA. Assim, salvo engano, a minha tese foi a primeira tese de doutoramento em Psicologia Transpessoal do mundo. Pois até esta data só tenho notícias de mestrados em Psicologia Transpessoal nos EUA.

Enfim, a probabilidade de um professor da universidade ser martinista é muito reduzida, pois se trata de uma organização muito pequena; e isso torna praticamente nula a probabilidade de um professor da minha banca de examinadores ser martinista.

A caixa de correio vazia

E assim os "acasos" foram se multiplicando. A maioria deles são pequenas coincidências, bastante insignificantes. Tanto que damos conta delas na hora e depois as esquecemos. Infelizmente não tenho todas anotadas; aliás, a sua descrição se tornaria enfadonha para o leitor.

Eis por exemplo uma nota que tomei em 20 de novembro de 1972:

"Tenho uma caixa de correio no meu jardim, na beira do meio-fio. Todos os dias olho nessa caixa para ver se tem alguma carta. Quando não vejo nada, volto às minhas atividades. Devido ao fato de a caixa estar a uns dois metros de minha casa, nunca vou ver de perto se há cartas, pois a distância me permite enxergar suficientemente.

Hoje à tarde, às quatorze e trinta, estava passeando no meu jardim. Como de costume, olhei para a caixa; estava vazia. Sem saber por que, no entanto, me dirigi a ela, como que movido por uma idéia de que havia cartas ali. Efetivamente havia, de Jean Pierre Bastiou, um mestre de Ioga com o qual vou viajar para a Índia em janeiro próximo.

Devo esclarecer que nunca vou à caixa de correio quando vejo que ela está vazia. Naquele dia, porém, a carta estava colocada num ângulo fora do alcance de minha visão".

69

Este é mais um caso, insignificante em aparência, de percepção extra-sensorial. É que esta carta estava ligada a uma viagem muito importante que eu ia empreender.

Viagem à Índia; toda a minha motivação estava voltada para essa viagem. Havia, por conseguinte, um laço emocional que me ligava a alguma energia dessa carta.

Pensando bem, deve ser um subsistema energético meu, feito dos meus desejos, que se coloca em relação com um subsistema energético da vibração equivalente e que está ligado ao material ou ao conteúdo da carta. Só achei esta explicação. A percepção extra-sensorial como resultante de uma ligação instantânea entre subsistemas energéticos de pessoas ou de objetos. Esta explicação é, aliás, a que dá a Ioga e todas as escolas esotéricas; chamam a esse subsistema energético, de corpo sutil, composto de energia vital, mental-emocional e intuitivo-racional.

Como se vê, a partir de um incidente tão banal quantas inferências e especulações se podem fazer...

É verdade que naquela época eu não tinha uma formação muito precisa a esse respeito; conceitos mais claros, os adquiri muito mais recentemente.

Tudo se passava, e ainda se passa, como se me fossem dados em primeiro lugar os ensinamentos práticos. Depois é que encontro as explicações teóricas, ou em leituras, ou em cursos especializados, na maioria das vezes "por acaso"; mesmo nesse caso da aprendizagem, quantas vezes encontrei explicações ardentemente procuradas dentro de textos que "por coincidência" me chegavam às mãos. O ditado "Primum vivere, deinde philosophari" se aplica perfeitamente ao meu caso. Primeiro a vivência, depois a reflexão, o estudo, a compreensão intelectual.

Aliás, notei também, no decurso dessa revolução silenciosa, que mesmo se eu lia textos referentes a assuntos que eu não tinha experimentado pessoalmente, me era necessário um esforço de concentração tão grande que preferia passar adiante na leitura. É por exemplo o que se passava com os inúmeros textos que eu tentei ler e entender sobre esse corpo sutil, também às vezes chamado de corpo "astral". Só essa palavra "astral" me repugnava, soava a coisas fantasiosas; e eu fechava o livro.

Os pequenos fatos que eu relato aqui, quando aconteciam tinham uma importância muito grande para mim: muito mais do que o eventual entusiasmo criado pela sensação de ter adquirido novos poderes "ocultos", eu sentia a satisfação de receber sinais que me mostravam que eu não estava só, que uma força desconhecida de outra dimensão cuidava de me indicar os passos mais adequados para a minha evolução.

Vamos ainda citar algumas dessas coincidências, reproduzindo aqui apenas as anotações da época.

Uma intuição... e uma falência

Ontem, dia 11 de setembro de 1972, eu estava passeando numa das ruas de Belo Horizonte, quando deparei com duas lojas de uma companhia de financiamento, daquelas que lidam com letras do Tesouro e ações da bolsa.

As lojas estavam bastante quietas, pouca gente dentro. Falei para mim mesmo: "Será que companhias assim vão à falência?".

Meia hora depois, um amigo meu veio me visitar: "Meu caro", disse-me ele, "acabo de perder todas as minhas economias; a companhia X foi à falência. Pelo menos é o boato que corre por aí".

Devo reconhecer que neste caso a comunicação não-verbal do vazio da loja pode ser em parte o fator desencadeador da minha intuição. Mesmo assim, resta a explicar a sincronicidade da vida do meu amigo para me fazer tal declaração...

Quando eu tinha vontade de vomitar...

Eu estava resolvido, havia algum tempo, a fazer uma nova psicanálise e tinha experimentado uma regressão violenta numa idade em que me dava vontade de vomitar. Vivi mais intensamente isso numa das sessões.

Na hora seguinte eu tinha marcado encontro com uma professora de expressão corporal, que estava a me ensinar novas técnicas, sobretudo inspiradas em Wilhelm Reich.

Pensei: seria tão bom se ela pudesse me ensinar uma técnica do vômito; isso talvez me aliviaria.

Cheguei à aula, e não é que a primeira coisa que a professora me falou foi: "eu vou lhe ensinar uma técnica que permite conscientizar e controlar os movimentos do diafragma através da provocação do reflexo de vômito..."!

O colar de ametista

Numa das minhas viagens à Europa levei comigo, como presente, um colar com pedras de ametista; havia uma particularidade: eu não sabia a quem eu iria entregar o colar; eu apenas tinha sentido necessidade de dar esse presente.

Fiz várias visitas; numa delas, uma amiga me falou que queria me apresentar a uma vizinha sua, que era membro da Ordem dos Rosa-Cruzes, e que tinha mostrado a vontade de me conhecer e conversar sobre o meu livro da Esfinge.

Fomos para lá. Um cachorro bravo me impediu de cumprimentar uma pessoa de olhar bastante profundo. Senti simpatia à primeira vista. Conversa vai, conversa vem, de repente, não me lembro mais como, a nossa hóspede começou a se referir a pedras, dizendo que adorava as ametistas. Tirei o colar do bolso e lhe ofereci. Vale dizer que a surpresa foi grande, e o prazer também. O dela, de ter recebido um colar com as suas pedras preferidas; o meu, de ver o seu prazer...

Encontros fortuitos

Isto acontece com muita gente: pensar numa pessoa na rua e ela aparecer na primeira esquina. E isso também se dá muito comigo.

Certa vez estava dirigindo meu carro, do Retiro das Pedras em direção à cidade. Já estava entrando na cidade quando notei que estava andando em alta velocidade. Aí, me lembrei de um amigo que eu não via há pelo menos dez anos, e que me tinha dito: "Pierre, um carro pode ser um engenho assassino". Nesse momento esse meu amigo, um pintor chamado Chico Bigodudo, apareceu andando no fim da avenida. Só houve tempo para lhe acenar com a mão.

Outra vez, vi uma moça na rua e pensei: como é parecida com aquela moça que eu conheci há oito anos... mas não era ela. Um minuto depois a verdadeira moça apareceu no meio-fio para atravessar a avenida.

A cliente apavorada

Aconteceu num dos meus grupos de Psicoterapia. Foi uma sessão bastante movimentada, com muito proveito para os seus membros. Já estávamos quase no fim da sessão, quando uma das participantes desabou a chorar.

Deixamos passar a crise emocional, até que ela pudesse se expressar: "Eu estou apavorada; estou com muito medo; já não quero mais pensar a respeito de pessoas, pois podem acontecer coisas ruins; imaginem vocês que já várias vezes prevejo coisas que acontecem.

Começou com minha filha. Certo dia eu estava em casa quando comecei a sentir falta de ar, o coração apertando (agarra o tórax com as mãos). Pensei que poderia ter acontecido algo ruim com ela. Falei sobre isso com meu marido, que quis me acalmar dizendo que era bobagem. Realmente tinha acontecido à minha filha cair e machucar tremendamente o rosto.

Outra vez foi com meu cunhado. Tive de novo essas sensações de aperto e falta de ar. Nesse momento tive a intuição que ia acontecer alguma coisa grave na família. No dia seguinte minha irmã me telefonou informando que meu cunhado tinha sofrido um desastre, mas que não era nada grave. Eu não fiquei convencida e pedi a meu marido que fosse buscar um neurologista, pois eu tinha a certeza que o acidente havia atingido a cabeça. E foi o que meu marido fez, pois já estava acostumado com minhas previsões. Meu cunhado realmente estava com fratura no crânio e foi colocado em tratamento de reabilitação.

Esses tipos de previsões já me aconteceram mais de dez vezes. Um dos casos mais impressionantes foi com meu marido. Certo dia, na hora dele sair, tive um pressentimento e falei para ele não levar as crianças. Ele atendeu ao meu pedido. Logo depois que saiu, tive de novo essa sensação de aperto, só que dessa vez eu sabia que o meu marido ia ser assassinado. Não sabia onde ele estava e não havia jeito de avisar. Fiquei esperando cinco horas, até que ele chegou... com a polícia. Houve realmente assalto e tentaram roubar o dinheiro e matá-lo".

Nesse momento, um médico do grupo perguntou como se chamava o cunhado acidentado; e pôde-se verificar que ele estava em tratamento justamente com aquele médico. E há milhares de médicos nesta cidade.

Um outro membro do grupo contou logo em seguida que isso lhe acontecia também; só que ele via apenas os acontecimentos. Por exemplo: certo dia ele viu alguém de sua família com o rosto ensangüentado, apagando a luz. Algumas horas depois recebeu um telefonema de que essa mesma pessoa tinha se enforcado.

Sonho telepático de um suicídio

Um amigo meu, psiquiatra e psicanalista, atendeu há muito tempo um cliente que costumava ter episódios psicóticos e era internado freqüentemente em hospital psiquiátrico. O meu amigo, devo acrescentar, é completamente agnóstico e extremamente racionalista.

Certa noite esse meu amigo teve o seguinte sonho: o seu cliente estava numa banheira, cheio de sangue; tinha se suicidado cortando o pulso e foi atendido pela enfermeira.

Na manhã seguinte o telefone tocou: era a enfermeira. O meu amigo disse: "Já sei, fulano se suicidou. Cortou o pulso e foi encontrado na banheira cheio de sangue". Vale dizer que a enfermeira até hoje deve se perguntar como o meu amigo adivinhou o que se passou.

Uma sessão de Psicodrama da Morte

Tinha se efetuado uma sessão de Psicodrama de um cliente meu, num grupo de Psicoterapia, sessão que lhe permitiu dialogar com o seu pai morto, coisa que ele não tinha ocasião de fazer quando da vida dele; claro que não se trata de um diálogo com o espírito, mas de um diálogo com um "Ego-Auxiliar" que fez o papel de seu pai.

Na sessão seguinte, o grupo, ainda sob a influência dessa sessão, continuou falando do tema da morte. Fez-se outra sessão de Psicodrama, uma das participantes tendo pedido para representar a sua própria morte. O Psicodrama transcorria normalmente, até que um incidente inesperado se produziu.

A campainha de meu consultório tocou. Ao atender, uma senhora, aflita, me pediu muitas desculpas e disse: "Eu preciso falar urgentemente com a minha cunhada, fulana de tal; eu sei que eu não deveria interromper, mas acontece que o seu cunhado acaba de falecer".

Lembro-me agora que, alguns anos antes, eu tinha preparado, por Psicodrama, um psicanalista para a sua própria morte: ele estava com câncer incurável. Algum tempo depois que faleceu tive uma reunião com os discípulos dele. Nessa reunião, no momento exato em que começamos a conversar a respeito dele, as luzes do quarto se apagaram.

Aliás, a respeito de luzes que se apagam tenho algo a contar.

Luzes que se apagam

Eu já tinha assinado o contrato de edição do meu livro sobre a Esfinge, quando o Sr. Samuel Koogan, editor e livreiro em Belo Horizonte, convidou-me para fazer o lançamento do livro, fazendo uma palestra sobre o assunto. No meio da palestra todas as luzes da cidade se apagaram.

O mesmo aconteceu com a minha primeira conferência pública sobre Ioga e Psicanálise, que foi a minha primeira conferência de natureza transpessoal. Ao me dirigir para o lugar da conferência todas as luzes da cidade se apagaram.

Também durante uma conferência, não sei mais aonde, me lembro que as luzes se apagaram no momento exato em que falei de um assunto relacionado com o fenômeno da iluminação.

De vez em quando, ainda hoje acontece esse fenômeno durante palestras minhas.

A morte de meu mestre André Rey

André Rey foi um dos professores que mais me marcou ainda na Europa, em Genebra. Quando ele veio para o Brasil ficou muito tempo na Fazenda do Rosário em Ibirité, dando um curso especializado em Psicopedagogia. E foi lá que ele conheceu a sua esposa brasileira. Ele se afeiçoou especialmente por um *flamboyant,* se me lembro bem; chamou essa árvore de sua árvore preferida. Muitos anos depois de sua partida, a Professora Helena Antipoff, que o tinha convidado, encontrou a árvore cortada, abatida no chão. Pouco tempo depois veio a notícia do falecimento do professor. A árvore tinha sido cortada no mesmo dia. Helena Antipoff nunca soube quem cortou a árvore.

A senhora Terezinha Rey me contou que várias vezes ela sentiu o seu perfume de água-de-colônia pairando pelo ar; isso aconteceu certo dia nos Alpes, quando André Louis, o seu filho, ia cair num precipício e "algo" o segurou até a sua mãe chegar.

A morte de Helena Antipoff

A professora Helena Antipoff estava muito doente e já há alguns dias hospitalizada, e eu ia visitá-la freqüentemente. A última vez que fui deixei uma fita com gravações de músicas russas; ela era russa de origem.

Um dia, mais ou menos às cinco ou seis horas da tarde, senti que devia ir para o hospital, a Clínica São Lucas. Quando cheguei na porta do quarto e abri, ela tinha acabado de dar o último suspiro.

Mais ou menos um ano depois eu estava dando um seminário de Psicodrama na Fazenda do Rosário, criáda por ela. Num intervalo eu estava sentado olhando TV. Na sala estava Dona Maria, uma ex-colaboradora dela. De repente passou um perfume de alecrim bem no meu rosto. Observei o fato e o relatei para Dona Maria. "Ah, isso é Dona Helena que passou; acontece muito comigo..."

Olhei e procurei em todos os cantos se havia vaso de flores por perto. Nada. As janelas estavam todas fechadas. O alecrim era a planta preferida de Helena Antipoff, esta velha amiga muito querida.

Tal evento muito me impressionou; ele também se inscreve dentro daquilo que descrevi mais acima: a existência de um subsistema energético paralelo ao nosso corpo físico — o nosso corpo sutil. Tive algumas experiências pessoais nesse sentido. Agrupei-as num capítulo à parte, devido à importância que eu dou ao assunto.

Mas antes disso tenho muito o que contar.

VI

PRIMEIRA IMPLOSÃO.
EXPERIÊNCIA CÓSMICA.

> Deus guia quem Ele quer para a Sua Luz.
> Ele se expressa em símbolos para os homens.
> Ele mesmo é onisciente.
>
> MAOMÉ

Viagem aos EUA

Como continuação do meu livro sobre a Esfinge, resolvi aprofundar o símbolo da serpente, o uraeus frontal situado na testa das esfinges egípcias, e que simbolizava a energia sublimada ou transmutada em níveis superiores do Ser. Os meus estudos de Psicanálise já me tinham familiarizado com a noção de libido, e na Ioga aprendi o significado da energia Kundalini. Mas eu queria saber mais a respeito; disseram-me que em Esalen, um instituto pioneiro em desenvolvimento de adultos, se trabalhava muito ultimamente com esses fenômenos energéticos.

Resolvi, então, viajar para a Califórnia. A Califórnia é um estado com um tipo de pessoas completamente diferente dos outros norte-americanos. Dizem deles que são "Far-Out", o que significa algo como "extraordinariamente fora dos eixos". Esse termo de gíria expressa bem esse esforço de uma grande parte da população de não aceitar a vida monótona e falsa da burguesia tradicional e procurar novos modos de existência para uma nova era. Deve ser o lugar do mundo onde há maior número de experiências novas; há uma procura de viagens interiores e de experiências comunitárias que sirvam de modelo para a nova era de Aquário que está despontando e que segundo os entendidos se estabelecerá depois da grande catástrofe apocalíptica. Jovens de todas as idades estão empenhados nisso, com uma seriedade e uma fé dignas de nota. A influência do Oriente é evidente nesse movimento, especialmente devido ao fato de que estamos na costa do Oceano Pacífico.

Dentro desse ambiente, o Esalen Institute é o lugar pioneiro dessas experiências; é lá que grandes líderes desse movimento de renovação, tais como Allan Watts, Fritz Pearl, Bill Schultz, Michael Murphy, Stanislaw Grof, Gregory Bateson e muitos outros ainda têm lançado as sementes de novos modos de existir e de se relacionar.

O ambiente de Esalen pode se resumir em duas palavras: liberdade para experimentar com responsabilidade dos atos assumidos perante si mesmo e perante os outros.

Inscrevi-me para alguns *Workshops* de *Gestalt Therapy* e de Psicossíntese, mais particularmente com Ilana Rubenfeld, uma das discípulas de Fritz Pearl e Jim Fadiman, pioneiros da Psicologia Transpessoal, e também com o filósofo George Leonard, que trabalhava os problemas energéticos a partir do Ai Ki Do japonês. Mais tarde aprendi elementos do Tai Chi, uma dança meditativa com o famoso mestre chinês Al Huang.

E foi nesse ambiente que tive experiências muito importantes ligadas à energia humana.

Nos banhos sulfurosos de Esalen

Num dos seminários eu tinha aprendido a usar um mantra, isto é, um som criado para produzir efeitos psíquicos especiais ligados à evolução do Ser.

Nas rochas, em cima do mar, há uma fonte de águas sulfurosas quentes que enche grandes bacias especialmente construídas para se tomar banhos. Depois do banho as pessoas meditam ou vão receber massagens especialmente criadas em Esalen.

Certo dia estava eu sozinho numa das bacias, quando me deu vontade de usar o mantra, na água. Depois de algum tempo, senti de repente o meu corpo todo tremendo, uma energia subindo e fazendo vibrar a minha cavidade craniana. Eram os ossos do crânio que vibravam sozinhos, emitindo um som oco. Fiquei bastante surpreso com essa experiência.

De novo, o toque pelo olhar

Aos poucos entrei num estado permanente de entrega, de bem-aventurança e de disponibilidade para com os outros; isso era não somente o produto dos *Workshops* que eu estava fazendo e onde trabalhei sobre as minhas próprias energias, mas também o meu longo preparo de Ioga e Psicanálise no Brasil. A vibração especial de ambiente também favoreceu tudo o que vou descrever a seguir. Esalen foi antigamente um lugar de cura dos índios da tribo dos Esalens.

Tive de novo várias experiências incrivelmente profundas de troca de olhares; pessoas que eu olhava e que não me conheciam diziam-me que eu tinha dado para elas energias muito positivas.

Atribuo isso em parte ao fato de que eu estava em estado de abstinência sexual já havia bastante tempo; e isso confirmava a idéia de que a forma sexual da energia pode ser transformada em formas energéticas muito poderosas e mais especialmente curativas.

Como mandei energia para outra pessoa

Estava passeando nas montanhas, perto de Esalen, um lugar privilegiado pela beleza natural, pelas florestas, flores, borboletas e um mar selvagem.

Estava inteiramente só; os passarinhos cantando nos bosques; a brisa do Óceano Pacífico a me acariciar o rosto. De repente deparei com uma moça numa pequena elevação embaixo de mim, a uns cem metros, em postura de meditação Ioga. Ela não podia me ver, pois estava de costas, nem ouvir os meus passos, por causa do leve ruído da brisa nas folhagens, e da distância em que eu me encontrava.

Como eu já tinha dez anos de experiência em Ioga, resolvi mandar para a moça um pouco da minha energia (chamada prana em linguagem ioga). Parei, estendi as duas mãos na sua direção e me concentrei nela; fiquei assim uns três minutos.

Depois, continuei o meu caminho que passava perto dela. Quando cheguei à sua altura, ela levantou, me chamou, me cumprimentou com um belo sorriso e me disse textualmente: "Muito obrigada; o Sr. me mandou energia para uma semana; lhe sou muito grata". "Mas como sabe que eu lhe mandei energia?" — perguntei espantado. "Eu a senti nas minhas mãos."

Conversamos um pouco; ela me declarou que estava aprendendo Ioga, em São Francisco, com um mestre, e que estava gostando muito.

Eu fiquei maravilhado com essa descoberta de eu poder me comunicar com desconhecidos sem que eles me vejam. Quando nos despedimos, tive o sentimento de que estava ligado a ela por laços profundos e bastante sutis.

Nascimento da idéia de Cosmodrama

À medida que o meu nível energético subia, também percebi um incremento notável da minha criatividade. Aliás, eu já tinha notado isso: mais sublimado e mais criativo eu ficava; e também o inverso; mais eu crio, e mais eu me sinto em estado de elevação espiritual.

Eu estava muito perplexo diante da variedade de métodos e técnicas de desenvolvimento e evolução. O catálogo de Esalen contém anualmente mais de uma centena de métodos diferentes.

Eu já havia criado, a essa altura, o Psicodrama da Esfinge, e estava interessado em síntese de métodos orientais e ocidentais de terapia e evolução de adultos.

Foi durante a minha estada que surgiu na minha mente um modelo teórico que pudesse abranger todos esses métodos que desfilavam nas minhas vistas. Era um modelo tridimensional que colocava em relação estados de consciência com a realidade interior e exterior.

Tomei muitas notas e minha produtividade estava extremamente alta. Cada vez que um dos líderes nos fazia vivenciar um novo processo, depois da experiência eu procurava imediatamente classificar a técnica no meu modelo; até hoje não encontrei nenhuma que não estivesse passível de inclusão.

Cada vez mais me persuadia que todos os processos tanto orientais como ocidentais são válidos: cada um é feito para determinado tipo de homem ou situação; não se pode rejeitar nenhum caminho.

Na pista do significado dos mantras

Foi num dos *Workshops,* com Ilana Rubenfeld, que eu descobri o significado dos mantras. Eu já tinha na cabeça a idéia de escrever um livro sobre a origem do nome secreto de Deus na religião judaica, onde é proibido pronunciá-lo.

Quando mal utilizado ele poderia até matar. A história de como cheguei a estudar este assunto está descrita na Introdução deste livro.

Mas foi em Esalen que também se desencadeou a minha curiosidade em prosseguir nessa investigação. Com efeito, Ilana Rubenfeld, que é também musicóloga e regente de orquestra, nos proporcionou alguns exercícios de uso da energia sonora. Ela nos fez cantar ou pronunciar em voz alta várias vogais, e procurar saber, através da observação direta, qual a parte do corpo que vibrava mais. Compreendi logo que os antigos e os iogues, até hoje, usam o som para fazer vibrar certas partes do corpo, certos centros nervosos ou mesmo sutis. O resto da história o leitor interessado poderá encontrar no meu livro "O Nome Secreto de Deus". Foi esse assunto que me levou a fazer a minha primeira viagem à Índia.

Estamos agora perto do Natal. Esalen todo está se preparando para essa festa. Foi no Natal de 1972 que aconteceu a primeira experiência verdadeiramente transcendental da minha existência, que vou descrever a seguir. É uma experiência que foi definitiva para mim e me marcou profundamente para o restante dos meus dias. Foi ela que norteou o rumo que dei à minha vida pessoal e profissional, se é que sou eu que dou rumo à minha vida...

A minha primeira experiência cósmica

Na noite de Natal, estava eu numa roda de amigos, onde tocava uma música dos Beatles: "Here comes the sun". Estávamos todos sentados em roda.

Começamos a dançar. Diante de mim havia uma moça. Tive a sensação de estar preso a um ritmo indescritível, que não era meu, mas dela, que me comunicava esse ritmo por meios telepáticos. Achei isso perfeitamente natural...

Meia hora depois todo mundo se retirou e eu fiquei mais algum tempo com uma pessoa, conversando. Na hora de me despedir fiquei apavorado: o rosto da pessoa estava ficando cinza do nariz para baixo. "Estou com alucinações; estou apavorado; isso nunca me aconteceu..." exclamei horrorizado.

Mas logo me acalmei, poi comecei a passar por uma das experiências mais bonitas da minha vida!

Compreendi rapidamente o que significava esse acinzentado no rosto. Olhando ao redor de seu rosto percebi como se fosse um campo eletromagnético azul-arroxeado, ou melhor, azul-pavão, o mesmo azul que eu já tinha percebido em visões anteriores durante experiências de Ioga. Estava eu vendo pela primeira vez na minha vida a aura de uma pessoa; aquilo que está até hoje representado em torno dos santos, do Cristo e de Buda. Como este campo também se estende sobre o rosto, a mistura do amarelo do rosto com o azul do campo resultava numa cor acinzentada que me tinha apavorado.

Olhei então para o seu olho direito e tive a nítida impressão que ele estava doente, que precisava se tratar.. estava mais cinza do que o resto. A pessoa, sem que eu dissesse nada, me afirmou que estava realmente doente e que o oftamologista lhe falou que precisava operar...

A pessoa me disse então que eu podia perfeitamente controlar as minhas visões; bastava eu querer. Realmente, quando eu queria parar, bastava comandar isso a mim mesmo e a visão desaparecia.

Interessante é notar que se tratava de uma visão marginal. Para ver a aura no rosto tinha de dirigir o olhar de lado. Mais tarde um amigo umbandista me explicou que isso acontecia com todos os videntes nos primórdios da sua iniciação; depois de algum tempo o foco se centraliza por si só.

Constatei, então, que podia fazer uma viagem no interior de mim mesmo. Concentrei-me, fechei os olhos e vi então uma mancha azul-pavão, como se fosse um corte anatômico da minha medula. Estava vendo algo parecido com os chakras da Ioga. Vi também desfilar, como se fosse num filme, uma série de cabeças cortadas, com bigodes grandes. Sabia que eram tártaros ou caucasianos. A pessoa que estava comigo me disse então que efetivamente a sua mãe era caucasiana... O que era isso? O karma?

De repente apareceu uma porção de moléculas e átomos, multicoloridos, cores extremamente vivas, como se fossem pequenas bolas de sinuca. Eu estava penetrando no microcosmo.

O ambiente era cada vez mais estranho. Eu, porém, estava perfeitamente lúcido; experimentei várias vezes parar com as visões. Era perfeitamente possível. O que mais me impressionou foi essa existência de dois mundos em que eu podia penetrar. Os dois mundos eram reais; o que eu via era uma realidade diferente, mas também era real.

Um estranho sentimento me percorreu: o de ter uma missão nesta terra; uma missão importante. A idéia de "importante" me fez lembrar o meu narcisismo, tão dissecado durante a minha própria psicanálise; mas não. Se havia uma ponta de orgulho, eu tinha a nítida sensação de que alguém estava presente a comunicar-me que eu tinha uma missão importante, ligada às minhas pesquisas sobre a esfinge e outras coisas mais.

A pessoa que estava na minha frente revelou-me então que sabia que eu viria, sem me conhecer, e tinha sonhado com um leão alado antes que eu chegasse; sonho esse estranhamente ligado às minhas investigações sobre a Esfinge.

Olhando para o telhado de madeira, todos os nós me pareciam importantes. Poderia penetrar neles e fazer alguma viagem desconhecida. Compreendi então o valor do "Mandala".

Mas o sentimento da minha missão era mais forte. Tive cada vez mais a sensação de uma presença invisível. Esta sensação foi aumentando até que de repente tive a mais bonita visão da minha vida: do teto saía uma luz dourada, linda. Era como se fosse uma cortina de luz. Tinha o feitio de um tecido de luz com as suas curvaturas e ondulações. Essa luz vinha de cima e banhava todo o canto da sala em que estávamos; o meu sentimento de missão aumentou consideravelmente e o da presença também. Estava banhado por um ambiente de santidade, de pureza, de euforia sagrada, de gratidão. Todas estas palavras limitam o que estava vivendo naquela hora. Estava vendo essa luz da qual falavam tantos e tantos místicos. Mais uma experiência definitiva para mim.

Fui para o quarto. A luz continuava na minha frente, quer estivesse de olhos abertos ou de olhos fechados.

O que tem de mais impressionante nessa história toda é que só depois de um ano, na minha primeira viagem à Índia, descobri o verdadeiro significado das cabeças cortadas dos tártaros ou caucasianos.

Durante a experiência tive também uma intuição: devia ir visitar Moreno, o criador do Psicodrama. Eu tinha uma missão junto dele.

Foi o que fiz em seguida.

Visita a Moreno, o criador do Psicodrama

A minha viagem já estava programada para passar por Nova York. Moreno morava numa casa perto do seu teatro de psicodrama em Beacon, a meia hora de trem desta cidade.

Fui muito bem recebido por Zerka Moreno e sua mulher. Já os tinha encontrado num *Workshops* em Milano; aproveitei a estada para fazer mais um treino em Psicodrama.

Foi num dos intervalos que Moreno recebeu-me. Ele já estava muito velho e doente. Tinha quase certeza de que Moreno tinha se inspirado, em parte, na Cabala quando falava que o Homem não é somente um ser individual, como pretendia Freud, ou um ser sócio-econômico, como o afirmava Marx, mas que era antes de tudo um ser cósmico. Essa idéia de ser cósmico me atraía irresistivelmente.

Ele já nos tinha contado que foi numa noite que ele teve uma verdadeira revelação e escreveu o seu famoso poema: Colocarei os meus olhos no lugar dos teus", etc. que traduzi no meu livro sobre o Psicodrama, que aliás contém um prefácio por ele assinado.

Aproveitei então a ocasião para saber mais sobre as fontes do Psicodrama. Realmente, Moreno conhecia bastante as fontes de Cabala; me falou do Sepher Ha Zohar com bastante entusiasmo. Consegui saber o que queria. Moreno também estava à procura da auto-realização. Ao despedirmo-nos, ele declarou: "queria realizar Deus em mim, mas fracassei...".

Tinha um ar triste e deprimido ao fazer-me essa afirmação.

Foi aí que reparei o quanto eu tinha mudado, pois, ainda havia alguns anos, no Congresso de Milano, lembro-me muito bem de ter caçoado de Moreno, com alguns amigos, a respeito desse homem cósmico. Agora são outros que caçoam de mim pelas mesmas razões. Estava absolutamente ignorante e cego a respeito da existência de uma outra dimensão fora do tempo-espaço nosso.

Este foi o término da minha viagem aos EUA. Voltei com novas energias e nova razão de viver. A minha primeira implosão em Esalen ficou gravada no meu coração. Mas isso era apenas a primeira implosão. Mais tarde teria outras experiências, também notáveis, mais especialmente em contato com mestres tibetanos e indianos.

É o que veremos a seguir.

VII

A VIAGEM DOS COLARES.
SEGUNDA IMPLOSÃO.

> Chandi, tal como Durga, é a Mãe que ama e pro-
> tege, a qual, sob o aspecto de Kali, se torna destrui-
> dora. Ela exibe então um colar de cabeças humanas
> (gyana-mala), que simboliza a sua sabedoria e o seu
> poder. Essas cabeças, geralmente em número de
> cinqüenta, representam as cinqüenta letras do alfa-
> beto sânscrito, manifestações epifenomenais do
> Cabda Brahman (o Verbo), ou som primordial.
>
> AJIT MOOKERJEE

Viagem à Índia

Alguns dias antes de embarcar para a Índia, estava dirigindo um Psicodrama num grupo com o qual já tinha convivência de longos anos.

Neste grupo, aliás, tinham acontecido alguns fenômenos parapsicológicos e transpessoais que descrevi em detalhes, incluindo protocolos de entrevista de cada participante, no meu livro sobre o Psicodrama Triádico que escrevi junto com Anne Ancelin Schutzemberger. Percepções extra-sensoriais foi a tônica desse grupo.

Na última sessão, uma das participantes ofereceu-me, em nome do grupo, um colar de Candomblé da Bahia. Ao recebê-lo, me veio uma intuição de que não devia ficar com esse colar que representaria mais uma posse minha; pareceu-me que devia levá-lo para a Índia e deixá-lo no pescoço do maior guru que encontrasse no meu caminho, como símbolo da união entre os povos do Brasil e da Índia. A idéia entusiasmou-me bastante. Resolvi então anunciar essa decisão ao grupo.

Como já disse antes, o objetivo principal dessa viagem foi procurar na Índia, junto aos mestres de Ioga, algum rastro das tradições sobre os mantras que me permitisse compreender melhor a natureza do nome secreto de Deus e a razão da proibição da sua pronúncia. Já durante a viagem vinham-me intuições a respeito.

Intuições sobre o nome de Deus

Estava deitado num hotel em Bombaim. Estava muito quente e devido aos problemas de fuso horário não tinha sono. A minha cabeça começou a funcionar em alta velocidade e o meu objetivo sobre o nome secreto de Deus estava sempre presente. No meio de um borbulhar de idéias veio de repente o fragmento de uma reza hebraica: "Boruch Atoh Adonai Eloheinou, Melech Hoaulom...." ("Louvado seja Tu, o Eterno, o nosso Deus, Rei do Universo...."). Quando ouvi internamente a palavra Aulom, verifiquei que ela terminava em OM; ora, OM significa também, em sânscrito, o Absoluto, e o Universo. A partir dessa semelhança vieram-me muitas outras idéias a respeito da parecença entre a tradição do mantra OM e muitas outras palavras hebraicas. Quem já leu o meu livro "O nome secreto de Deus" deve se lembrar dessa parte. Foi assim que começou a minha estada na Índia.

Ali há realmente um ambiente propício a eventos transpessoais. Em certos lugares se tem realmente a impressão de estar ainda no tempo da Bíblia. Os tipos étnicos, as roupas, os hábitos são ainda daquela época. Nada mudou, a não ser a garrafa de Coca-Cola que está penetrando rapidamente junto dos pratos indianos...

Multiplicação dos "acasos"

Minha mente, mais alerta e mais consciente, começou a notar uma série de "acasos", tão numerosos que nem dá mais para lembrar-me de todos. Vou assinalar os mais significativos à medida que se desenrola o relato dessa viagem.

O que mais me impressionou foi o que aconteceu quando cheguei à beira do Ganges, em Rishikesh, a terra dos Rishis, isto é, dos grandes sábios da Índia que divulgaram a filosofia de vida da Ioga, mais especialmente os Vedas.

É lá que se situam até hoje muitos Ashrams, ou comunidades de Ioga, onde mestres transmitem a Ioga para os seus discípulos. Um dos Ashrams mais conhecido é o Shivananda Ashram, criado por um médico que se dedicou à divulgação da Ioga na Índia e mais especialmente para ocidentais. O Ashram tem vinte e dois departamentos diferentes, incluindo hospital, centro de tratamento de leprosos e um laboratório farmacêutico, fabricando centenas de medicamentos na base de Ayur-Veda, ramo especializado no uso de plantas indianas para cura.

Atualmente, o Ashram é dirigido pelo sucessor de Shivananda, o Swami Chidananda, considerado como o São Francisco de Assis da Índia. Dizem que quando ele fala na natureza para seus discípulos os pássaros se aproximam dele, bem pertinho. Aliás, é uma das características da região; os animais não mostram nenhum medo do homem, já que ninguém pode caçar ou pescar na região. Os peixes no Ganges aparecem atrás dos barcos para receber comida dos homens.

Devo dizer que o nosso grupo foi recebido pelo Swami Krishnananda, um dos grandes filósofos da Índia, para preparar o leitor para que melhor entenda o que vai acontecer. Estava pensando que seria muito bom se pudesse encontrar alguém que conhecesse o hebraico e o português e que pudesse ajudar-me nessa pesquisa "in loco", já que tinha de voltar para o Brasil em pouco tempo.

Foi durante a recepção do Swami Krishnananda que, de repente, apareceu um moço de gorro na cabeça. (Estava muito frio.) Quando expliquei ao Swami a razão da minha vinda, isto é, estudar o que há de comum entre a tradição dos mantras indianos e da pronúncia do nome de Deus no Judaísmo, o moço exclamou: "Eu também estou interessado nisso! Eu conheço hebraico, sou brasileiro e falo português". Um calafrio passou ao longo da minha espinha dorsal. Pouco tempo depois estávamos tocando flauta-doce juntos. Resolvemos que ele ficaria para receber sua iniciação e colher informações sobre o nosso assunto. Jak Pilosof, é este o seu nome, foi depois para Israel, para obter informações adicionais.

Quando exclamei "que acaso!", o Swami Krishnananda perguntou rindo: "O senhor acredita em acaso?".

Tive uma longa conversa em Bombaim com o Swami Chidananda sobre essa minha pesquisa. Ele me confirmou que na sua opinião o nome de Jeová era mantido secreto quanto à sua verdadeira pronúncia porque tinha a mesma função que os mantras indianos.

Assisti a vários *Sat Sang's,* isto é, reuniões visando à aprendizagem e transmissão de conhecimentos junto com o Guru ou Mestre. Fiquei impressionado com a semelhança dos cantos e do comportamento e atitudes dos Swamis que dirigem a sessão com uma Yeschivah, ou escola bíblica judaica. O ambiente oriental ainda facilitava essa comparação.

Um colar de Umbanda para Indira Gandhi

O nosso grupo foi recebido por Indira Gandhi numa sessão especial para brasileiros. Ela estava em plena reunião dos países do terceiro mundo. Recebeu-nos muito sorridente; aceitou alguns presentes. Perguntei-me se deveria deixar para ela o colar do Candomblé. A resposta "indireta" veio em seguida. Uma das participantes ofereceu-lhe um colar enorme de Candomblé, daqueles pesados, todo em prata. Ela disse, agradecendo, que já tinha recebido um quando numa viagem anterior.

Eu tinha comprado alguns objetos da Umbanda, mais especialmente figas e colares das sete linhas de Umbanda.

Resolvi então fazer um pequeno discurso, realçando a simbologica da Umbanda, que contém a palavra sânscrita OM ou AUM (A Umbanda), e mostrei que cada uma das sete linhas estava representada no colar por um símbolo universal. Pedi então autorização para colocar o colar no seu pescoço. Concordou e agradeceu emocionada.

Depois, pensei com meus botões: "Ô Pierre, você é francês, não tem nada a ver com a Umbanda. O que é que você está fazendo?".

Por que tudo isso? Devo dizer que não tenho uma resposta racional para esse comportamento.

Continuei com o colar presenteado pelo meu grupo de Psicodrama, na espera de encontrar o maior Guru da viagem. Aí também verifiquei que entrei num beco sem saída racional. Como é que eu iria saber se o Guru visitado era o maior, se ainda não tivesse visitado os outros?

O destino, no entanto, me indicou o caminho certo. É o que vamos ver mais adiante. Antes, contarei ainda dois contatos importantes.

Visita ao Swami Nadabrahmananda, o homem que canta pelos dedos

Em Rishikesh, no Sivananda Ashram, residia o Swami Nadabrahmananda. Ele se tornou mestre em Kundalini Ioga e domina completamente todos os segredos relativos aos sons e aos mantras.

Recebeu-nos muito bem, com uma simplicidade de criança. Sem se fazer pedir, sentou-se em postura de lótus, e nos explicou que ia tocar "tabla", um tambor sofisticado indiano, durante meia hora, sem respirar. A velocidade das batidas, disse ele, não houve ainda igual em toda a Índia; e mais, ele ia colocar uma moeda em cima da cabeça para demonstrar o absoluto domínio que ele tinha sobre o corpo.

O Swami começou a se concentrar numa imagem de Kali enquanto se preparava para bater o tambor. Em pouco tempo os seus olhos tornaram-se fixos e durante meia hora não se percebeu nenhum pestanejar, nem nenhum movimento respiratório.

Uma equipe de médicos o submeteu outrora a uma prova. Colocaram-no numa redoma de vidro, junto com uma vela acesa e um macaco. Esvaziaram a redoma do ar que continha; em pouco tempo a vela apagou, o macaco morreu e o Swami continuou a tocar tabla, imperturbável, durante quarenta e cinco minutos.

Deve-se dizer que durante esse tempo ele está em samadhi, isto é, em estado de consciência côsmica.

Ele me explicou que exercitou-se primeiro no Ganges, quando era mais jovem. Mergulhava, no início, durante um ou vários minutos, até chegar a se manter debaixo d'água durante mais de meia hora. Disse-me que conheceu iogues que conseguiam ficar debaixo d'água durante mais de vinte e quatro horas, mas que isso ele não conseguiu.

Depois, mostrou-nos algumas técnicas de Tan, que aprendeu com o seu mestre. Uma delas consiste em emitir sons em qualquer parte do corpo, sem fazer vibrar as cordas vocais. Ele nos fez várias demonstrações disso, fazendo vibrar a cabeça e a ponta dos dedos.

Convidei-o para visitar o Brasil, o que ele fez alguns anos depois.

La Mère Yvonne. Uma cura de esclerose em placa

Em Rishikesh travei conhecimento e fiz amizade com uma mulher francesa que nos contou a sua história ímpar.

Ela morava em Toulouse com seu marido e seus dois filhos. Era uma mulher elegante, que praticava esportes, inclusive o esqui. Progressivamente caiu doente. Esclerose em placa, que a deformou tanto que ficou irreconhecível e repulsiva. A sua própria família, desesperada, não conseguia mais olhar para ela de tão horrível que ficou. Foi então que resolveu, ao olhar para o espelho, gritar: "Meu Deus, que injustiça! O que é que eu fiz para merecer isso?". Nesse momento ela se transfigurou e começou a voltar ao normal. Imediatamente depois, várias pessoas telefonaram a ela, sem conhecê-la, dizendo que tinham casos de esclerose em placa na família, e que tinham encontrado o telefone por acaso no catálogo e que não sabiam por que estavam sendo compelidas a telefonar.

Certa noite ela teve a visão de um hindu de manto amarelo. No dia seguinte apareceu a notícia da vinda de Swami Chidananda a Toulouse. Ele se vestia com toda elegância para assistir à sua recepção na estação de trem, às cinco horas da madrugada. Ela o convidou para ir à sua casa, onde ficou hospedado. Resolveu então, ir para a Índia, para se iniciar na Ioga. Com efeito, foi praticando espontaneamente Ioga, sem nunca ter aprendido, que ela se curou completamente.

Ao chegar à Índia, ela reconheceu o retrato de Swami Shivananda, o fundador do Ashram: era o hindu do seu sonho.

De vez em quando ela entrava em transe, e dançava as danças hindus mais complicadas, dessas que uma dançarina indiana levaria anos para aprender, praticando desde a infância.

Ela é hoje uma discípula de Swami Chidananda. Certo dia, o Swami Chidananda a chamou porque ela havia se recusado a que seu retrato fosse colocado numa publicação sobre Swami Chidananda, supervisionada por ela. "Por que você recusou?" — perguntou o Swami Chidananda. "Porque vão pensar que sou uma pessoa vaidosa" — respondeu Mère Yvonne. "Mas esta é ainda uma forma de vaidade" — completou o Swami. Isso mostra a sutileza da educação dada nos Ashrams. Quando fui para Toulouse, região onde por acaso (. . .) mora a minha filha maior, resolvi visitar amigos de Mère Yvonne. Também comuniquei-me com sua filha pelo telefone. Todos os fatos foram confirmados por essas testemunhas.

Explicação simbólica da figa

Foi numa gruta no Himalaia, perto de Rishikesh, que uma anacoreta, uma escultora alemã chamada Umá, nos recebeu. No caminho eu tinha recolhido umas três ou quatro raízes em forma de carneiro, o meu signo astrológico. Quando chegamos à gruta, a primeira coisa que surpreendeu-me foi um enorme carneiro esculpido na rocha. Além de escultora, Umá era discípula de Shivananda. Depois de sua morte, ela se retirou para essa gruta, onde vivia com carneiros e protegida das feras, à noite, por uma sólida grade de ferro.

Ela tocou Vina para nós, divinamente. É um instrumento de corda, sagrado. Depois resolvi dar-lhe de lembrança uma figa. Para quê? Não é que ela começou a examinar a pequena escultura de madeira com bastante interesse e falou: "Cada dedo de nossa mão simboliza um atributo da divindade. Os três primeiros dedos a partir do mindinho simbolizam os três gunas, ou atributos da matéria-energia: Inércia, Dinamismo e Luz. O indicador simboliza o Atman, ou o Eu interior individual, e o polegar significa Brahman, ou o Ser Supremo ou Eu Universal. Assim, a figa simboliza Brahman apontando para cima, isto é, mostrando que ele é o ponto de ligação entre o Eu individual e as três forças da natureza em nós. O conjunto é um apelo para dirigirmos todas as forças do nosso Ser individual para cima".

Que belo símbolo da sublimação da energia! Um símbolo brasileiro, cujo significado se perdeu através dos tempos, explicado na Índia por uma alemã para um francês... Sem comentários!

Em relação à simbologia, algo de mais extraordinário estava me esperando. Foi no templo de Kali.

As minhas cabeças cortadas no templo de Kali

Durante a viagem, visitamos um templo de Kali. Um imenso tambor foi tocado na nossa chegada. Visitamos o templo sem maiores problemas. Na hora de sair vi uma imagem de Kali na parede; pendurado nessa imagem estava um colar e, nesse colar, qual não foi a minha surpresa quando descobri as caveiras de caucasianos ou tartares da minha visão de Esalen! Eram exatamente e inconfundivelmente as mesmas! O que estavam fazendo essas caveiras penduradas no colar de Kali? Perguntei a alguém entendido em simbologia hinduísta, Miss Rama, professora de história da cultura indiana, a nossa guia, aliás uma guia extraordinária. Ela me explicou que a caveira significa a mente, que é responsável pela nossa percepção da dualidade que nos leva ao apego a objetos, idéias e pessoas no mundo exterior; do apego vem o medo de perder e o medo nos leva a toda espécie de sofrimento. Então, os indianos, para evitar o sofrimento, tentam se desapegar do maior número de objetos externos. A cada desapego penduravam uma caveirinha no colar do Kali. Maior número de caveirinhas, maior o desapego das pessoas.

Aí fiquei me lembrando que efetivamente foi em Esalen que eu tinha vivenciado algumas das semanas mais desapegadas da minha vida, inclusive sexualmente. A mensagem era clara para mim. Mais tarde eu iria desenvolver essa idéia e suas aplicações no plano do meu trabalho de Psicoterapia e no meu ensino de Psicologia Transpessoal. Nunca tinha visto essas cabeças cortadas de Kali a não ser naquela visão.

Na véspera de escrever estas linhas recebi um livro de Paris sobre os mantras. Nesse livro, Arthur Avalon, um dos mais profundos conhecedores de Ioga e de Tantra, explica que o colar de Kali representa a guirlanda de letras do alfabeto sânscrito de que são feitos os mantras. Mais uma sincronicidade, já que é sobre o mantra que eu ia fazer pesquisas na Índia.

E agora que estou escrevendo estas linhas me vem uma explicação sobre a minha preocupação com os colares, desde minha partida do Brasil. Do colar de Candomblé ao colar de Kali...!

Só agora fiz essa ligação! E mais ainda. Quando recebi o colar de presente, eu não o quis em sinal de desapego.

Comprei várias imagens de Kali com colares. Hoje, além de figurarem na minha casa, dependuradas e emolduradas na parede, para me lembrar sempre do que possivelmente é a minha missão nesta terra, as uso também nas minhas aulas de Psicologia Transpessoal. O Cosmodrama que criei para sensibilizar as pessoas a outras dimensões da mente também está impregnado do significado desse símbolo: o desapego e o som cósmico primordial, simbolizando a unidade cósmica.

Que força têm os símbolos, uma vez que entendemos o seu sentido!... Mesmo sem entender, eles agem diretamente sobre o nosso ser mais íntimo.

Depois de um certo tempo continuei a minha viagem sozinho. O meu objetivo era conhecer as tradições tântricas tibetanas. Para isso, dirigi-me para Darjeeling, no West Bengal, a 2.500 metros de altitude, no Himalaia.

Em contato com os tibetanos

Depois de uma longa viagem, cheguei à cidade de Darjeeling. Um tempo nublado escondia os cumes do Monte Evereste. Tal como no Nepali, a raça predominante é a amarela. Coexistem lá hinduístas, budistas e muçulmanos. As mulheres são muitas vezes poliândricas, quer dizer, têm dois ou mais homens. Elas carregam pedras nas costas e trabalham na construção de casas do mesmo jeito que os homens.

Com a invasão do Tibete pela China, inúmeros tibetanos mudaram-se, junto com o Dalai Lama, para a Índia, onde o governo os hospedou em pequenas colônias. Os Lamas, isto é, os monges, construíram pequenos monastérios do outro lado do Himalaia, onde continuam a formação de seus discípulos. Eles têm agora a preocupação de transmitir os seus ensinamentos para os ocidentais, pois sabem que estamos no fim de uma era. O que eles mantiveram em segredo durante milênios querem agora passar adiante, antes que muitas tradições orais se percam.

É num desses monastérios, onde eu tinha uma recomendação para um brasileiro, Clóvis Corrêa, que fui recebido de braços abertos. Clóvis me introduziu junto ao Lama Kanjur Rimpoche, um dos mais poderosos Lamas do Tibete. Em seu livro sobre a "Mensagem dos Tibetanos", Arnaud Desjardim descreve uma experiência que teve com Kanjur Rimpoche: o Lama olhou para ele e Arnaud Desjardim entrou em estado imediato de Consciência Cósmica e teve uma das experiências mais marcantes da sua vida.

Recebeu-me junto com seu filho, o Lama Wangial Tulku Rimpoche, que serviu de intérprete. Falei dos seus objetivos e um pouco das minhas pesquisas sobre a Esfinge, que lhe interessaram muitíssimo. Serviram-me chá, mas fiquei tão empolgado pela visita que até esqueci de tomá-lo.

Marcamos outra entrevista para a tarde. Nessa ocasião resolvi dar o calor de Candomblé para este Lama. Antes, estava passeando na floresta perto do monastério e tinha colocado o colar no pescoço para me preparar para o evento.

De repente, o colar deu um pequeno estalido e um dentinho de jacaré, um dos elementos simbólicos do colar, caiu na terra. Nesse momento tive a intuição de que Kanjur não iria aceitá-lo. Retomei o dente e o coloquei no devido lugar.

Quando falei para Kanjur Rimpoche que eu tinha um presente para ele e lhe dei o colar, ele o examinou e o colocou em cima da mesa com ar de quem não gostou. Devolveu o colar. Pensei que estava apenas fazendo cerimônia e lhe devolvi o colar. Novamente o colocou de lado. Despedimo-nos para aquele dia.

O dia seguinte foi um lindo dia com sol. As nuvens tinham desaparecido e eu pude ver o espetáculo maravilhoso das neves eternas no Monte Evereste e na cordilheira do Himalaia.

Quando cheguei perto da varanda do monastério, Kanjur Rimpoche estava reunido com seus discípulos fazendo uma preleção muito animada, tendo como objeto o colar... Falou entre 20 minutos e meia hora, apontando exatamente para o dente de jacaré. Pode ser que o tempo tenha sido mais curto, mas para mim pareceu um século, pois não entendia o que ele dizia em tibetano. Olhou para mim rindo. Um cachorro estava passando por ali. Ele pendurou o colar no pescoço do cachorro. Senti-me humilhado e ferido no meu orgulho, reação que evidentemente ele queria provocar em mim porque por trás desse movimento todo havia também a minha bendita vaidade pessoal de servir de elemento de ligação entre a Índia Mística e o Brasil Esotérico. Com esse gesto ele provocou essa tomada de consciência em mim, embora ainda um pouco confusa.

E aí veio a grande lição. Clóvis explicou-me que ele estava mostrando aos discípulos aquele dente, dizendo que ele vinha de um animal que havia sido morto especialmente com a finalidade de vender dentes e couro, e que matar animais era contrário ao princípio de unidade que preside o nosso universo. Que não se devia matar animais por isso...

A metodologia do ensino dos Lamas é assim mesmo. São os pequenos eventos do dia-a-dia que servem de objeto de aprendizagem. Fiquei maravilhado com a simplicidade do ensinamento.

Mas, como sou teimoso, deixei a vaidade de lado e fui recuperar o colar, pois tinha assumido um compromisso com o meu grupo. Dar esse colar ao maior Guru que encontrasse na Índia. A minha viagem estava na última etapa. Mas quem sabe?

Assisti a alguns cerimoniais tibetanos dentro do monastério, todos presididos por Kanjur. São cerimoniais muito energéticos e em geral alegres. As pequenas crianças participam.

Tsampa, frutas, nozes e chá são servidos no meio do cerimonial. Mais tarde vi uma das moças levando nas costas um monte dessa comida para os pobres tibetanos do outro lado da montanha, pois a compaixão é uma das características do Dharma, isto é, do caminho que leva ao estado de Buda.

Uma história tibetana de reencarnação

Certo dia um dos residentes falou-me que ia visitar um grande Lama que acabava de chegar dos seus monastérios. Aceitei o convite de acompanhá-lo. Estávamos mais ou menos a meia hora a pé do lugar do outro monastério.

O Lama tinha o tipo físico do sábio chinês. Gordo com uma pequena barbicha; um ar bondoso e sempre sorridente. Ele me recebeu em seu quarto. Perguntou de onde eu vinha e o que é que eu fazia. Falei da minha vida, dos meus ideais de aproximar as religiões. Mostrei as minhas pesquisas. Perguntei-lhe se tinha alguma curiosidade e se queria saber algo a respeito do ocidente. Ele então perguntou como era encarada a reencarnação no ocidente. Durante a conversa aproximou-se de nós um pequeno garoto, vestido de Lama. Ele devia ter uns doze anos de idade. Sentou-se ao lado do Lama com ar sério e compenetrado.

Percebendo provavelmente o meu espanto, o Lama começou a me contar a história desse menino.

Certo dia o mestre do Lama, já muito velho, estava à beira da morte e o chamou para se despedir. O Lama lhe pediu para que voltasse. "Não quero mais voltar. Estamos no fim de um ciclo. As pessoas não se interessam mais pelo Dharma. Estou cansado disto. Não quero mais voltar." Mas o Lama insistiu tanto que seu mestre prometeu, por campaixão, voltar para outro corpo. Há uma tradição que faz com que os Lamas, ao morrer, indiquem os sinais que darão na sua nova existência, para que saibam realmente que foram eles que voltaram.

Com efeito, os Lamas tibetanos são mestres e doutores em assunto de morte e de vida depois da morte. Eles dominam técnicas milenares, que consistem em treinar em vida não somente a saída do corpo, mas também a reentrada nesse e em outro corpo.

Essas técnicas são em grande parte descritas no já famoso Bardo Thodol, o livro dos mortos do Tibete, que mereceu uma introdução do psicanalista Carl Gustav Jung.

Pois, contrariamente à tradição, o mestre ao morrer não deu sinais de como ele voltaria. Três anos se passaram. Certo dia o Dhalai Lama, a autoridade máxima e o líder espiritual e temporal dos tibetanos, chamou o Lama e lhe anunciou que numa reunião dos seus conselheiros tiveram uma revelação de que o mestre dele tinha reencarnado, e que se encontrava numa pequena aldeia. O Lama deveria ir para lá, buscar o menino com a sua família e levá-lo para o monastério. Foi efetivamente o que aconteceu.

Realmente, naquela localidade havia uma criança que costumava dizer para o seu pai: "Sou muito feliz de estar com o senhor, pois outrora eu era um homem muito só". Certo dia, o menino falou para seu pai: "Papai, amanhã virá um Lama, com uma barbicha, para nos buscar".

Foi o que aconteceu. Quando o menino de dois anos e meio chegou no monastério, dirigiu-se diretamente para um outro Lama e o chamou pelo nome. Era o ex-secretário particular do Mestre. Quando foram verificar a data de nascimento do menino, descobriram que era a data do aniversário do mestre. Foram estas as provas que o mestre deu de que era realmente ele que tinha reencarnado.

Perguntei ao Lama se o menino nasceu com todos os conhecimentos anteriores. Ele me respondeu que não. "Ele está reaprendendo tudo de novo, mas esses meninos aprendem muito mais depressa do que o normal, pois já está tudo registrado em estado potencial..."

O destino do colar

Conversamos ainda um pouco sobre a reencarnação. Para mim, naquela época, essa noção era muito nova. Porém, estava suficientemente preparado para entender do assunto, pois acabara de ler o livro de Ian Stevensen, um psiquiatra norte-americano, que relatava vinte casos suscetíveis de reencarnação. Eram todos casos de crianças de dois a oito anos que declaravam para os seus pais que eles não eram seus verdadeiros pais. Eles em geral acabavam reconhecendo os seus verdadeiros pais de outras vidas.

Depois, meditei com ele. Ficamos nos olhando fixamente; em pouco tempo começou a aparecer uma espiral de energia em minha mente. "A sua meditação é muito boa." Foram as últimas palavras que ele pronunciou antes de eu lhe oferecer o nosso já famoso colar.

"Gostaria de lhe oferecer este colar. Ele me foi dado por um grupo de pessoas com as quais trabalhei sobre o nosso ser interior. Ele é o símbolo de uma corrente espiritual tipicamente brasileira. Gostaria que através desse presente o senhor ajudasse os milhões de membros que fazem parte dessa corrente a alcançar a iluminação e a progredir na sua evolução." Pedi então para ele aceitar que eu pendurasse o colar em seu pescoço. Ele concordou sorridente e até aceitou tirar uma fotografia. Este retrato eu fazia questão de entregar ao grupo como comprovante da missão cumprida!...

Saindo do monastério subi a montanha. Ao virar, vi meu querido Lama. Ele ainda estava na porta, vendo-me partir, e me acenava com o braço. Respondi ao seu sinal, chorando de emoção, tocado pela simplicidade desse gesto amigo de um mestre que há duas horas atrás ainda não conhecia.

Quando vivemos intensamente cada momento de nossa vida, estabelecemos contatos com os outros tão profundos como se tivéssemos vivido uma eternidade junto. É que, é no momento presente que se encontra a eternidade...

Nova forma de encarar o mundo

Fiquei mais alguns dias meditando e assistindo aos rituais. No dia da despedida, Kanjur Rimpoche me chamou e me deu uma iniciação. Recebi um mantra tântrico e instruções sobre como usá-lo e como meditar com ele. Ele explicou que me dava essas instruções porque pedi, pois achava que não precisava nada disso; que bastava continuar o que eu estava fazendo; que essas técnicas todas eram mais para os moços que estavam aí.

Ao despedir-me de Pemala, o seu filho maior repetiu em nome do seu pai essa afirmação e acrescentou: "a sua vida, o seu caminho é o Maha Ioga; veja Buda em tudo". Aí despedimo-nos. Novos acenos de mão inesquecíveis!

Olhei para as neves do Himalaia e procurei ver Buda ali. Isto é, o Todo em todas as partes: nas flores, nos animais, nas árvores, nas pessoas. Devo reconhecer que essa simples frase: "Veja Buda em tudo" foi o ponto de partida para uma nova fase da minha existência. Era tão simples: veja Buda, ou Brahma, ou Jahveh ou Allah ou Cristo em tudo... e a vida se torna mais simples.

Desci a montanha num estado de paz incrível, simplesmente com alegria de viver, e comecei a procurar ver o Todo em todas as partes.

O êxtase do Buda azul

Quando voltei dois anos mais tarde para o monastério de Kanjur Rimpoche, tive a segunda experiência mais bonita de minha vida.

Foi durante uma meditação tântrica, no fim da meditação. Vi de repente a forma azul de um Buda muito luminoso. Essa visão foi acompanhada de um estado de graça e de êxtase. Senti-me pleno de compaixão para com todo mundo. Queria também reparar erros que cometi. Uma pureza imensa invadiu todo o meu ser. Fiquei nesse estado especial durante uns dois dias, embora a visão de Buda tenha permanecido apenas alguns segundos.

Hoje me pergunto como e por que eu, como ocidental, criado numa tradição judaica-cristã, vejo figuras simbólicas indianas. Jamais tinha visto o colar de Kali. E se ele veio dentro de uma visão, era porque algo estava ligando-me à Índia. A mesma coisa com Buda. Sinto uma atração munto grande pelas estátuas de Buda. Elas me inspiram paz e são para mim uma mensagem do mistério da vida.

Formulei várias hipóteses a respeito dessa pergunta. A primeira seria que a minha mente se transportou para algum lugar onde havia o colar de Kali e um Buda. A outra é que recebi na minha mente mensagens simbólicas. Hoje as técnicas de controle mental permitem conseguir tais resultados em quarenta horas de treinamento intensivo, como vou mostrar mais adiante quando contar a minha experiência a respeito. Outra explicação, a mais fácil, é que tenho registrado, em algum lugar do meu ser, memória de outra existência na Índia. Mas o que realmente sinto é que alguma força invisível está me guiando, dando-me sinais esporádicos para indicar que estou no caminho certo. Quando me despedi, Penala me deu um pequeno Buda enrolado dentro de uma gaze que sempre acompanha os presentes de um Lama, uma espécie de xale branco. É exatamente o que eu estava sonhando comprar. Aliás, da primeira vez também recebi um presente de Kanjur Rimpoche, que correspondia exatamente ao que eu estava procurando nas lojas e não tinha achado. Uma tanka tântrica, isto é, uma pintura tibetana representando a união cósmica do princípio masculino e feminino. Eles têm realmente o poder de penetrar na mente das pessoas.

A estranha morte de Kanjur

Quando me despedi de Kanjur Rimpoche e de sua mulher, desabei a chorar. Tive a impressão de que era a última vez que o veria. Todos os dias, durante quase um mês, tinha meditado com ele. Quando comprei dois Budas ele se ofereceu para carregá-los, de mantras, que é o que os Lamas fazem para tornar as estátuas com poder de vibração positiva. A mulher de Kanjur, sob sua orientação, pintou durante vários dias os mantras em letrinhas de ouro sobre fundo vermelho. Que dedicação excepcional esses seres humanos mostram para com aqueles que eles nem conhecem bem.

Uns dois anos depois, aproximadamente, Clóvis me contou que Kanjur Rimpoche havia morrido. A sua morte aconteceu de modo planejado. Ele reuniu a sua família e os discípulos e anunciou que no dia seguinte ele ia desencarnar. E foi o que realmente aconteceu. O filho menor dele, porém, chorou tanto que ele resolveu voltar ao corpo. Passou mais vinte e quatro horas dando iniciações e instruções, mais especialmente a Pemala. Desencarnou de novo. Durante quinze dias ele ficou morto, em postura de lótus, exalando um perfume suave, sem nenhum sinal de decomposição. Depois, foi cremado.

Na hora da cremação seus discípulos viram o seu corpo sutil subindo acima do fogo. Encontraram dentro de seu crânio pedras preciosas. É um sinal dado a mais sobre o caráter excepcional do ser que se foi.

Meu encontro com Rajneesh

Rajneesh é um dos líderes espirituais mais controvertidos da Índia. Os seus escritos são bastante convincentes e entram muito na linha dos de Krishnamurti. Porém, ao contrário de Krishnamurti, ele dá instruções, orientações e técnicas para chegar ao estado de samadhi, ou consciência cósmica.

Ele tem uma cultura extraordinária, em parte proveniente do fato dele ter sido professor de filosofia, em parte porque ele mesmo entrou em estado de consciência cósmica ainda na sua juventude.

Visitei-o em Bombaim na minha segunda viagem à Índia. Ele é um mestre de Tantra e muitos jovens ocidentais o procuram desesperados pela dependência das drogas ou pelos conflitos próprios da nossa civilização.

A recepção foi muito cordial. Expus os meus trabalhos sobre a mística do sexo. Ele se mostrou tão interessado que se ofereceu para traduzir o livro para o inglês. Numa manhã, às cinco horas, fiz um treino da sua meditação chamada "caótica", sob orientação de alguns discípulos seus. É um misto de pranayama, isto é, exercícios respiratórios de Ioga, de técnicas de sufis, de catarse ocidental e de meditação. A experiência terminou exatamente com o levantar do sol, o que me deixou uma impressão maravilhosa, à beira-mar.

Tudo é Buda

O que ficou dessas duas viagens à Índia? A primeira idéia que me ocorre é que descobri que não adianta muito buscar fora o que está dentro de nós. As experiências que vivi, tanto em Esalen como na Índia, foram experiências dentro deste corpo meu, insubstituíveis, e resultado de um longo trabalho sobre mim mesmo. Este eu interior, o carrego comigo a qualquer parte. A minha evolução depende de mim mesmo e não da Índia ou do Japão.

Vi muitas pessoas viajarem para a Índia e voltarem do mesmo jeito, com as suas vaidades, egoísmos, apegos e rejeições. Algumas simplesmente passaram ao lado da questão sem nem o perceber.

É claro, no entanto, que o encontro com um Guru favorece muito essa evolução, desde que se siga as suas instruções.

Lembro-me agora de uma resposta que recebi a respeito desse fator pessoal na meditação, dada por um iogue numa gruta perto de Rishikesh: "Se você quer obter água de um poço, você não joga água dentro dele, não é? Você tem que cavar dentro dele até a água jorrar...".

Se me aconteceram tantas coisas importantes, é justamente porque eu já tinha cavado o meu poço muitos anos antes dessa viagem. O que um Guru pode fazer é lhe mostrar onde cavar mais, para a água jorrar mais depressa ou com mais intensidade.

Também começou a se delinear, a partir das experiências das minhas visões, que havia uma força que me guiava. Essa visão que tive nos Estados Unidos, confirmada na Índia um ano depois, está para mim fora de qualquer coincidência. Comecei aos poucos, a partir daí e já com a preparação das intuições na época da minha pesquisa da esfinge, a perceber um fio diretor na minha vida. Nasci para realizar algum desígnio. Não estou nesta terra e neste corpo à-toa, e creio que não sou uma exceção. Todo mundo tem uma função a cumprir. Resta descobrir qual.

Percebi também que mais deixava que as coisas acontecessem sem muito forçar a nota em função das minhas vistas intelectuais características do meu ego, e mais aconteciam e acontecem coisas importantes e "teleguiadas". Alguns leitores podem me taxar, a esta altura, de paranóico. Eu sei que não é isso. Reconheço que se não tomasse cuidado, poderia me deixar levar por um entusiasmo exagerado e por um sentimento de onipotência.

E, no fundo, somos todos onipotentes se dissolvermos nosso ego e mergulharmos naquilo que somos realmente. Uma parcela do Eu Universal: Onipotente, Onipresente e Onisciente.

Pois é esta a mensagem mais importante que eu trouxe da Índia: "tudo é Buda", isto é, cada um de nós como cada partícula do Universo é permeada da força cósmica ao mesmo tempo imanente e transcendente.

Se estamos compenetrados desta verdade, torna-se impossível o apego e a rejeição, pois, como o todo pode rejeitar ou se apegar a ele mesmo?

Assim, realizei aos poucos a síntese entre a idéia da existência de um Todo que está em todos nós e do qual fazemos parte e a noção de que o apego e a rejeição levam ao sofrimento humano, mais cedo ou mais tarde, direta ou indiretamente. São estas duas sementes, o colar de Kali e a mensagem de Buda, que brotaram devagar no meu ser interior, ao longo dos anos posteriores às minhas viagens à Índia.

VIII

A MUDANÇA DEFINITIVA.

Durante estes dez últimos anos tornei-me, penso, mais aberto a idéias novas. As de maior importância para mim têm a ver com poderes psicológicos e capacidades psíquicas da pessoa humana. A meu ver, esta área constitui a nova fronteira do conhecimento, o aspecto quente da descoberta. Há dez anos não teria feito tal colocação. Mas leitura, experiência e conversas com pessoas que estão trabalhando nestes campos mudaram o meu ponto de vista. O ser humano tem à sua disposição o potencial de uma variedade tremenda de poderes intuitivos. Há bastante evidência de que nós somos bastante mais sábios do que os nossos intelectos. Nós estamos aprendendo como é triste o fato de nos termos negligenciado as capacidades da nossa "mente metafórica", não racional criativa, que corresponde à metade direita do nosso cérebro.

CARL ROGERS

As limitações do nosso equipamento biológico podem nos ordenar a olhar a eternidade apenas pelo buraco da fechadura, como abelhudos.
Pelo menos tentamos desentupir a fechadura que impede a nossa pobre e limitada visão.

ARTHUR KOESTLER

A não ser que exista uma conspiração gigantesca, pelo mundo inteiro, envolvendo cerca de trinta departamentos de universidades e algumas centenas de cientistas altamente respeitáveis em vários campos — e muitos deles originariamente hostis às alegações dos pesquisadores psíquicos —, a única conclusão a que pode chegar o observador sem preconceitos só pode ser a de que existem certas pessoas, em pequeno número, que podem conhecer o que existe na mente de outras pessoas, ou no mundo exterior, por meios até aqui desconhecidos pela ciência. Esta afirmação não deve ser interpretada como apoio a noções tais como a vida após a morte, o idealismo filosófico, ou outras crenças no gênero.

H. J. Eysenck

Por que deixei de comer carne

Uma das decisões que tomei na Índia foi de parar de comer carne. Vou dizer agora por quê.

Já há muitos anos não como carne. O meu peso é o mesmo; a minha saúde com certeza melhorou; sinto-me mais leve, com mais energia e alegria de viver; amo mais a vida, assim como todos os seres viventes.

O único obstáculo que encontrei até hoje foi a reação dos que ainda comem carne e que me convidam para almoçar ou jantar na casa deles. As palavras oscilam desde uma leve comiseração até uma ironia felina. Sinto-me um objeto de curiosidade por detrás do qual talvez se esconde uma ameaça. As donas de casa se desesperam e me perguntam: "Se você não come carne, então o que é que você come?". É como se além da carne não existisse mais nenhum alimento, nem verduras, nem legumes, nem frutas ou queijos.

Então vem a questão final: "Por que você deixou de comer carne?". Aí começo a dar algumas explicações, mas em geral não consigo chegar ao fim, pois os que me perguntam querem apenas me mostrar que para eles viver sem carne seria uma espécie de morte em vida. Diante desta frustração do sentimento de incompletude, resolvi escrever de vez todas as razões que me levaram a abandonar a carne em minha alimentação. Quem me perguntar receberá um folheto onde escrevi estas linhas. Assim, já que não consigo me fazer ouvir até o fim, fica a esperança de ser lido totalmente.

A coisa começou mais ou menos assim: há mais de quinze anos eu estava muito entusiasmado pelas idéias de Gurdjieff e Ouspensky, que afirmam que acima da inteligência e da vida mental existe outra fase evolutiva. Resolvi tomar aulas de Ioga, sobretudo com a finalidade de entrar neste "quarto" estágio. Além de praticar a Hatha Ioga, meditei todas as manhãs. O meu professor me falou que uma das medidas importantes era parar de comer carne, pelo menos as carnes "pesadas" tais como a de boi e a de porco; poderia comer peixe e frango. Foi o que comecei a praticar.

O argumento principal é que a carne contém baixos níveis energéticos, impedindo assim a minha evolução para níveis mais altos.

103

Efetivamente, eu tinha observado que quando eu comia carne à noite antes de dormir, tinha invariavelmente tremendos pesadelos. Isso já era por si só prova de que a carne influenciava a minha atividade mental onírica. Também li num manual vegetariano um trabalho bastante convincente, mostrando que a dentição do homem é de um frugívero e não de um carnívoro; a natureza não teria construído o homem para comer carne.

Um dia, assisti a uma conferência. O autor afirmava que só o homem e a hiena se alimentam de cadáveres; essa idéia de me alimentar de cadáver reforçou bastante a minha convicção de deixar de comer carne.

De vez em quando passavam, e ainda passam, na estrada para minha casa aqueles caminhões enormes carregando bois para o matadouro. Olhando para os pobres animais, convenço-me cada vez mais de que algo está errado nesse procedimento. Quando penso na maneira pela qual se matam os animais, só posso estar de acordo com os que afirmam que a carne desses animais se impregna de substâncias tóxicas geradas pelo medo da morte.

Em 1925, W. B. Cannon mostrou que o sangue de animais apavorados contém catecolamina que, injetada em outros animais, provoca nestes os mesmos sistemas de medo.

Experiências sobre ratos, feitas em Washington, no Walla College, sob a direção do Dr. Joseph Barnes, mostram que os animais sob influência do *stress* metabolizam no seu sangue certos produtos químicos idênticos aos que foram encontrados em pacientes esquizofrênicos. Mais do que isso, mostrou que esses produtos podem ser transferidos ao homem pelo consumo de carne de animais que sofreram os choques e emoções do matadouro. As suas experiências em ratos são bastante ilustrativas: um grupo de ratos com comida normal se comporta normalmente em situação de *stress* (choques elétricos); pelo contrário, um grupo de ratos cuja alimentação compreende sangue de animais que foram frustrados se comporta de modo agressivo, atacando uns aos outros, como se responsabilizassem uns aos outros pelos choques elétricos recebidos. Só os ratos do segundo grupo acusaram, na autópsia, sinais de hemorragia estomacal; a sua própria saúde psicossomática tinha sido afetada.

Além disso, a carne contém grande quantidade de bacilos de putrefação. Eis o que foi encontrado numa análise minuciosa:

1 grama de toucinho	2.000.000
1 grama de fígado de boi	31.000.000
1 grama de assado hamburguês	75.000.000
1 grama de fígado de porco	95.400.000
1 grama de peixe	120.000.000
1 grama de ovo	150 a 220.000

Assim, resolvi aos poucos ser coerente comigo mesmo, e deixei de comer qualquer animal, incluindo galinhas e peixes. Só abrirei exceção numa região em que não houver outro jeito. Sinto hoje que matar é fazer sofrer qualquer ser vivo; é atingir a vida no seu todo. Aos poucos estendi o meu respeito pela vida às próprias plantas e às flores. As flores simbolizam para mim algo muito sério e bonito; elas são beleza e amor ao mesmo tempo; elas representam a vida no que ela tem de mais delicado, harmônico e essencial. O meu respeito pelas flores veio progressivamente. Eu seria incapaz de dizer quando exatamente; só sei que um dia me surpreendi impedindo que amigos arrancassem flores do mato. Como compreendo hoje Albert Schweitzer pelo mesmo sentimento. Ele também nunca arrancou uma flor.

Assim, comecei a perceber, nascendo de dentro de mim mesmo, o porquê de não se comer carne. Trata-se de um simples respeito pela própria vida, essa vida que existe em mim mesmo e em todo o Universo.

É verdade que frutas, legumes, verduras também têm vida e não temos escrúpulos em cortar ou arrancar vegetais para comê-los. Eis um argumento que me deixou muito tempo pensativo e preocupado. Os entendidos afirmam que as plantas teriam prazer em servir ao homem e ter uma oportunidade de ver a sua energia transformada em formas mentais ou mesmo espirituais. Imagino perfeitamente uma folha de couve olhando para mim com muito amor, me dizendo: "Pierre, vamos, me ingira, por favor; não tenha receio nem escrúpulos; eu existo para me transformar dentro de você". Mas entre imaginação e realidade há certa distância. Recentes pesquisas sobre plantas parecem indicar que a planta tem sensibilidade própria e se comunica com os sentimentos humanos. A minha posição atual é de expectativa, pois, como dizia Shakespeare, "entre o céu e a terra...". É verdade que se o homem foi feito para ser frutívoro, jamais ele destruiria uma vida, já que só comeria uma parte da fruta destinada a apodrecer, e deixaria as sementes que contêm o programa completo de futuras plantas. Pensando bem, é também o que se passa com as verduras; as suas sementes continuam disponíveis para perpetuar a espécie. Creio que tenho ainda muito que aprender sobre esse assunto de comer plantas. O que sei é que a natureza me obriga a comê-las; logo, há alguma razão para isso... Considero o assunto em aberto para mim...

Tive contato com algumas pessoas que praticaram jejuns prolongados, jejuns de trinta a quarenta dias, sem comer nada; e todas elas afirmam que, depois, escolhem o alimento de que necessitam movidas pelo puro instinto. Todas elas afirmam que, ao passar em frente a açougues, ficam realmente enojadas, com vontade de vomitar. Eis um assunto para reflexão.

Certos médicos indagam com certa ansiedade: "E a sua ração de proteína?". Proteína encontramos no leite, no queijo e em certas leguminosas, tais como a soja e o feijão. Há os que comem ovos de granja, logo, não-fecundados; ovos me fazem mal, por isso não os como. Há um fato: é que me sinto muito bem e em perfeita saúde sem carne.

Mas, não comer carne significa muito mais para mim do que uma simples defesa do meu organismo; é um gesto simbólico da minha vontade de viver em harmonia com a natureza. O homem precisa de um novo tipo de relações com a natureza, uma relação que seja de integração em vez de domínio, de ser dentro dela em vez de possuí-la, de ajudá-la a se transformar em espírito através do seu corpo. Não comer carne simboliza respeito à vida universal.

Consolidando a minha experiência

No intervalo entre as duas viagens à Índia procurei meditar todas as manhãs, o que continuo fazendo até hoje; não perdi nenhum dia, e considero a meditação como o exercício mais importante da minha vida. É como se eu voltasse para a minha casa; ali dentro se encontram todos os segredos do Universo.

Isso, no entanto, não me impediu de procurar fora do meu corpo, de observar fenômenos extraordinários; se os procurei, foi mais para consolidar a posição que tenho assumido, de que vale a pena consagrar o resto da minha existência na pesquisa de outra ordem de realidade e numa maior realização de mim mesmo.

Isso foi necessário, pois apesar do acúmulo de experiências pessoais, a estruturação dos meus sistemas mentais e emocionais foi tão condicionada para não acreditar nessas coisas, que foi necessário um esforço de observações, de experimentação mais sistemática, para eu poder me convencer definitivamente de que eu estava no caminho certo.

Foi nesse espírito que Jesus afirmou que ele fazia milagres para que o povo pudesse ter provas suficientes da existência de uma força suprema que ele chamava de Deus e Pai, ou de Pai; na realidade, ele não dava pessoalmente muito valor a esses milagres, do mesmo modo que os grandes sábios e iogues da Índia não dão valor aos Sidhis; eles são apenas uma prova de que a outra dimensão existe.

É nesse sentido que me submeti a várias experiências e estágios de observação participante, até chegar a um ponto de saturação e de perda quase total de interesse por essa área dos poderes paranormais.

Se os conto para o público, é também com este objetivo de convite para uma experiência *provisória*. Não se deixem fascinar pelos poderes; eles não levam a grande coisa na maioria dos casos. Não deixam de ser um desvio sério de energia a serviço apenas da vaidade, do orgulho ou da cobiça...

E no entanto eles constituem algo de tão inesperado, de tão maravilhoso, que somos obrigados, ao constatá-los, a reconhecer e a nos curvar diante da maravilhosa organização do Cosmos. Temos de reconhecer que há uma inteligência muito superior que nos rege a todos nós, sem exceção.

O interesse que apresentam é sobretudo científico, pois tudo indica que fazem parte de uma dimensão que desafia as leis da Física, pelo menos da Física do início deste século, pois já existem fatos que deixam supor que a lógica clássica formal está superada por fatos recentemente descobertos. A relação tempo-espaço nos eletrons é diferente do nosso quotidiano e se assemelha à do nosso espírito. Existem partículas subatômicas que vão no sentido contrário do tempo. Uma chapa holográfica, isto é, que permite projetar objetos em três dimensões no espaço, se cortada em pedaços, reproduz em cada pedaço o objeto completo, mostrando ser possível que o todo exista em todas as partes, o que também desafia a lógica formal. Uma partícula é ao mesmo tempo uma onda, o que equivale a dizer que matéria sólida é ao mesmo tempo luz; isto é, duas coisas podem ser diferentes e iguais ao mesmo tempo...

É também no domínio da Medicina e da Psicoterapia que a Parapsicologia começa a ocupar uma importância que só irá crescendo à medida que os seus pesquisadores adquirirem mais segurança no manejo das leis que regem esses fenômenos.

São estes motivos adicionais que me encorajam a dar o meu depoimento pessoal a respeito dos fatos que vou contar. Aos descrentes, mas com honestidade de abertura, é um convite para observar e experimentar.

Meu treinamento em Controle Mental

Até agora os eventos que contei aconteceram esporadicamente e sem que eu os tenha provocado ou estimulado; é verdade que a meditação pode ser considerada como um desencadeador de poderes parapsicológicos, e com toda probabilidade o foi e ainda o é no meu caso também.

No entanto, o desenvolvimento de novos ramos da Psicologia, tais como o *Biofeedback* ou técnica de retroalimentação, na qual foi comprovada que é possível controlar o sistema nervoso autônomo, incluindo a presão arterial e as ondas eletroencefalográficas, incentivou a criação de sistemas de educação do controle mental e do desenvolvimento da percepção extra-sensorial do poder de cura e da ação à distância sobre outras pessoas.

Entre eles se situa o "Silva Mind Control", ou Psico-orientologia, criado pelo Sr. José Silva, um norte-americano de origem mexicana. Ele montou um método extremamente eficiente para atingir os objetivos acima descritos. Em quarenta horas, durante uma semana, eu me submeti todas as noites, e durante o sábado e metade do domingo, a um treinamento sistemático dessas funções. Devo dizer que a metodologia é muito bem montada, representando uma boa síntese de técnicas de condicionamento, de relaxamento, de meditação, de visualização e de uso de certos ritmos sonoros.

Embora um pouco incomodado pelo aspecto extremamente rotinizado do método, lembrando bem os enlatados dos EUA, sou forçado a reconhecer que a eficiência do curso suplanta e compensa de longe estes aspectos de automatização dos seus instrutores.

Vou aqui contar algumas das experiências mais extraordinárias que observei, ou que me aconteceram.

Já durante o próprio curso vi médicos que conseguiram fazer diagnósticos à distância de pacientes de outros médicos, colegas do curso, pacientes esses que eles não conheciam. Por exemplo, um dos médicos presentes diagnosticou, e viu através da visão de sua mente, um tumor maligno situado no intestino do paciente de um dos seus colegas. Basta dar o nome, endereço e idade da pessoa que deve ser visualizada.

Eu fiz isso, num primeiro treino, com uma colega psicóloga que, como eu, estava bastante cética quanto à sua própria aptidão a realizar tais proezas. Dei para ela o nome da minha filha Vivianne, com o respectivo endereço, na minha casa. Em pouco tempo minha colega começou a dar detalhes do físico, como cor e comprimento do cabelo, altura, etc.; falou dos seus interesses por biologia e efetivamente a minha filha estudava Medicina naquela época; de repente, ela estendeu o dedo e disse que via alguma coisa brilhante na ponta do dedo direito da minha filha; depois de continuar a descrição, ela me afirmou que o dedo de Viviane estava sangrando.

Eu pensei que isso devia ser alguma cena da vida de estudante de Medicina. Essa experiência se fez às onze e trinta da manhã de domingo.

Quando cheguei em casa, olhei discretamente para o dedo da minha filha, pois ela sabia que tinha feito esse curso e eu não queria cair no ridículo de levar um diagnóstico errado. Não vi nada de especial no dedo. Aí, me lembrei que estava sem óculos; coloquei os óculos e olhei mais de perto. Vivianne deu um pulo de susto e perguntou: "O Senhor já sabe, papai?". Perguntei de que se tratava. "Eu cortei o meu dedo com gilete há mais ou menos uma hora, ao apontar um lápis; quer ver o meu caderno?" Efetivamente o caderno estava cheio de sangue!

Só esse fato já me convenceu de que realmente é possível, usando convenientemente a técnica dentro das condições preconizadas, visualizar à distância. Era um fato relevante.

Comecei, então, a treinar essa faculdade em mim mesmo. Descrevi, à distância, pessoas que não conheci, para amigos e para minha própria família; e acertava sempre, menos quando certos dados não podiam ser verificados. Por exemplo, descrevi em detalhes móveis da sala, quadros na parede, verruga na pele de uma mulher; diagnostiquei um corrimento vaginal; vi o seu marido; soube por intuição que ele era italiano, que tinha participado da campanha da Itália, e que lá se conheceram num hotel onde ela era arrumadeira. Tudo absolutamente certo.

Certo dia pensei que havia errado tudo. Visualizei o irmão de um psicanalista. Vi-o numa cadeira de rodas, com problemas nas pernas. Meu amigo, meio preocupado, telefonou para Goiás, onde o irmão morava; nada de especial tinha acontecido. Voltei para casa bastante decepcionado e ferido no meu orgulho, pois esse amigo era do tipo bastante cético quanto à existência desses fenômenos. Três meses já se tinham passado quando sua mulher veio anunciar, com ar bastante triunfante, apesar do aspecto triste da notícia, que o irmão de meu amigo tinha caído do telhado, onde fora fazer um conserto, e estava efetivamente em uma cadeira de rodas. Tinha tido uma precognição do fato; possivelmente por falta de treino não soube localizar a época dessa minha percepção extra-sensorial.

Isso me levou a fazer certas reflexões quanto aos problemas teóricos que a precognição levanta. Por exemplo, até que ponto somos realmente livres quanto a nossas decisões, se fatos como esses já estão "inscritos" em algum lugar, pois isso provaria que existe o destino. E, nesse caso, poderíamos modificá-lo se o conhecêssemos por controle mental?

Outro evento provocou reflexões bastante semelhantes. No curso é ensinada uma determinada técnica chamada dos "três dedinhos". Se você precisar de uma condução na hora do *rush* ou em outra situação, basta você juntar os três dedinhos da sua mão e, se tiver sido submetido ao condicionamento correspondente no curso, a condução virá muito rapidamente. Eu fiz isso uma vinte vezes; sempre deu certo. Os descrentes podem dizer que isso é o acaso. Certo dia eu tive a oportunidade de eliminar definitivamente esta hipótese. Tinha acabado de dar um Cosmodrama em São Paulo e estava na rua esperando condução com uma participante do seminário. Nada de táxi. Era domingo, uma hora da tarde. Tudo deserto. Estava necessitando realmente chegar a tempo no aeroporto. E quando a necessidade e o desejo são grandes, a força da mente fica muito maior. Por isso, o Swami Chidananda, que já citei ao falar sobre minha viagem à Índia afirmava: "Cuidado com os seus desejos. Se desejares coisas baixas, obterás coisas baixas; se desejares o alto, chegarás ao alto..." Bem, o que eu mais desejava naquela hora era uma condução. Já não usava o controle mental há muito tempo. De repente, lembrei-me da técnica dos três dedinhos. Falei jocosamente para a colega que tinha uma técnica para conseguir carro imediatamente. "Quer ver?" Juntei os três dedinhos e esperei. Você não vai acreditar, caro leitor, mas não demorou trinta segundos e parou um carro à nossa frente, com uma mulher que de dentro acenava para a minha colega. Era uma sua amiga. Mas a história não pára aí. Essa amiga concordou em me levar para o ponto de táxi mais próximo. Entrei. Olhei para trás e vi um livro de testes. A dona do carro era psicóloga. Então, virei-me para minha colega, que estava sentada no banco de trás, e ainda mais alegremente falei: "Viu como a técnica dos três dedinhos funciona?". Nesse momento, a dona do carro exclamou: "O senhor também fez o curso do Silva Mind Control?". Fiquei estarrecido, com calafrios na espinha. Isso já era demais: além de conseguir um carro em trinta segundos, sua dona fez o curso de psico-orientologia!

De novo, inúmeras perguntas surgiram, pois o que aconteceu foi tão impossível, tão incrível, que me vi forçado, como ser racionalmente criado, a especular mentalmente quanto à possível explicação para esse fato.

Ora, trinta segundos não bastavam para que essa força que dirige essas coisas colocasse a dona do carro no meu caminho, mesmo que a força estivesse em mim mesmo. Só achei uma explicação plausível: o evento já estava escrito em algum lugar; já estava previsto que eu usaria a técnica dos "três dedinhos". Para quê? Quem sabe, justamente para prestar este testemunho para o público de meus livros. Este meu corpo seria apenas um mensageiro?

Parece mesmo que estamos numa nova era, em que estes fatos têm que ser conhecidos pelo maior número de pessoas. Além disso, fiquei realmente com a estranha sensação, que muitas vezes vivencio nesses casos, que essa força gosta de brincar conosco; há um certo senso de humor nisso tudo.

Presenciei muitos outros fatos, como o da moça que chorou ao tomar o lugar de seu cachorrinho, justamente na hora que o cachorrinho havia levado pedradas e estava todo machucado; ou o de um cirurgião que vi à distância com as mãos cheias de sangue na hora que ele estava operando; ou, ainda, o daquela professora que vi com uma capa preta vazia rodeando em torno dela, o que identifiquei como o símbolo de seu pai morto, que tinha muita afeição por ela. Fiz mais de cinqüenta experiências desse gênero e parei, pois perdi o interesse rapidamente.

Outro dia, isto é, uns seis anos depois, eu quis verificar se ainda poderia fazer tais experiências. Estava interessado em comprovar o caráter definitivo do condicionamento a que fui submetido.

Estava esperando uma cliente no meu consultório. Ainda não a conhecia; era sua primeira consulta. Tocou a campainha. Resolvi usar a técnica de *Mind Control,* para saber algo da cliente antes que entrasse. Vi uma moça um tanto masculinizada; de repente apareceu a imagem de um cavalo. Não compreendi aquilo. Poucos segundos depois entrou a minha secretária. Perguntei-lhe se era a minha cliente que havia tocado a campainha. "Não é não. É a cobradora da sociedade hípica da qual faço parte..." respondeu minha secretária. O cavalo era o símbolo da sociedade hípica!

Pois as mensagens aparecem na mente sob forma visual, de objeto ou pessoa vistos diretamente, ou por símbolos, como foi esse último caso, ou por atitudes corporais que de repente tomamos, ou, ainda, por intuição verbal. Neste caso, por exemplo, posso citar a vez em que me veio diretamente a palavra "Campos", ao me concentrar no endereço que me tinham dado, de certa pessoa. Realmente, a pessoa não estava em seu apartamento, mas em Campos.

O que acho engraçado é que tenho a sensação esquisita que não tenho nenhum mérito em fazer isso, a não ser o de ter feito o curso. Menos força faço e mais facilmente vem a mensagem. Que lição para o meu ego... Não sou eu quem dirige esse processo.

Aliás, isso é verdade também para todo trabalho chamado criativo. Os que estão acostumados a trabalhos de criação, se observam corretamente, o sabem muito bem. As idéias, imagens, fórmulas, soluções vêm exatamente no momento em que estamos completamente relaxados. De onde é que vêm essas idéias e soluções? Tenho a impressão que vêm do mesmo lugar de onde partem os sinais de todos os processos parapsicológicos. Os russos chamam isso de "Campo informacional"; os indianos, de Registro de Akasha; para Jean Charon, essa informação é contida em todos os trilhões de elétrons do Universo que compõem inclusive o nosso próprio corpo. Fora dessas especulações, fato é que não podemos dizer: "Eu tive uma idéia". Mais certo é afirmar que "uma idéia me veio".

Firmando-se na Psicologia Transpessoal

Mind Control, apesar de sua apresentação muito pouco "acadêmica", muito contribuiu para reforçar a minha decisão de me consagrar à Psicologia Transpessoal. A Parapsicologia menos me interessou, pelos motivos que já expressei e sobre os quais vou falar mais adiante.

Mas isso não me impede de fazer observações no campo da Parapsicologia quando me assinalam fenômenos excepcionais.

Quando Uri Geller veio ao Brasil, foi-me dada a oportunidade de realizar uma dessas observações, que depois contarei.

A Psicologia Transpessoal tem por finalidade o estudo dos vários estados de consciência por que passa o homem, assim como das suas relações com a realidade, o comportamento e os valores humanos.

Ela lida com assuntos tais como a investigação científica dos estados chamados místicos, dos meios de conseguir entrar nessas experiências ditas "cósmicas", dos limites da evolução do adulto, da educação para o êxtase, da natureza da chamada "doença mental"; as relações entre a Psicologia e a Física; a abordagem interdisciplinar visando ao estudo da natureza da consciência-energia no homem e no Universo, ou ainda da origem do ego individual.

Como já disse, foi praticamente na mesma época em que estudei a esfinge que nasceu nos Estados Unidos, mais particularmente na Califórnia, o que hoje é considerado a quarta revolução dentro da Psicologia, depois da Psicanálise, da Psicologia Comportamentalista e da Psicologia Humanista.

Quando apresentei a minha tese na Universidade de Paris, eu ainda não sabia que era na realidade a primeira tese de Psicologia Transpessoal apresentada em uma universidade francesa. Foi só depois de minha segunda viagem a Esalen que tomei conhecimento, num seminário com um dos seus fundadores, Jim Fadiman, da existência desse novo ramo da Psicologia.

Fiquei muito feliz com a notícia e tirei uma assinatura da revista da Associação de Psicologia Transpessoal dos Estados Unidos.

Eu já havia feito uma comunicação ao Círculo de Psicanálise sobre as fronteiras da regressão, tentando colocar a Psicologia Transpessoal no lugar acadêmico que merecia, quando surgiu um acontecimento totalmente inesperado, embora por mim desejado.

Foi num congresso interamericano de Psicologia Clínica, em Porto Alegre, onde fui convidado para dar uma conferência sobre a Consciência Cósmica, que percebi o quanto a nova geração de psicólogos e estudantes estava aberta para esse tema. Muito mais que isso, pois, quando acabei de falar, duas mil pessoas aproximadamente aplaudiram de pé, durante uns dois minutos. Fiquei muito emocionado e impressionado com isso; e passei mais três horas respondendo perguntas para um grupo enorme, que queria saber mais.

Quando voltei para Belo Horizonte, a professora Ana Lúcia T. Barbosa, então chefe do Departamento de Psicologia da Universidade Federal, convidou-me para lecionar a matéria que estuda os

113

estados de consciência, que é a Psicologia Transpessoal. Ao redigir o meu curso, estava escrevendo um novo livro: "A Consciência Cósmica".

A Editora Vozes convidou-me no mesmo ano para dirigir uma coleção dessa matéria, o que também aceitei.

Assim, em pouco tempo estava eu, como estou hoje, não somente meditando e estudando Ioga e Psicologia Transpessoal, mas ainda lecionando e escrevendo sobre isso, o que quer dizer que todo o meu tempo disponível é consagrado à evolução transpessoal do homem.

Foi nessa época também que recebi um convite para participar de um Seminário Internacional de Psicologia Transpessoal em Findhorn, Escócia.

Era abril de 1976. Não poderia deixar minhas aulas na universidade, mas uma força maior que a minha me impeliu a ir. Dessa força faz parte o grande entusiasmo despertado pela idéia de que eu poderia trocar idéias com pessoas iguais a mim, que tinham sido despertadas por essa outra dimensão. Não resisti ao apelo. Comprei uma passagem e fui para Findhorn.

Minha experiência em Findhorn

Não sabia nada a respeito de Findhorn. Isso fez com que eu, ao chegar, após um vôo na qualidade de único passageiro, dentro de uma tempestade de neve, não tivesse nenhuma idéia onde estava pisando.

Vi um estranho conjunto de *trailers,* essas pequenas moradias de reboque de carro, entremeadas de algumas casas pré-fabricadas. Algo diferente havia no ambiente ao redor, mas, distraído em me instalar, eu não estava percebendo que flores e árvores verdes cercavam-me em pleno inverno, no norte da Escócia. Isso era algo impossível. A neve ainda cobria as colinas ao redor. Para dar uma idéia da impossibilidade desse evento, poderia lembrar ao leitor que é só em primeiro de maio que as primeiras flores são vendidas nas ruas de Paris, como sinal da chegada da primavera: "Les muguets".

Mais tarde eu soube da história dos criadores dessa comunidade, pois se tratava de uma comunidade, o casal Peter e Eileen Caddy. Ele era gerente de um hotel das redondezas, e ex-aviador. Eles dirigiam o hotel dentro do espírito de equipe e de amor ao próximo. Meditavam todos os dias. Certo dia ele foi despedido, e o hotel fechou.

Foi aí que Eileen recebeu uma mensagem dentro dela: eles deveriam alugar um *trailer* de um grupo de moradias numa praia, à beira-mar, pertencentes a um capitão de marinha que as arrendava durante o veraneio.

A instrução que Eileen recebera era que ali eles teriam que cultivar legumes, frutas, verduras... e flores. Peter, estarrecido, achou isso uma loucura, pois o solo era totalmente desprovido de fertilidade. Só havia areia. Mas, movidos pela fé nesse apelo de outra dimensão, resolveram atender ao pedido. Alugaram o *trailer* e instalaram-se com os filhos e outra senhora que também recebia mensagens e era vidente.

Peter começou a cavar a terra. Foi quando houve um acidente com um caminhão cheio de esterco, na estrada vizinha. O dono do caminhão deu todo o esterco para Peter.

O que se passou depois foi tudo dentro dessa ordem milagrosa. Eu vi couves e repolhos enormes, quase do tamanho de um homem. Inclusive houve casos de rosas crescendo na neve e no gelo...

Aos poucos juntaram-se outras pessoas, desejosas de participar dessa experiência. Tratava-se de criar uma comunidade que servisse de modelo para uma nova era. Quando cheguei lá, depois de quatorze anos, havia duzentas pessoas morando e trabalhando na comunidade. O seu lema é realizar tudo com luz, amor e sabedoria. Efetivamente, é o que se dá nos mínimos detalhes, desde a cozinha até a revisão das provas tipográficas das publicações próprias, passando pela tecelagem e pelo jardim de infância.

E tudo é motivo para conscientização. Movidos pelo ambiente, passamos a refletir sobre inúmeros aspectos da existência, o que não faríamos em condições normais. Por exemplo, fui encarregado de limpar a despensa da cozinha. Em primeira análise fiquei um tanto surpreso comigo mesmo. Uma voz íntima me dizia humoristicamente: "Pagar uma viagem tão cara para vir aqui limpar a cozinha!". Procurei, então, fazer esse trabalho com amor e perfeição. Fiquei aos poucos orgulhoso do que eu tinha feito. Estava tudo limpinho, quando entrou alguém com um saco de batatas, que despejou num canto, enchendo a despensa de pedaços de terra. Veio um outro colocar açúcar num recipiente e, inadvertidamente, derrubou um pouco no chão. Isso foi para mim uma oportunidade de constatar a impermanência das coisas deste mundo...

Encontrei uma psicoterapeuta da Califórnia que estava fazendo Psicodrama e Psicossíntese nos Estados Unidos. Fizemos amizade e no segundo dia fomos convidados para salvar uma equipe que estava em atrito, sem poder sair da situação. Era um assunto vital para Findhorn. Conseguimos dissolver em grande parte o problema. Depois, não nos encontramos mais. É como se essa força nos tivesse colocado juntos exatamente para realizar essa tarefa, pois trabalhamos em harmonia, como se sempre tivéssemos feito isso juntos.

Fiz amizade com muita gente com olhos brilhantes de espiritualidade. Um deles, Frank Stone, criou posteriormente a Fundação Ômega nos EUA, e já tinha cuidado da tradução e divulgação de toda a obra de Teilhard de Chardin nos Estados Unidos. Ele estava trabalhando com sua mulher para desenvolver um curso chamado "Casamento Divino"; eles descobriram a mesma coisa que eu: a idéia de que a força sexual pode, no casal, ser transformada em experiência extática a dois; que o sexo pode ser um caminho para a realização da Consciência Cósmica a dois. Há vários tipos de casais: o casal tradicional, o casal ocasional, o casal evolutivo e o casal que transcendeu. O casal evolutivo é justamente aquele em que cada parceiro ajuda o outro a transcender, e o que transcendeu e chegou à Consciência Cósmica ajuda os outros a transcender. Fizemos uma palestra juntos no Seminário de Psicologia Transpessoal, mas, para surpresa nossa, fomos pouco compreendidos. Penso que isso é devido à falta de experiência da maioria dos participantes nesse terreno.

De novo, tal como na Índia e em Esalen, muitos "acasos", muitas sincronicidades se produziram. Por exemplo, um dos membros da comunidade que me fez visitar Findhorn pela primeira vez falou-me que a comunidade estava tendo como patrono Francis Bacon. Era Francis Bacon, justamente, uma figura que se tornou importante para mim, por ter aparecido sua imagem na minha mente no curso de *Mind Control* que já descrevi anteriormente.

O Seminário se realizou no hotel onde Peter havia sido gerente. Três meses antes, Eileen recebeu instruções da outra dimensão de que Peter deveria comprar o hotel naquele dia. Além de não haver dinheiro para isso, não se sabia, também, nada a respeito da venda do hotel. Às cinco horas da tarde do mesmo dia tocou o telefone. O hotel estava à venda. Peter conseguiu um empréstimo num banco e fechou o negócio. Se bem me lembro, pela importância de 120.000 dólares, o que é uma quantia irrisória em relação a um hotel bastante grande com parques ao redor. O hotel foi inteiramente reformado pelos próprios membros da comunidade. Hoje, até um moderno teatro foi construído pelas próprias mãos do pessoal de Findhorn. O prefeito da cidade vizinha, que desprezava essa comunidade de "Hippies", quando viu de que se tratava não se conteve, perguntando por que Peter não lhe havia falado disso antes...

O hotel se chama hoje "Universidade da Luz". Foi lá que se realizou o nosso Seminário Internacional. Praticamente inauguramos, com essa atividade, a Universidade.

Reina em Findhorn um ambiente de fraternidade, de cooperação mútua, que raramente se encontra no mundo. Cada um cuida de desenvolver a semente que tem dentro de si e de ancorar os outros nesse trabalho. Antes de cada trabalho as equipes se reúnem e se recolhem um minuto com as mãos dadas. Vinte minutos de meditação em grupo, na capela, duas vezes por dia, são também um fator essencial nesse ambiente.

Um carinho todo especial é dado à natureza, mais especialmente às plantas. Os jardineiros estão em contato direto com os Devas da natureza, isto é, as forças que presidem, segundo eles, a vida vegetal. No Brasil, as chamam de "elementais". Eles vêm essas forças e conversam com elas. Devo reconhecer que não vi nada dessas forças. Isso não quer dizer que elas não existam; como o leitor já deve ter percebido, tornei-me muito cauteloso nesse terreno, já que hoje constato e vejo energias que eu mesmo negava no meu passado mais remoto.

De qualquer forma, mesmo não percebendo diretamente os Devas, é forçoso reconhecer que algo milagroso se opera em Findhorn. O governo britânico mandou técnicos agrícolas para analisar o solo. Chegaram à conclusão de que era impossível plantar qualquer coisa que seja nessa região. No entanto, mesmo árvores frondosas cresceram nessa areia inóspita...

Voltei para o Brasil entusiasmado com o que tinha visto. Na minha chegada, mais uma sincronicidade me esperava. Comprei a revista Planeta e nela descobri uma grande reportagem sobre a comunidade de Findhorn, em maio de 1976.

Entusiasmado com o que vi, quis estimular a criação de comunidades idênticas no Brasil. Uma primeira palestra, acompanhada de *slides* e canções de Findhorn, foi seguida de oferecimento de uma terra, para a Síntese de Belo Horizonte organizar a comunidade. Terra linda, cercada de águas. Ficamos deslumbrados. Reunimos uns setenta voluntários que pareciam concordar com uma idéia desse gênero. Na segunda reunião compareceram dez. Na terceira éramos apenas cinco. Muitos queriam apenas "curtir". Mas, para dar trabalho efetivo, eram poucos. Além disso, a terra que nos foi "doada" já tinha vários donos. Uma complicação jurídica tão enrolada que desistimos da doação.

Com a ajuda de alguns amigos, tentei, então, outra experiência no Retiro das Pedras, onde estou morando atualmente (1980). É um ambiente ecológico ímpar, onde moram umas cinqüenta famílias. Expus o meu projeto, consultei os seiscentos proprietários de lotes. Setenta responderam favoravelmente. Candidatei-me, então, à presidência do Clube, com programa bastante preciso e claro. Infelizmente, na hora de querer obter recursos financeiros a votação foi desfavorável. A nossa diretoria pediu demissão. Ainda não estava na hora. Mas a semente ficou. Ela está consubstanciada numa declaração de princípios que poderia servir de finalidade para muitas comunidades análogas. (Ver anexo 2.)

Há atualmente no Brasil alguns movimentos para criação de comunidades do tipo de Findhorn. Isso me agrada bastante. Quem sabe um dia eu ainda participarei de uma experiência dessas, ou a apoiarei de uma maneira ou de outra.

O que sei é que Findhorn ficou no meu coração. Tal como Esalen, essa comunidade me mostrou que existem novas formas de viver, e que essas formas são realizáveis dentro de certas condições.

Algum leitor impaciente talvez queria saber a respeito do que anunciei mais acima sobre a vinda de Uri Geller.

Uri Geller, polstergeist e possessão

Como todo mundo eu teria muito que contar a respeito da visita de Uri Geller ao Brasil. Amigos que viram os seus relógios consertados na hora; um menino que consertou um relógio antigo, com mola quebrada, verificada por um relojoeiro cinco anos antes, e por este condenado, simplesmente dizendo "funciona", um dia depois do programa; crianças entortando garfos. Tais fatos se tornaram tão corriqueiros que seria redundante e monótono contá-los. Eu mesmo vi Uri Geller realizar tais proezas, como todo mundo o presenciou pela TV.

Mas há um fato que superou tudo o que pude ver até hoje em matéria de telekinesia e poltergeist, e mesmo de possessão demoníaca. Já havia lido muito a respeito de possessão e de espírito, mas nunca tinha presenciado fatos que de vez em quando aparecem descritos nos jornais ou revistas especializadas.

Fomos chamados, por amigos, a presenciar fatos "insólitos" que estavam se passando já há mais de um mês numa família compreendendo a mãe, o pai, dois adolescentes (que sempre existem nesses casos), o avô e a empregada.

Mais tarde eu soube que se tratava de uma família de médiuns espíritas de pai para filho, desde o bisavô.

Chegamos a um apartamento de um dos bairros de Belo Horizonte. Eram aproximadamente sete horas da tarde do dia cinco de outubro de 1976. Fomos recebidos pelo pai, que nos apresentou ao resto da família. O que nos foi relatado daria para escrever um livro e teria merecido uma análise acurada devido às inúmeras e possíveis variáveis presentes. Eis um resumo dos fenômenos ocorridos, tais como nos foram contados: os fenômenos começaram com o programa de TV de Uri Geller. A mãe fez força para resistir à influência de Uri Geller. Quando terminou o programa, a antena da TV entortou, uma outra antena ficou literalmente cortada ao meio. Todos os talheres que estavam numa gaveta entortaram. Desde então, dia e noite, objetos da casa começaram a voar, copos eram jogados ao chão ou na cara das pessoas, especialmente do menino. Sobraram poucos copos e pratos na casa. A mãe e o menino continuam com o poder de entortar colheres e garfos. Vimos garfos entortados em forma de espiral...

Inscrições algébricas e outras começaram a aparecer num armário do quarto do rapaz. Uma das inscrições dizia textualmente: Galáxia X 20. Algumas ficaram; outras "apagaram-se" sozinhas.

A gaiola do passarinho foi literalmente esmagada na frente dos olhares da mãe, e o passarinho morreu na hora. Vimos a gaiola amassada.

Na manhã de nossa visita uma dúzia de ovos foi projetada no espaço e se espatifou no chão. Um tio em visita declarou que não acreditava naquilo. No mesmo momento, um dos chinelos do par deixado no chão se levantou e o descrente recebeu uma boa chinelada no rosto.

O menino, alguns dias antes, teve o seu pé de repente esfolado, aparecendo chagas fedorentas. Nós vimos as chagas ainda nos dedos dos pés.

Quando os objetos eram jogados na cara do menino, quebravam-se ou se deformavam, mas não deixavam marcas no menino.

O rapaz afirma ter visto seres com capacetes e também um ser vermelho com chifres. A mãe afirma ter visto seres com mantos amarelos da "linha do oriente". A filha afirma ter visto seres de forma pouco clara, de cor branca. O pai disse que vê vários seres, mas que eles o respeitam e lhe obedecem quando ele lhes pede para não interferir. Efetivamente, quando o pai está perto do filho não se passa nada.

Durante o tempo em que o menino dorme, livros voam da prateleira e caem em cima dele. O armário da biblioteca abriu várias vezes sozinho. O rapaz, apavorado, chamou o pai, que trancou o armário com chave. Pouco tempo depois o armário abriu de novo. O menino "apanha" a toda hora e os seus braços são arranhados. Pudemos constatar isso pessoalmente.

Um quadro, por sinal pintado por um amigo meu, foi jogado na cara do menino. A moldura está toda quebrada. Um rádio de pilha foi jogado na cara de um dos membros da família e literalmente desmontado. Em sessão espírita, foi aconselhado colocar três rosas em três partes do apartamento. Só a rosa do quarto do rapaz deixou de murchar depois de vários dias. A mãe fez uma observação a respeito; imediatamente a rosa saiu do vaso e secou completamente, ainda no espaço.

Vozes são ouvidas, soltando palavrões os mais sórdidos imagináveis. São vozes cavernosas e raivosas.

A mãe afirma que desde pequena tem premonições que sempre se realizam. A última foi a morte de Juscelino, que ela previu e anunciou alguns dias antes a toda a família, e a intuição que teve em torno da hora da morte dele.

Certo dia a mãe se queixou que a cortina da sala era feia. No mesmo momento a cortina rasgou-se e o trilho foi arrancado da parede, deixando buracos fundos nos pontos de fixação. Vimos os rasgos enormes na cortina.

A mãe nos contou que desde pequena vê discos voadores, e que é um fato corriqueiro. Uma santa de gesso voou várias vezes caindo na cama, o que explica porque não se quebrou. O rapaz recebeu um impulso irresistível e escreveu símbolos e palavras nas páginas do seu caderno. Ao nos servir o café, pediram desculpas, pois não tinham mais pires. Todos estavam quebrados.

Durante o tempo em que esses fatos nos eram relatados desordenadamente e dentro de muita emoção, fenômenos adicionais começaram a ocorrer com a nossa própria presença. É importante dizer que éramos quatro visitantes que foram testemunhas do que se passou: num quarto ao lado, vazio, ouviu-se de repente um barulho seco de queda de objeto. Nós nos precipitamos para lá. Estava no chão, com folhas abertas, o evangelho segundo Allan Kardec.

Ao visitarmos o quarto do rapaz, deparei com um troféu esportivo, cuja alça estava trincada. Fiz observar isso ao pai, que disse nem ter reparado; a peça, fora a rachadura, estava intacta. Uns dez minutos depois ouvimos, do quarto vazio, um estalo metálico violento. Fomos para lá. O troféu estava no chão, todo amassado. Na parede oposta àquela do móvel sobre o qual o tinha encontrado estava uma marca testemunhando que ele tinha sido jogado contra a parede.

Pouco depois, ou antes, não me lembro bem, barulho de quebra de vidro na cozinha. Perante a empregada, uma garrafa se quebrou, jogada no chão. Pouco depois, conversando com o menino, sentado no chão, e seus pais, ouvimos o estampido de uma bofetada violenta. O menino deu uma exclamação; acabara de receber duas bofetadas simultâneas nas duas bochechas. O menino foi para o banheiro fazer suas necessidades; com a porta semi-aberta, precaução que tomava devido ao pânico em que se encontrava. A mãe esperava na porta. Naquela hora, ao começar a fazer as necessidades, ouvimos barulhos diversos de coisas caindo. O rapaz chamou o pai, apavorado: *shampoo,* loção, escova de cabelo estavam caídos no chão. A professora Maria José Marinho, como mestra de Ioga, convidou todos os presentes a fazer uma meditação com incenso de rosa. Após trinta minutos, aproximadamente, de silêncio, durante os quais aparentemente nada se passou, o menino disse ter ouvido uma voz que lhe dizia: "Pare com isso, você é muito positiva; eu vou ter que desaparecer". Sentiu também uma mão nas costas. A mãe também a sentiu, dizendo que é uma mão muito desagradável e que a toca de vez em quando.

Depois disso nós nos despedimos. Dois dias depois, a mãe telefonou para Maria José pedindo para ela passar urgentemente no apartamento. Depois de um dia de calmaria, os fenômenos tinham dobrado de intensidade. O menino, quando ela chegou em casa, não podia sair do banheiro. Tinha sido trancado por fora... De noite, toda a família teve de dormir junto num só quarto, porque chovia objetos. Uma bíblia foi rasgada no espaço.

Aí apareceram de novo os seres de mantos amarelos para a mãe, que declarou que eles encurralaram todos os seres maléficos, fazendo-os desaparecer. Pediram, em seguida, que o pai continuasse na Umbanda, que a menina tivesse Maria José como mentora e que o menino recebesse os ensinamentos de um padre. Só ela é que não precisava de nada. O pedido era insistente e se pedia certa urgência.

Decidiu-se que convidaríamos um amigo nosso, o padre José Inácio Farah, conhecido como santo e com prática de exorcismo. A mãe ainda contou que acendeu um incenso guardado há muito tempo. Viu então uma entidade horrenda, cabeluda, ser queimada no próprio incenso, até desaparecer.

No dia seguinte fomos com meu amigo, o padre Inácio, e os dois outros amigos para o apartamento. O padre tinha se preparado devidamente para o eventual exorcismo.

Quando chegamos lá o ambiente tinha mudado inteiramente. Todo mundo sorridente, relaxado, com fisionomia isenta de tensão. O padre abraçou todo mundo e imediatamente me falou que não sentia nada de anormal. Conversou com todos, examinou os objetos já descritos acima e resolveu, apesar de tudo, fazer o exorcismo. Assistimos à cerimônia. Ele afirmou que se se tratasse de fenômeno de possessão ele já teria sido atacado a essa altura. Acreditava mais se tratar de seres extra-espaciais ligados ao Uri Geller, cujo livro ele tinha lido.

Fato interessante: o cachorro, que não entrava mais no quarto do rapaz, deitou-se em postura de esfinge aos pés do padre durante a cerimônia. Quando o padre leu um trecho em que se desejava que todos ficassem em paz, o *poodle* deitou-se e adormeceu.

Alguns dias mais tarde fui fazer uma visita para documentar com algumas fotos o que fosse possível ser fotografado, como por exemplo as inscrições, a gaiola amassada e o troféu deformado.

Os fenômenos tinham desaparecido, mas a menina insistia dizendo que ela continuava vendo seres e que havia uma verdadeira batalha no apartamento.

No dia 18 de outubro, às cinco horas da tarde aproximadamente, recebi um telefonema para ir urgente à casa deles. Os fenômenos tinham recomeçado com mais violência. Também chamaram o padre.

Quando chegamos lá o padre já estava e tinha presenciado uma escova de cabelos se deslocar no ar na sua frente, e que passou pela porta fechada...

Eis os fatos novos que nos foram relatados: uma cunhada da mulher tinha falecido na véspera. Ela assistiu ao desenlace e na hora da morte viu a dificuldade de desprendimento entre o corpo energético e o corpo físico. Disse ter ajudado esse desprendimento. Então, o corpo energético apareceu aos olhos da menina, no apartamento, dizendo que vinha para ajudar. Fenômenos diversos já tinham ocorrido.

O cachorro *poodle*, que já antes se recusava sistematicamente a entrar no quarto do rapaz, de repente começou a ficar eriçado e se contorceu, ficando rígido. Ele já havia recebido o padre pulando de alegria, querendo pegar sua barba. Antes de sua chegada ele estava em estado de letargia. Havia cheiro de enxofre. Quando chegamos, o cachorro andou à maneira humana em torno de mim com uma alegria extremada que estranhei, pois minhas relações com ele eram nulas.

Um vaso foi jogado contra o menino, machucando-o no peito. Ele o recebeu como se fosse uma bola de futebol nos seus braços. Um lápis andou sozinho no ar e riscou com um grande X as inscrições do armário. A mãe resolveu queimar alecrim. Ao fazê-lo, as chamas se transformaram em cabelos e gritos saíram, dizendo: "Dói sua filha da...". Palavrões do mais baixo calão foram ouvidos pelos filhos, mas a mãe, desde o exorcismo do padre, não ouvia mais nada.

A gaiola do passarinho está irreconhecível de tão amassada. O troféu perdeu a alça e está mais amassado ainda.

Perguntei, dentro do meu método de eliminar as variáveis em jogo, com a presença de quem se davam os fenômenos.

Quando a mãe ou o pai ou a filha estavam sozinhos no apartamento não acontecia nada. Somente quando o menino estava só.

Eu senti um perfume de incenso; o cheiro de enxofre, desde a chegada do padre, tinha sido substituído por um perfume de incenso indiano.

O padre se concentrou. Depois, ele resolveu ficar no quarto do menino com a professora Maria José, o menino e o pai. Este tinha declarado ser da Umbanda. O que se passou, então, contado pelo padre e por Maria José Marinho foi realmente diabólico.

O padre pediu à professora para ajudar o rapaz a relaxar. Começou, então, a objurgar: "Satanás, saia daqui e deixe a gente em paz". Logo o pai começou a contorcer-se, até cair no chão, machucando-se e sangrando. Quando o sacerdote falou que estava intimando o espírito mau em nome de Cristo, que o mandou entrar na manada dos porcos, o pai se contorceu mais ainda, até chegar a tomar o tamanho de um porco, apesar de sua grande altura, e a emitir grunhidos e gritos como se fosse um porco. Antes de virar porco, ficou plantado em cima da cabeça virando as pernas em torno da cabeça, até formar uma bola. A professora Maria José me disse que nunca viu uma postura dessa na sua vida de Hatha Ioga.

Quando o padre viu que o pai tomou a postura de porco, pôs a cruz nele, e deu uma bênção sempre objurgando o espírito mau. A este gesto o pai se descontraiu, relaxou, voltou ao normal, abriu os olhos agradecendo mas se queixando de dores musculares.

Quando o padre começou a sua intervenção pus a cruz no peito do menino, já relaxado, e ele deu um pulo brusco, estremecendo-se; depois ficou calmo. Foi aí que começou a cena do pai, como se o espírito maligno tivesse passado do filho para o pai.

Acabadas as orações o menino sentia fortes dores no braço esquerdo, como se tivesse sido mordido e beliscado por seres invisíveis. O padre então benzeu com um pouco de óleo, e ungiu o braço do menino, que logo se sentiu aliviado. E tudo terminou na grande paz de Deus.

Infelizmente, no dia seguinte tudo recomeçou, embora com menor intensidade. A menina foi levada pelo pai para a aula de Laya Ioga (Ioga de relaxamento com o uso de sons). O filho tinha ficado no carro. De repente, ouviu-se o chamado do filho: o carro estava se deslocando sozinho. O rapaz pulou do carro, que então parou.

O filho, que tinha sido separado e ficou na casa do avô, dormiu profundamente. Durante essa noite não se passou nada. Mas no dia seguinte muitos dos fenômenos recomeçaram. E a menina continuou vendo os seres.

No dia 21 de outubro, caiu o espelho em cima do rapaz e espatifou-se. Tivemos notícias de que no apartamento do avô, onde dorme o menino, fatos semelhantes começaram a se produzir.

Mais tarde, por ocasião do Congresso Internacional de Psicotrônica, em contato com o professor Hernani Guimarães, que estuda esses fenômenos de poltergeist, e também através de uma comunicação do professor de Física, o Dr. Tinoco, da Universidade Federal de Manaus, me confirmaram o que eu já tinha lido em trabalhos especializados. Nesses fenômenos de polstergeist há sempre um adolescente, que eles chamam de "epicentro". Nesse caso havia dois adolescentes, sem contar os pais que eram médiuns.

Aproveitei a oportunidade para pedir, como trabalho de estágio, a dois estudantes da minha cadeira de Psicologia Transpessoal para entrevistar os pais e os adolescentes a respeito dos eventos acima descritos.

Sempre que possível eu coloco meus estudantes em contato com o que eu mesmo observo no ambiente brasileiro em que vivo, pois acho que o Brasil tem muito que oferecer no campo da Parapsicologia e da Psicologia Transpessoal. Foi o que fiz também quando descobri as vastas perspectivas que oferecem as descobertas de um médico baiano, do qual vou falar mais adiante.

A morte de Moreno

Foi nessa época que recebi a notícia da morte de Moreno, o criador do Psicodrama e um dos meus inspiradores para o Cosmodrama.

Gretel Leutz, a sua principal discípula na Alemanha, contou-me que ela tinha feito uma poesia sobre Moreno. Nessa poesia havia um pássaro que tinha certa importância, do conteúdo do qual não me lembro agora.

Na hora de Moreno falecer, Gretel Leutz estava em seu quarto, onde tinha um retrato de Moreno. Subitamente entrou um pássaro no quarto e deu uma volta em torno do retrato antes de sumir pela janela.

*O psicólogo e médium Luiz Gasparetto e os
pintores impressionistas*

Certa noite amigos meus me telefonaram avisando que haveria na casa deles uma demonstração feita pelo médium paulista Luiz Gasparetto. Primeiro assisti a uma demonstração no atelier de pintura de Hilda Menicucci, e depois na casa desses meus amigos. O que vi foi realmente algo de extraordinário.

Luiz conseguiu, numa hora em que estava em estado de transe, produzir nada mais nada menos do que uma dúzia de quadros com estilos totalmente diferentes, todos os estilos sendo de pintores impressionistas.

Numa das fases, ele fez dois quadros diferentes, coloridos ao mesmo tempo com as duas mãos, cada quadro com uma mão.

E tem mais! Dois quadros foram feitos apenas com os pés... Tudo isso se passa no escuro, sem que ele veja a sua produção, pois tem a cabeça virada e tampa a vista com as mãos, numa atitude muito parecida com a de Chico Xavier, que vou relatar mais adiante.

Fiz amizade com ele na minha casa. Ele estava acompanhado pela sua mentora e amiga de longos anos, Elsie Dubugras, simpática jornalista especializada em assuntos de Parapsicologia e espiritismo, uma das redatoras da revista Planeta.

Ele é um rapaz simples, despretensioso e profundamente imbuído da doutrina espírita, apoiado na sua experiência. No seu estado normal ele mal sabe desenhar. Tem uma clínica de Psicologia, onde faz psicoterapia e ganha a vida. Toda a renda dos seus quadros se destina a um orfanato mantido por ele.

Conhecendo um pouco de grafologia e grafotécnica, fiz uma análise de assinaturas dos grandes pintores, como Toulouse Lautrec, Renoir ou Degas. Elas são praticamente iguais aos originais. Quero ver o maior falsificador de assinaturas fazê-las em segundos, no escuro e de olhos fechados! Aliás, uma das abordagens do controle científico de seu trabalho seria a investigação das assinaturas por grafotécnicos especializados. Mesmo sem esta, o que presenciei me bastou para situar Luiz Gasparetto entre os maiores médiuns que a humanidade já teve.

Ele está agora dando cursos regulares de formação de médiuns em Esalen, na Califórnia. Michael Murphy, criador de Esalen, falou-se que, a conselho de Luiz, ele estava estudando Allan Kardec...

De vez em quando trocamos correspondência. Nas suas cartas, sempre carinhosas, Luiz nunca se esquece de mandar um abraço de Toulouse Lautrec...

O homem que manda no fogo

Há, perto de Sete Lagoas, no Estado de Minas Gerais, um homem, cujo nome não estou autorizado a divulgar, bombeiro de profissão. Ele, nas suas horas vagas, atende a pessoas necessitadas da sua atuação como curandeiro. Para isso arrumou um pequeno cômodo nos fundos da sua casa, tal como o fazem muitas pessoas de Umbanda ou Candomblé.

Ele leva muito tempo antes de atender as pessoas. Suponho que ele espera entrar em estado de transe para isso. De vez em quando ele dispensa um ou outro, dizendo que não pode ou mesmo não quer atendê-los. Faz isso de maneira rude e franca, sem rodeios.

Uma vez, no cômodo, ele sentou-se numa pequena mesa cheia de objetos de culto e pequenas pedras; na parede, se me lembro bem, havia uma pele de cobra. Ele tem muito em comum com as personagens de Castañeda. Conta histórias em que ele se tornou invisível a pessoas que o procuravam. Conhece toda a flora da região e é também raizeiro. Na semana santa ele desaparece no mato durante alguns dias. Ninguém sabe o que ele vai fazer lá.

Depois de um certo tempo, ele jogou um pouco de álcool no chão e acendeu uma fogueira a partir desse material. Foi aí que eu vi o espetáculo mais incrível da minha vida. Ele começou a falar com o fogo, dizendo: "Sai daqui, vai para lá", indicando o caminho que o fogo devia seguir, e o fogo obedecia direitinho. A cada vez que dava uma ordem, o fogo assumia a forma de uma trança em espiral, numa chama estreita e alta, atingindo quase o teto, e então caminhava na direção exata da ordem dada; esse espetáculo durou aproximadamente uns quinze minutos.

Não entendi o significado da cerimônia. Possivelmente ele pede ajuda das forças energéticas potenciais dos elementos da natureza, chamados popularmente de "elementais".

Depois disso ele usa a sua vidência para aconselhar as pessoas, fazer pontos riscados ou outras magias que ele aprendeu não sei onde.

Dona Maria, empregada doméstica

Amigos meus, Murilo e Adélia Diniz, ambos já desencarnados, tinham uma empregada que apresentava fenômenos espantosos de vidência.

Certo dia ela correu para o quarto do casal, afirmando que a sobrinha deles tinha sofrido um desastre naquela hora. Cinco minutos depois tocou o telefone, para avisar a ocorrência do desastre e informar que a sobrinha tinha falecido.

Ela me contou a sua história. Desde menina ela via a aura das pessoas e "sabia" também das suas intenções benéficas ou maléficas em relação às pessoas da casa. Ela, com a franqueza e o candor característicos das crianças, dizia isso na frente das pessoas para seus pais, até que um dia levou uma surra. Nunca mais abriu a boca, a partir desse dia, para expressar algo relacionado com os seus poderes. É um belo exemplo da repressão que existe na nossa cultura a respeito desses fenômenos.

Uns dez minutos antes de eu chegar à casa de meus amigos para uma visita, ela dizia: "Eu vejo tudo azul, o Pierre vem aí". Interessante que isso aconteceu muito tempo antes de eu ver a minha própria aura, como azul-pavão.

Médicos videntes

Tenho alguns amigos médicos e videntes ao mesmo tempo; só que eles não querem que suas identidades sejam reveladas.

Um deles mora no Brasil. Ele costuma fazer todo o diagnóstico da pessoa sem ainda conhecê-la, enquanto ela está na sala de espera. Por exemplo, uma paciente, ainda atrás da porta, esperava ser chamada com uma radiografia debaixo do braço. Antes dela entrar ele já tinha preparado a receita escrita para o tratamento de tuberculose; e era mesmo. Certo dia ele examinou um paciente e não encontrou nada, mas a intuição lhe falava que esse paciente iria falecer dentro de quatro horas. Examinou de novo, não encontrou nada. Por medida de precaução resolveu chamar quatro colegas. Um depois do outro examinou o paciente e não encontraram nada. Quatro horas depois o paciente faleceu.

O outro amigo mora em Paris. Eu não sabia dos seus poderes. Um dia ele me convidou para assistir às suas consultas uma tarde inteira. Eu não tinha nenhum programa marcado e aceitei. Vinha um cliente depois do outro, encaminhados pelo secretário. A cada vez se dava o mesmo espetáculo. O meu amigo pegava um lápis, fazia um esquema com algumas cruzes e contava todas as doenças do paciente, inclusive dizendo coisas íntimas deles e dos seus relacionamentos matrimoniais.

"Você é vidente, não é?" — falei para ele. "Sim, mas não fale isso para ninguém, senão eles cassam a minha licença de médico..." "Mas, e as cruzes no papel?" "Ah! isso é só para disfarçar..."

Visita a um Pai de Santo da Umbanda

Foi quando da visita ao Brasil de Anne Schutzenberger e de uma médica psiquiatra argentina Silvana Puzzovio, que sugeri a elas uma visita a um amigo meu, líder do movimento umbandista no Brasil.

Ele nos contou a sua história. Tinha sido representante de produtos farmacêuticos quando foi tomado de alucinações. Nenhum psiquiatra deu conta dessa "esquizofrenia". Foi quando ele foi convidado por um amigo da Umbanda, que lhe disse que ele era apenas um médium perturbado por "encostos" e que ele precisava ser iniciado e treinado como médium. Dito, e feito. Em pouco tempo ele se desenvolveu como médium e nunca mais teve crises psicóticas.

Quando da nossa visita, ele nos disse que estava recebendo o espírito de um grande iogue que lhe tinha ensinado todo o Hatha Ioga. Ele mesmo ensinou Hatha Ioga para as suas lindas filhinhas. Na hora de nos falar, o seu rosto mudou de repente e se transformou num rosto indiano com um poder magnético incrível. As minhas amigas ficaram impressionadíssimas.

Ele nos explicou que isso faz parte da sétima linha de Umbanda: a linha oriental. Alguns anos mais tarde, quando o visitei, ele me disse que a linha oriental não era a dele, e que era apenas um episódio na sua própria aprendizagem.

Eu soube de muitas histórias assim. São elas que me encorajaram, em parte, em aceitar um convite para aprender Parapsicologia Clínica com um médico baiano. É o que vou explicar a seguir.

129

Estagiando em Parapsicologia Clínica

Como já disse mais acima, os rituais afro-brasileiros, como o Candomblé e a Umbanda, só tinham despertado em mim uma curiosidade digamos de natureza psicológica e antropológica. Eu achava que eram manifestações psicopatológicas sem maior importância para a ciência. Quanto ao espiritismo kardecista de mesa, não passava de mais uma superstição.

O meu ponto de vista mudou progressivamente, graças a certos fatos. Em primeiro lugar, a leitura dos livros de Mircea Eliade, antropólogo bastante respeitado pelos seus trabalhos de religiões comparadas; mais particularmente ele descobriu que 70% dos curandeiros de todas as culturas do mundo são ex-doentes mentais recuperados. Movido pela curiosidade, me pus em campo e aproveitei todas as ocasiões para indagar como certas pessoas se tornaram médiuns, pais de santo, filhas de santo, etc. E verifiquei com bastante facilidade que quase todos tinham tido sintomatologia psicopatológica, tais como alucinações visuais ou auditivas, convulsões, angústias e fobias, etc.

De vez em quando, no meu consultório, tinha notícias de um cliente ou outro que tinha sido transformado em médium, com desaparecimento total dos seus sintomas.

Convenci-me, assim, aos poucos, que, ao contrário do que tinha prejulgado, havia ali alguma coisa bastante séria a pesquisar.

Nos meus próprios grupos de Psicodrama aconteciam de vez em quando fenômenos parapsicológicos. Durante as fases de maior regressão dos grupos, mais especialmente quando a regressão se dava ao nível perinatal, isto é, quando as pessoas reviviam o seu nascimento ou a sua vida intra-uterina. Ora, muitos dos rituais lembram o nascimento e a vida intra-uterina, inclusive o tambor da Umbanda, cujo ritmo é típico do coração da mãe no útero. Tudo isso, e mais observações que reuni nos meus trabalhos publicados, me prepararam para olhar essas coisas mais de perto, ainda mais que tudo indica que a psicose seria uma regressão a esses estágios da vida.

Foi no Congresso Internacional de Psicologia Transpessoal que, entre outros trabalhos apresentados, chamou a minha atenção um filme de Parapsicologia Clínica apresentado pelo Dr. Eliezer Mendes, ex-cirurgião, baiano, que estava fazendo uma tentativa de desritualizar o processo de cura no Candomblé, Umbanda e Espiritismo, usando os mesmos processos dentro de uma metodologia de hipnose, que ele mesmo praticava nos seus partos sem dor. Isto se encaixava bastante dentro das minhas preocupações.

Mas o filme me chocou profundamente, pois apresentava fenômenos tão parecidos com os ditos rituais que, depois de uma conversa pessoal com ele, resolvi me afastar do assunto, sobretudo por causa do bendito medo de ser mal visto pelos colegas.

Passaram-se alguns meses, quando o Dr. Eliezer veio dar um curso de Parapsicologia Clínica, nome que ele tinha dado ao seu processo.

Com a minha mente reaberta, resolvi assistir a uma das aulas. Nela se tinha feito alguma indução regressiva, e um dos participantes começou a manifestar, em estado de transe, sentimentos negativos em relação ao Papa, como se expressasse os sentimentos de outrem, com idéias assassinas. Verifiquei depois que isso foi na hora exata da morte de João Paulo I.

Depois da sessão convidei Eliezer Mendes para a minha casa, onde havia uma pequena criança de alguns meses, manifestando bronquite crônica. Ele propôs então levar a criança para um apartamento na cidade, onde ela adormeceu no divã. Chamaram-se, então, duas sensitivas, isto é, ex-doentes recuperadas e transformadas em pessoas que podem captar a sintomatologia de outras pessoas no seu próprio corpo. Em pouco tempo, uma das sensitivas começou a expelir uma quantidade enorme de catarro, tossindo sem parar. Foi tão grande a quantidade que foi necessário buscar uma toalha de rosto para recolhê-lo.

Imediatamente percebi o alcance teórico dessa experiência para a Medicina. Estava aí colocada em questão a natureza da doença física. Se a sintomatologia mórbida pode passar em poucos minutos de um corpo para outro, é que o programa dessa doença não se acha inteiramente ligado ao corpo. Deve-se encontrar num lugar móvel, ou estar ligado a ondas que transmitem esse programa. As recentes descobertas do holograma com raio laser tornam essa hipótese plausível, já que foi possível mostrar que existem programas contidos em ondas. Depois dessa experiência e de algumas outras sessões a menina acusou realmente alguma melhora, embora não tivesse sarado de todo.

Eu queria saber mais a respeito. Resolvemos, então, organizar uma clínica em colaboração com a Síntese. Durante seis meses me desliguei de quase todas as minhas atividades e passei a participar dos trabalhos da clínica.

Vou contar a seguir os fatos mais marcantes que observei. É absolutamente impossível contar tudo, seja por motivos de sigilo profissional, seja pela quantidade e riqueza da fenomenologia que se desenrola o tempo todo diante dos nossos olhos e ouvidos. Às vezes eu tinha a real impressão de estar assistindo a um filme de ficção científica, tão incríveis eram as coisas que presenciava.

Efetivamente posso testemunhar que observei a passagem de incontáveis sintomas físicos dos pacientes para os sensitivos. Tudo indica que essa passagem enfraqueça os sintomas na própria pessoa, que passa a melhorar sensivelmente. Entre outros sintomas transferidos para o corpo do sensitivo figuram: urticária, diferentes dermatoses, dores reumáticas, nevralgias, paralisias, doenças cardiovasculares, taquicardia, etc. Vi um caso de alcoolismo captado à distância sem a presença do doente. O sensitivo, que evidentemente desconhecia o paciente, passou em poucos minutos a apresentar todos os sintomas de embriaguez, exalando cheiro de álcool pela boca.

Vi também a veia de uma sensitiva engrossar até um certo ponto, que corresponde à picada de injeção de um drogado que ela tinha acabado de captar.

Pacientes esquizofrênicos captados à distância são representados pelos sensitivos com todos os sintomas do eletrochoque, sem o sensitivo saber de quem se trata.

Se se trata de epilépticos, os sensitivos manifestam em pouco tempo a crise epiléptica.

Não posso dar detalhes dos casos pois não tenho autorização para isso. De outro lado, creio que se trata de uma abordagem tão nova para a Medicina e a Psicologia que serão necessários muitos anos de pesquisa e observações sistemáticas para conhecer realmente o alcance do método e as suas indicações e contra-indicações terapêuticas.

Lembro-me agora que eu mesmo quase comecei a me transformar em sensitivo pois, durante as sessões a que assisti, passava de vez em quando a sentir no meu corpo os sintomas do paciente. Certo dia eu estava entrevistando uma cliente, quando de repente senti uma dor aguda na perna direita. Depois de alguns minutos mais

132

ela falou de um reumatismo que ela sentia aqui, e agora. Perguntando em qual perna era, ela me falou que era na perna direita... Isso me faz pensar o quanto somos vulneráveis aos problemas dos outros e às suas doenças. Não pegamos apenas os micróbios, mas também as vibrações negativas deles. Há aí todo um problema de proteção, sobre o qual muito se sabe nos meios de Ioga e no Esoterismo.

Eu tenho a impressão que os sensitivos e os médiuns são pessoas que têm uma verdadeira aptidão e vocação para curar os outros, e que o fato de captar doenças dos outros reequilibra o seu próprio sistema energético. Deixando de fazê-lo, se desajustam do mesmo modo que um grande pianista ou pintor se desajustaria se deixasse de praticar a sua arte.

A Medicina e a Psicologia, sobretudo no Brasil, estão perdendo oportunidades imensas, não somente de acrescentar ao seu poder de cura mais esta metodologia, mas ainda de contribuir para o progresso da ciência. Tenho pago caro, do meu próprio bolso, para assistir a cursos nos EUA onde ensinam processos que são corriqueiros em qualquer terreiro brasileiro! Por exemplo, num curso dado pela filha de Wilhelm Reich aprendi a dar passes...

Mas esses processos devem passar pelo filtro da pesquisa em nível universitário. É esta a opinião a que cheguei depois de seis meses de estágio intensivo nesse terreno. E quando falo em pesquisa, esta deverá ser de natureza interdisciplinar, pois implica em participação não somente de médicos e psicólogos, mas também de antropólogos, físicos e biofísicos, entre outros, sem contar a orientação de colegas já iniciados nesses rituais.

Em contato com biofísicos russos

Durante o Congresso Internacional de Psicotrônica, em São Paulo, tive a surpresa de constatar a presença de três colegas russos, um checoslovaco e um romeno, todos por conseguinte provenientes de países de orientação do materialismo dialético. É dentro dessa filosofia que eles investigam todos esses fenômenos. Conversei com eles e verifiquei que estavam muito mais convencidos da importância dessas descobertas do que podemos imaginar. Por exemplo, levei dois membros biofísicos da academia de ciências soviéticas para visitar a clínica. Eles concordaram com tudo o que viram. Quando depararam com uma chapa decorativa de cobre, perguntaram se era um sistema eletrônico para aumentar a sensitividade. Ao mesmo tempo que respondi que não, verifiquei que eles estavam fazendo isso nos seus laboratórios. O próprio professor Berezine Andrew falou-me que tem o poder de curar com as mãos.

Nesse mesmo Congresso o psicólogo e médium Luiz Gasparetto apresentou a sua capacidade de reproduzir, no escuro, com as duas mãos e os pés, quadros de estilo idêntico aos grandes pintores, mais particularmente os impressionistas.

O colega checoslovaco, que assistiu à demonstração, disse que isso era um fenômeno normal que pode ser explicado pela capacidade que tem Gasparetto de buscar informações no "campo informacional". Mostrei a ele que esse campo já era conhecido na Ioga.

Muito engraçado foi ouvir a conferência do Doutor Ramanoff, Decano da Faculdade de Medicina Patricio Lumumba, de Moscou. Já tinha feito amizade com ele e pressenti um homem extremamente profundo e carinhoso.

Durante uma hora ele falou sobre métodos de cura que estão usando no seu hospital. Prestem bem atenção: jejum prolongado de uma semana a um mês ou mais, chás de erva e acupuntura. Estão curando centenas de doenças com esses métodos. Fiquei pensando como este nosso mundo dá voltas. No país que dirige a luta dos proletários pelo pão cotidiano e pelo conforto que têm os países ricos está acontecendo a mesma reação que nestes mesmos. Chega-se à conclusão que o homem come demais e se torna doente por isso... São justamente os mais abastados nos países ou regiões mais desenvolvidas que têm que fazer regime de tanto comer, ou ir a estações de água para tratar do fígado. Os problemas de coluna vertebral causados pelas camas macias, pelas poltronas confortáveis e pela postura deficiente provocada pelos assentos de carro chegam a proporções alarmantes. A cama macia é substituída pelo colchão ortopédico, o que equivale a dormir no chão com um cobertor.

Pessoalmente eu não consigo mais dormir em camas macias. Nos quartos de hotel, durmo no chão. Quanto à comida, já falei sobre o assunto; de fato, como muito menos do que muitos pobres. A nossa civilização do conforto está chegando a um paradoxo. Daqui a pouco os ricos terão de dormir no chão e comer menos do que muitos pobres. O açúcar refinado é nocivo para os dentes e contém ingredientes que provocam fermentação. O arroz branco tem o mesmo valor que goma de colarinho e não quero nem falar da Coca-Cola como excelente detergente. Além de descobrir os poderes parapsicológicos, a Medicina soviética está voltando para os métodos tradicionais e multimilenares oriundos todos eles da Ioga. Esta é que é a verdade.

Não quero com isso menosprezar os ideais de socialização do mundo nem o valor de muitos aspectos da Medicina. Apenas há muitos corretivos a fazer em todas as sociedades industriais, qualquer que seja o seu regime sócio-econômico. Nem tampouco nego os direitos dos pobres de ter o seu conforto, o mesmo que os ricos. Sou muito sensível a esses problemas e voltarei ao assunto mais adiante.

Combustão espontânea

Isto aconteceu com um respeitável e conceituado psiquiatra amigo meu, que me pediu para conservar o anonimato.

Interessado e intrigado como eu pelo trabalho de Parapsicologia Clínica e psicotranse do Dr. Eliezer Mendes, ele resolveu ir para Campinas, onde se encontrava a segunda clínica que foi criada.

Ele não acreditava muito nesses fenômenos e, quando chegou lá, expressou isso de certa forma que não me lembro bem. Imediatamente ele sentiu um calor intenso no bolso da sua calça. Retirou dela duas caixas de fósforo, daquelas chatinhas. As duas tinham se queimado exatamente na hora que expressava dúvidas a respeito do processo.

Ele me mostrou as duas caixas de fósforos, que ele conserva preciosamente até hoje. Efetivamente todos os fósforos estavam queimados.

"Imagine o susto que eu levei! É como se alguma força ou ser, sei lá, me tivesse querido dar uma demonstração, *in vivo,* de que eu estava errado afirmando aquilo!" Vale dizer que o meu amigo resolveu estudar o assunto a fundo e fez um longo estágio com o Dr. Eliezer.

O meu encontro com Chico Xavier

Fui duas vezes visitar Chico Xavier. As duas vezes assisti às sessões de psicografia desse homem excepcional que já psicografou mais de cento e cinqüenta livros em estilos totalmente diferentes. Não quero discutir aqui se se trata de recepção de espíritos ou de captação de um campo informacional, como diriam os russos. Quero apenas dar o meu testemunho de psicólogo que observou Chico Xavier trabalhando.

O que posso dizer é que me parece humanamente impossível, simplesmente do ponto de vista psicomotor e muscular, que um homem possa escrever sem parar, a uma velocidade incrível e sem olhar o papel durante cinco ou seis horas seguidas, sem dar nenhum sinal de cansaço. Pois é o que faz Chico Xavier e é o que eu o vi fazer. Isso é possível só em estado de transe.

Além disso, a captação das mensagens assumiu, naquilo que eu pude presenciar, uma precisão realmente notável. No caso de um acidente de uma família que ele não conhecia, ele deu até o nome das pessoas falecidas, dando notícias sobre elas.

Tive um encontro pessoal com ele. Ele irradia alegria de viver, bom humor, tem um grande coração e espírito de humor. Quando ele soube que eu era francês, contou-me que, segundo Emmanuel, o seu guia, muitos franceses, depois da revolução, teriam reencarnado no Brasil. Ele me recebeu muito bem e me ofereceu um chá de canela, espécie de chá que eu não conhecia. Por sinal muito gostoso. Gostei muito da sua pessoa e do excepcional calor humano que ele irradia sem parar.

Mais tarde, por intermédio de um amigo comum, ele me pediu o meu livro sobre as fronteiras da regressão, pois estava interessado na vida intra-uterina, ou melhor, no que a ciência tinha a dizer sobre o assunto.

O ambiente reinante em torno dele é de muita fé, respeito humano e boa organização de atendimento às pessoas necessitadas de conselhos ou assistência de toda ordem.

O Irmão Macedo de Recife

Também com poderes excepcionais de cura pelas mãos, o Irmão Macedo, como é conhecido, é um ex-comerciante de Recife que gostava de uísque escocês e de ternos elegantes. Ele me procurou por intermédio de uma amiga comum e queria conhecer-me.

Contou-me toda a sua história, mais especialmente como aos 49 anos ele descobriu que tinha o dom de curar pessoas. Uma jovem paralítica, na sua presença, entrou em estado de transe e curou-se completamente. Surpreso, ele tentou isso de novo com outros doentes e descobriu que realmente ele possuía um poder excepcional.

Desde então ele se consagra à cura dentro de um "templo de meditação" que ele mesmo montou, com a colaboração de algumas pessoas de nível universitário. Ele me mostrou uma farta documentação, incluindo sistematicamente declarações registradas em cartório de ex-doentes curados.

Eu tenho em meu poder alguns documentos que atestam curas inclusive de tumores. Por exemplo, do Departamento de Medicina Nuclear de Brevard Hospital, nos Estados Unidos, atestando uma melhora significativa e totalmente surpreendente de um tumor no pélvis e desaparecimento total de tumor canceroso da bexiga, no caso de um homem de 73 anos que tinha sido operado de um tumor canceroso da próstata (prostatectomia retropúbica radical).

Os biofísicos russos fizeram questão de deixar a seguinte declaração escrita no seu caso:

"Me, Andrew Berejine, and me, Constation Goubarev, confirm that we can feel Mr. Jose Macedo de Arruda emitting energy which can control the fisiology and mental situation in human beings.

Assinado: Berejine e Goubarev.

URSS Moscou region Cupavna. The Research Institute for biological testing of senicals. 7/7/1979".

Eu tenho em meu poder uma fotocópia desse documento bastante importante por se tratar de pesquisadores da Academia de Ciências Soviética.

Pessoalmente submeti-me a uma experiência para verificar essa sua força energética sobre mim mesmo. Senti realmente uma forte atração, como se o meu corpo estivesse puxado por um magneto, quando ele irradiou energia nas minhas costas. Posso afirmar que não se trata de hipnose. Aliás, ninguém nunca conseguiu me hipnotizar. Ele deu um nome a essa energia: a telergia.

O Juiz de Direito que cura câncer

Foi em Tiradentes que fui recebido na casa do Dr. Odilon. Sua esposa contou-nos a sua extraordinária história: certo dia, ao tomar banho, ouviu nitidamente uma voz chamando: "Odilon, Odilon...". Ele foi procurar pela janela de onde vinha a voz. Não achou ninguém. Então a mesma voz, intensificou-se como se fora a de um "Mendigo", lhe falou que ele teria uma missão para cumprir, com a orientação desse "Mendigo": ele teria que curar câncer, sempre em casos desenganados pela Medicina. Ele deveria sempre pedir atestado médico e se possível documentação radiográfica antes e depois das curas.

Desde então, ele está, além da sua profissão de Juiz, obedecendo a essa injunção. Eu o vi pela primeira vez no Congresso Brasileiro de Parapsicologia e Psicotrônica no Rio de Janeiro, onde contou a sua história e mostrou como ele cura.

Depois, vi um filme que ele teve a gentileza de mostrar-me, junto com outros convidados, na Síntese, em Belo Horizonte. Nesse filme há um caso de câncer da boca provocado por excesso de cigarro, completamente cicatrizado. A filmagem antes e depois é bastante convincente. Tumores da mama desaparecendo na hora em que ele irradia energia com as mãos. Um câncer ósseo, desses em que se mostra a chapa antes e depois, assim como sessões de cura.

Da mesma forma que Zé Arigó, ele enfia a faca ou mesmo o dedo na cavidade ocular e retira o olho para extrair tumores. A anestesia é feita com algodão embebido de água preparada por uma outra entidade cujo nome não me lembro.

Amigos me contaram que o viram abrir a pele, extrair um tumor e cicatrizar de novo tudo instantaneamente.

Nem todo mundo é curado. Por exemplo, o meu amigo Torres Pastorinho, autor de um dos mais belos manuais espirituais que eu conheço, "Minutos de Sabedoria", acometido de um câncer no pulmão, embora atendido com todo carinho, não pôde ser salvo e faleceu no presente ano. Segundo informações de amigos, ele não teria tido condições para seguir todas as instruções do "Mendigo", especialmente no que se refere a repouso absoluto. Talvez era também tarde demais.

Mas não é só no espiritismo que se notam curas. Também em outras correntes religiosas. Por exemplo, conheci Dona Guiomar, uma senhora da Igreja Protestante, que atende com o seu marido no "Tabernáculo da Fé", em Belo Horizonte, e também o padre José Inácio Farah, da Igreja Católica. Como é interessante esta minha vida, que me colocou em contato com praticamente as principais religiões do mundo, mostrando que todas elas têm a mesma essência fundamental.

Dona Guiomar, expulsando o demônio

Quando eu tinha assumido a presidência do Retiro das Pedras, pensando fazer desse lugar maravilhoso uma verdadeira comunidade onde todo mundo se entendesse para criar uma harmonia física, emocional, mental e energética, um dos nossos objetivos era reativar a sua capela, que foi o primeiro lugar no Brasil a entronizar, por iniciativa de seu criador, o Sr. José de Araújo Cotta, um lugar de culto com a presença de um padre, um pastor protestante e um rabino. Estava consubstanciado nessa capela um dos ideais da minha existência.

O lugar descortina uma vista ímpar, uma das mais bonitas que eu já tinha visto nas minhas viagens pelo mundo afora. Uma imensidão de montanhas verdes, flores, beija-flores e um pôr-do-sol flamejante.

Um dia, Jak, a quem eu tinha confiado a gerência do Retiro das Pedras, veio me procurar dizendo que uma senhora do culto evangelista estava querendo fazer uma cerimônia nessa mesma capela, com um coral muito bonito. Foi com entusiasmo que concordei. A capela ficou lotada, pelo que me informaram. Eu tinha uma viagem programada na mesma época.

Foi só muito mais tarde que cheguei a conhecer a Irmã Guiomar. Uma senhora elegante, irradiando simpatia à primeira vista, uma personalidade evidentemente carismática. O seu marido, que a apóia de todo coração na sua bela missão, tem nome predestinado: Sr. Ângelo. Ele é realmente o anjo da guarda de Dona Guiomar.

Seriam necessários vários livros para contar a história de Dona Guiomar. Só posso aqui apresentar um resumo do que me lembro dela e dos fatos excepcionais que ocorrem em suas mãos.

O nascimento de Dona Guiomar se deu em péssimas condições. Nasceu com oito meses. A sua mãe estava inteiramente só, num quarto sujo; na hora de Guiomar nascer, a mãe desmaiou. A criança ficou numa prancha suja, imunda mesmo. A mãe cortou o cordão umbilical com os dentes. Só mais tarde a família chegou para socorrê-la. O umbigo foi fechado com um pedaço de anágua, a qual era a única peça vestimentária que o pudor da mãe permitiu tirar. Diz ela que já no nascimento o seu inimigo luciferiano não lhe dava sossego, querendo impedir que ela nascesse, pois sabia que ela não lhe deixaria a vida fácil.

Não sei se é acaso, mas na hora de escrever estas linhas ouvi baterem na janela que dá para o jardim; era o jardineiro do vizinho, que me mostrava uma cobra que ele acabara de matar...

Bem, continuemos a estória de Dona Guiomar. Quando cresceu, a criança foi acometida de reumatismo infeccioso que afetou o seu coração. O médico falou que a sua vida seria curta e que não passaria de doze anos de idade. Que de toda maneira teria que operar. Realmente, ela se submeteu a duas operações. Não poderia ter filhos, mas os teve e não aconteceu nada.

Certo dia, a mãe se zangou com ela. Por medo de apanhar resolveu se refugiar na natureza. Ela sabia que a mãe acalmava-se quando lia a Bíblia, depois do pôr-do-sol. Já era quase noite. A menina estava com frio e com fome. Pediu a Cristo que lhe desse calor. O seu corpo imediatamente ficou inundado de uma onda de calor. Estava ela perto de uma jabuticabeira. Era época de todas as jabuticabas estarem completamente verdes e imaturas. Guiomar pediu que pudesse comer jabuticabas. Imediatamente a jabuticabeira se encheu de frutas maduras. Ela as comeu até saciar. Então foi para casa. A mãe estava lendo a Bíblia e já não podia ficar zangada... Guiomar lhe contou depois o milagre acontecido. A mãe a tratou como mentirosa. Diante da insistência da menina foram para o quintal. A única jabuticabeira madura era aquela mesma. Vale dizer que o respeito da mãe pela menina, se já não havia, nasceu aí... Quando nos recebe na sua casa, depois de uma boa conversa sobre assuntos diversos, durante a qual ela não perde uma oportunidade para encaixar citações da Bíblia, ela põe a mão na cabeça do visitante e pede a Cristo que cure ou diminua tal ou qual sofrimento. Nessa hora ela enumera as verdadeiras doenças e os autênticos problemas da pessoa, que na maioria das vezes nunca viu nem freqüentou.

Um dia, por exemplo, visitou um amigo meu, pela primeira vez. Era o seu vizinho. Quando ela soube que ele tinha sido operado fez questão de ir visitá-lo, para conhecê-lo e deixar uma bênção. Foi o que ela fez; na hora pediu a Cristo que fizesse eliminar aquele algodão que o médico tinha esquecido na hora da operação. No dia seguinte o meu amigo eliminou o algodão pelas fezes. Foi ele mesmo que me contou a sua história.

Uma vez Dona Guiomar andava com sua filha na cidade, perto da Praça Sete, em Belo Horizonte. A sua filha estava com muita sede e disse: "Vamos tomar um refrigerante?". A mãe relutou porque lá havia muitos homens e era ambiente de bebida. Pessoas iguais a ela são muito sensíveis a vibrações negativas desses lugares. Mas acabou aceitando, diante da insistência da filha. Mal tinha chegado lá, um japonês esbarrou nela e começou a admoestá-la em japonês. Movida por uma intuição súbita ela falou: "Jesus está contigo". Repetiu isso várias vezes, sem se dar conta que ela estava falando em japonês. O japonês respondia e ela entendia tudo. De repente, o japonês, tomado de uma grande emoção, se ajoelhou e os cinco japoneses junto dele também se ajoelharam. "Eu não sabia onde me esconder de vergonha. Imagine, no meio de um bar cheio de gente..." O japonês tirou um revólver da cintura e o ofereceu a ela. Ela disse que não tinha o que fazer com esse revólver. O japonês explicou então que ele ia se suicidar com esse revólver na hora seguinte, e que agora tinha mudado de idéia diante do acontecido. Dona Guiomar disse que nunca aprendeu japonês. Que era o Espírito Santo que estava lhe propiciando "falar em línguas", um dos carismas enumerados por Paulo no Novo Testamento.

Quando tem que aconselhar alguém, ela abre a Bíblia, com a absoluta certeza de encontrar ali a resposta certa. Diz ela que sempre encontra. A maneira dela ler a Bíblia emociona muitas pessoas e é freqüente que alguém chore durante essa leitura.

A maior atividade de Dona Guiomar é fazer sair o demônio de pessoas sujeitas às mais variadas manifestações patológicas, que vão de doenças físicas até sintomatologias de ordem psicológica e psiquiátrica. Basta certas pessoas sujeitas a esses sintomas entrar em contato com Dona Guiomar e começam a manifestar, com voz diferente, uma hostilidade feroz incentivando-a e agredindo-a verbalmente. Sem, no entanto, se aproximar para agredi-la fisicamente, porque ela usa uma reza especial que afasta sistematicamente essa energia maléfica.

Quando a força é muito grande, ela coloca a testa da pessoa na sua mão entre o polegar e os outros dedos. Imediatamente a pessoa entra em convulsão, se retorce toda, assumindo posturas tais que normalmente não poderia executar, às vezes rasgando a própria roupa.

Quando voltam a si, não se lembram de nada. Os sintomas desaparecem como que por encanto.

O que será esse demônio do qual tanto falam e cujas manifestações estão aí para quem quer fazer o esforço de observar?

Parece-me ser o mesmo fenômeno arquetípico de todos os outros seres em uma dimensão. São forças em potencial que se manifestam sob a forma simbólica, conforme o código de cada cultura, civilização ou mesmo pessoa.

No caso do demônio e das suas legiões, é o conjunto de forças instintivas que impedem ao homem evoluir enquanto elas não estiverem sob o seu controle consciente. Quando muito reprimidas ou muito soltas, elas podem se tornar destrutivas na própria pessoa, ou destruir outras pessoas da mesma faixa vibratória. Quando isso acontece fala-se em possessão ou obsessão, conforme os meios religiosos, acrescentando o termo de demoníaco nas religiões judeu-cristãs. Normalmente essas forças desaparecem através da catarse em Psicoterapia, seguida de conscientização.

Há casos em que a força e a repressão são tão poderosas que as simples catarses psicanalítica ou psicoterápica não são suficientes. Há necessidade de intervenção de pessoas com polaridade positiva equivalente, ou mesmo superior, para "exorcizar" essa força negativa, pessoas como Dona Guiomar ou o padre Inácio.

De qualquer forma, essa força tem um aspecto positivo: ela leva, através do sofrimento que causa, à conscientização da necessidade de ficar plenamente consciente através da evolução. Quando convenientemente tratadas, elas podem se transformar em poderosos aliados da revolução silenciosa, pois que seja positiva ou negativa, a energia é somente uma.

Todos esses eventos me levaram muito lentamente a uma conclusão definitiva. Outras dimensões existem mesmo. Nada mais vai me demover desse ponto de vista, baseado na experiência minha e de outros no mundo inteiro e em todas as épocas. A minha mudança de ponto de vista se tornou definitiva. Da dúvida cheguei à certeza.

IX

SAÍDAS DO CORPO FÍSICO

> ...a experiência de uma saída do corpo é usualmente uma das mais profundas experiências na vida de alguém e altera profundamente suas crenças... Parece inacreditável que a ciência possa haver varrido tão facilmente esse problema para baixo do tapete.
>
> CHARLES TART
> Departamento de Psicologia.
> Universidade da Califórnia.

Essa mudança se firmou mais ainda, diante de experiências tão importantes para mim, que as agrupei num capítulo especial.

Entre todos os fenômenos parapsicológicos, me parece que o da saída do corpo seja o mais importante no que se refere a uma esperança de sobrevida depois da morte, pois ela é uma experiência de uma realidade indiscutível para quem a viveu.

A literatura sobre o assunto é imensa; atualmente são médicos que o estudam mais de perto, já que a experiência se dá também em pessoas que tiveram uma morte clínica e foram reanimadas. Mas ela é própria a certas experiências de Ioga e se dá também em certos níveis mais profundos do estado de consciência de sonho.

Uma das observações que mais me impressionaram quanto à eventual prova da existência de alma separável do corpo foi a que fiz num grupo de Ioga.

Certas pessoas, sem nenhuma leitura ou contato prévio, sem se conhecerem ou ter ouvido falar no fenômeno, se dirigiam ao professor dizendo sempre mais ou menos o seguinte: "Professor, esta semana aconteceu uma coisa esquisita. Eu me senti sair de mim mesma. É como se braços, pernas, tronco e cabeça tivessem ido passear. Gostei muito, mas tive medo de não poder mais voltar...!".

A essa expressão de medo o mestre sempre respondia que isso era normal, que não precisava ter medo pois se trata do "corpo prânico" (ou alma?) que tem a virtude de se desprender do corpo, mas que sempre volta, pelo menos enquanto estivermos em vida.

Mais tarde, em 1966, tive duas provas pessoais desse fenômeno. Já praticava o relaxamento, todas as manhãs. Certo dia, quando estava, provavelmente, mais profundamente relaxado, eu "vi" uma duplicata da minha perna esquerda voltar para a perna física. Foi uma surpresa muito grande que custei para assimilar. Era uma experiência nova demais para mim. A cor era cinzenta e a textura, como se fosse uma borracha.

Bilocação

Nunca pensei, nem acreditei, que pudéssemos nos transportar à distância, até o dia em que o Mestre de Raja Ioga me ensinou uma técnica com essa finalidade.

Consiste simplesmente em se imaginar, com força, junto da pessoa que se quer "visitar".

Embora cético, resolvi pôr em execução a dita técnica. Certa noite imaginei-me junto à cama de minha namorada, com a qual nunca tinha falado sobre essa possibilidade.

No dia seguinte encontrei-me com ela, que me disse: "Pierre, você me visitou ontem à noite?".

Devo dizer que senti um calafrio; logo em seguida dei uma gargalhada, pois era inesperado demais. "Pois eu lhe senti, sentado na minha cama, mais ou menos às dez horas da noite." Era realmente a hora em que me "mudei" para lá!

Sei que não me lembro de ter visto nada durante essa "viagem". Muito pelo contrário, adormeci e até esqueci completamente que eu tinha realizado essa experiência. Aliás, devo reconhecer que eu mesmo não sabia que iria fazer isso, ainda mais que não acreditava muito em tal possibilidade.

Se se fizer um cálculo de probabilidade para que esses dois eventos se dessem na mesma hora, isto é, para que coincidam a hora da minha experiência e a hora em que eu fui visto à distância, esse cálculo, decerto, mostraria que a influência do acaso é praticamente nula.

Certa vez aconteceu o contrário. Eu vi sem ser visto. Foi durante uma meditação em grupo, na comunidade de Findhorn; de repente, de olhos fechados, durante a meditação, eu vi nitidamente o rosto de um dos nossos companheiros, um sueco de rosto redondo e avermelhado. Eu me senti exatamente na frente dele.

Outra vez me aconteceu de ser visto por um dos membros de um dos meus grupos de supervisão de psicoterapia. Depois de uma sessão noturna, antes de deitar, ele me falou que em matéria de Parapsicologia e Psicologia Transpessoal ele estava muito atraído por esses assuntos, mas nunca teve nenhuma prova pessoal desses fatos.

À noite, antes de deitar, durante a minha meditação, veio-me o desejo de ele ter uma dessas experiências.

No dia seguinte, quando nós nos encontramos, ele me afirmou que eu apareci para ele na frente da sua cama.

Foi também num grupo de psicoterapia que eu vi aparecer o rosto de uma das participantes do grupo; tive a sensação de uma doce proteção.

No outro dia, essa mesma pessoa expressou a pena que sentia de saber que eu estava só. Ela, então, imaginou que estava me cobrindo com um cobertor, com muito carinho...

Mais tarde, quando estudei mais a fundo Vedanta e Kashmir Shivaism, sob a direção de um dos grandes Swamis da Índia, Baba Muktananda, aprendi que temos realmente um corpo paralelo, feito de energias mais sutis como o pensamento, as emoções e os desejos, e que esse "corpo" sai todas as noites, quando dormimos. Só que não temos normalmente lembrança disso.

A saída do corpo de Cristo

No Cosmodrama que dei num sábado e domingo de setembro de 1980 alguém do grupo me perguntou sobre o significado da crucificação de Cristo.

Expliquei que, a meu ver, ele organizou toda a via crucis como um símbolo de iniciação e de morte do ego e renascimento no *self,* e que deixou também o símbolo da cruz que tinha várias interpretações esotéricas, sacrificando o seu próprio corpo.

Além do mais, afirmei que ele não deve ter sofrido tanto, pois eu supunha que, como grande mestre que era, ele sabia como sair do corpo em vida.

Ontem, dia 12 de setembro de 1980, recebi por acaso uma confirmação desse ponto de vista ao ler o livro de Rafael Lefort, "Les Maîtres de Gurdjieff". Nesse livro, o autor conta que em Jerusalém achou um livro apócrifo, os atos de João, que a partir do versículo 94 descreve uma aparição de Cristo para João, na hora exata da crucificação. Eis uma parte do texto:

"E eu, quando o vi sofrer, não pude suportar os seus sofrimentos, e fugi sobre o Monte das Oliveiras, chorando sobre o que tinha acontecido. E quando ele foi crucificado, na sexta-feira, na sexta hora do dia, a noite se fez sobre a terra inteira. E meu Senhor, em pé, no meio da gruta e a iluminando, falou: 'João, para a multidão que está embaixo, em Jerusalém, eu estou sendo crucificado, perfurado por lanças e caniços, e estão me fazendo beber bílis e vinagre. Mas a ti eu falo, e o que eu digo, entenda-o. Eu coloquei no teu pensamento de vir sobre esta montanha, para que tu possas ouvir as coisas que cabe a um discípulo aprender do seu mestre e a um homem do seu Deus'.

Tendo assim falado, ele me fez ver uma cruz de luz fixada na terra". Vem, então, uma longa explicação sobre o significado simbólico da cruz.

Mais uma sincronicidade na minha vida. Como eu encontrei uma confirmação do que falei apenas por dedução do que eu sabia sobre a já conhecida experiência de saída do corpo? Interessante é notar *en passant* que Jesus usou da influência à distância pela mente, o que hoje é ensinado em muitos cursos de Parapsicologia, como por exemplo o "Silva Mind Control". Há decerto, muita coisa a rever quanto à rejeição de muitos textos chamados apócrifos, pois grande parte do que eles contam é hoje perfeitamente inteligível para quem conhece Parapsicologia e Psicologia Transpessoal.

A morte de minha cadela

Em 5 de novembro de 1978 tive um pesadelo, que mais me parecia uma visão real. Vi uma forma cinzenta entrar do lado direito da parede em direção à minha cama. Gritei: "Não entre por aqui, entre pela porta...".

De manhã, ao tomar o café, havia um bilhetinho de Paulo, o jardineiro: "Morreu a sua cachorra; já a enterrei...".

Parece-me que o que vi foi a forma da energia que se desprendeu dela... Ou então, simples coincidência...? Não acredito mais em coincidências, pelo menos desta espécie.

Era uma cadela da qual eu muito gostava, e que estava muito ligada a mim. Todos os dias, durante o tempo em que batia à máquina, no meu escritório, ela deitava ao meu lado e não se mexia mais.

A saída do corpo da professora de Laya Ioga

A Laya Ioga, como foi adaptada para o Brasil pelo professor Caio Miranda, é ensinada por alguns de seus discípulos. Resolvi me submeter a esse processo, que consiste num relaxamento profundo telecomandado, com uso de sons e música.

Em determinado momento de uma das sessões vi nitidamente, de olhos fechados, um corpo paralelo, de cor acinzentada, se destacar do corpo físico da professora Maria José Marinho, especialista dessa técnica em Belo Horizonte.

Percebi também que esse "corpo" paralelo se deslocava em direção a uma das alunas do curso. Na hora, eu sabia que ela ia ajudar em alguma coisa, em algum problema, mas não me lembro mais do que se tratava.

A professora me confirmou pessoalmente que fora isso mesmo que ela tinha feito. Comparando, hoje, a qualidade e detalhes da percepção da minha própria perna, do corpo sutil da minha cadela e do corpo deste último relato posso afirmar que tanto a cor como a textura são as mesmas. Trata-se de um só e mesmo fenômeno.

Uma experiência de morte

Pouco tempo depois, no mês de setembro de 1980, fui submetido a duas operações cirúrgicas que há muito tempo adiava. Estava com medo de ter câncer mais uma vez. Embora já tivessem se passado 15 anos da primeira operação, ainda estava receoso, embora todos os médicos negassem a possibilidade de uma recaída, devido ao tempo passado.

Antes de procurar o médico, resolvi fazer uma viagem a Israel, assim como à Esfinge e às pirâmides, no Egito. Estávamos a um mês da guerra Irã-Iraque. Queria conhecer esses lugares antes que fosse tarde...

Quando voltei, começou a sangrar a parte afetada. Resolvi correr ao médico. Três dias de exames angustiantes. Estava eu com um divertículo na bexiga e com retenção de urina devido ao aumento normal da próstata com a idade. Resolvemos operar. As biópsias foram todas negativas, para alívio meu.

A primeira operação se passou bem e foi rápida. Quanto à segunda, demorou mais de quatro horas e meia.

Minha filha Vivianne, que é formada em Medicina, me acompanhou no hospital e estava me esperando no quarto.

A um determinado momento da operação, ou depois, não sei, eu vi de repente uma sombra na minha frente, muito parecida com as energias sutis que eu descrevi mais acima. A mesma massa cinzenta. Reconheci que era possivelmente o meu próprio corpo sutil que eu mesmo estava vendo. Eu "sabia" nesse momento que eu estava morto. Eu tinha uma espécie de certeza "ontológica" ou "noética".

A minha filha, quando me viu entrar no quarto, ficou apavorada, pois eu estava de olhos vidrados feito um morto. Ela correu para a sala de operações, e encontrou lá os meus médicos examinando o meu divertículo. Diante da calma dos médicos ela aquietou-se. Quando voltei ao estado de consciência de vigília, a primeira coisa que falei foi: "Vivianne, eu morri e voltei, tenho certeza". E contei o que tinha experimentado.

Mais tarde perguntei ao médico, o Dr. Bamberg, se ele tinha observado algo de anormal. Ele disse que não, e que o monitor não havia acusado nada de especial. Pode ser que algo tenha se passado durante o transporte da sala de operações para o meu quarto. Talvez tenha eu tido uma parada cardíaca. Talvez estivesse eu simplesmente fora do corpo. Talvez tenha sido imaginação, mas a minha experiência me diz que não foi.

O que houve de especial nesta experiência é que eu vi o meu próprio corpo sutil, o que deixa supor que o meu *self* estava fora dele, vendo-o. Isso acontece, pois tenho colhido alguns depoimentos nesse sentido, embora bastante raros. Essa minha experiência não teve as características clássicas descritas por Moody ou Elizabeth Kübler Rosso, ou por mim mesmo no meu livro "Fronteiras da Evolução e da Morte". Nessas experiências, o *self*, a partir do corpo sutil onde se encontra, vê o corpo físico de longe, descreve os médicos e enfermeiros ou os parentes, passa através desses corpos físicos ou das paredes, ouve conversas em outros cômodos, encontra seres em outras dimensões, etc.

Nada disso me aconteceu, ou pelo menos de nada disso me lembro.

Sonhos de voar

Desde pequeno tenho periodicamente o mesmo sonho que se repete: estou numa área verde, gramada. Aí eu começo a dar uns empurrões com os pés e começo a decolar, empurrando o ar com as mãos. Dou alguns vôos rasantes e a muito custo volto ao chão. Experimento, então, um sentimento de muita euforia. Estou tão maravilhado com essa proeza minha que procuro mostrar às outras pessoas que nós somos capazes de voar. E somos mesmo. Apenas não com o nosso corpo físico. Diga-se de passagem que eu ouvi casos em que o corpo físico se decompôs atomicamente para recompor em outro lugar. A técnica está descrita nas Iogas Sutras de Patanjali, que são uma espécie de codificação clássica das técnicas de Ioga.

A minha impressão é que no meu caso não se trata de sonho. A experiência assume um caráter de muita realidade. O próprio Freud reconhece, num dos seus trabalhos sobre sonhos telepáticos, que há certos eventos durante o sono que não são sonhos.

O que posso afirmar é que todas essas experiências pessoais me deram força bastante para prosseguir as pesquisas na Universidade e dar crédito aos testemunhos colhidos.

O meu amigo, o aviador

No meu círculo de relações eu pude conhecer pessoas bastante poderosas do ponto de vista "parapsicológico". Uma delas era um aviador.

Ele me contou a história mais estranha de sua vida. Certo dia, ele foi avisado que o avião de um amigo seu tinha desaparecido; ele fez parte da equipe de buscas. Ficaram procurando quinze dias sem conseguir nada, absolutamente nada.

Foi então que ele resolveu recorrer a outros meios.

Consultou uma pessoa ligada à Umbanda, como há muitas no Brasil. Essa pessoa se concentrou e lhe afirmou que certo senhor, em determinada cidade do Brasil, poderia lhe dar a solução. Ele se dirigiu para essa pessoa, que acedeu em ir de avião até a beira-mar.

Essa pessoa se concentrou e de repente citou um nome russo que já era conhecido do meu amigo. Era o nome do "guia" dele; vale dizer que isso deu um calafrio no meu amigo, que nunca tinha revelado isso a ninguém. O "médium" entrou então em contato com o "guia", por espírito interposto, o qual lhe revelou que o avião tinha mergulhado e que se encontrava no fundo do mar, sendo impossível reaver o piloto, pois o lugar era demasiado profundo. Indicou as coordenadas exatas.

O meu amigo tomou o avião e sobrevoou a região, sem ver nada; dirigiu-se então para a praia e viu alguns objetos esparsos. Conseguiu aterrissar. Havia lá alguns pedaços do avião e o malote com o diário de bordo.

Nunca mais encontraram nem o aviador nem o avião.

Certo dia ele me procurou em casa, bastante emocionado. Ele tinha sonhado à noite que estava numa cidade da Índia. Ele me descreveu a cidade em detalhes, inclusive dizendo que havia uma montanha com mina de malaqueta. Perguntou se essa cidade existe; eu falei para ele que iria ver no meu Larousse. Efetivamente encontramos o nome da cidade, nome, aliás, muito parecido com um dos sobrenomes dele.

Ele então resolveu ir para a Índia. Quando chegou na cidade, reconheceu todos os lugares, como se tivesse vivido ali em outras épocas. Contratou um guia turístico, pois certas partes estavam diferentes do sonho. Por exemplo, ao passar por uma represa, ele protestou e falou para o guia que essa represa não devia existir há muito tempo. Efetivamente a represa tinha sido inaugurada apenas há alguns anos. Ele, então, ao passar por uma rua, falou que queria visitar o templo hinduísta que se encontrava mais adiante, à direita. O guia afirmou que não havia nenhum templo naquela direção. Depois de muita insistência o guia se lembrou que efetivamente havia um templo muito antigo daquele lado. Quando ele chegou nesse templo e entrou, foi acometido de uma emoção súbita, começou a chorar e ficou em prantos por muito tempo. Ele tinha reconhecido o lugar onde viveu em outra vida.

Quando perguntou o que havia na montanha que domina a cidade, o guia respondeu: "Minas de malaqueta".

Poucos anos depois ele mesmo morreu de desastre de avião, num vôo de treinamento em cima da região da Pampulha, em Belo Horizonte.

Esta história levanta todo o problema do após morte e da existência eventual de um retorno.

Onde vai o corpo sutil depois da morte?

Todas essas experiências pessoais de saída do corpo, aliadas às minhas leituras e pesquisas na Universidade, me levaram a constatar que algo nosso sobrevive depois da morte. Resumi os aspectos teóricos dessa questão no meu livro sobre "As fronteiras da evolução e da morte".

O problema para mim, que já me encontro mais perto da morte do que antes, é saber o que ocorre depois do desenlace.

O que o Lama tibetano me contou sobre reencarnação e as minhas leituras me deixaram bastante intrigado com o assunto.

Tive pessoalmente algumas experiências nesse terreno. Já no grupo de Ioga do professor Kritikos havia um amigo meu que dizia ter-me visto no passado como romano, com um código jurídico debaixo do braço sob forma de rolo. Esse meu amigo era o aviador do qual falei há pouco.

Uma senhora vidente me falou, para explicar uma rinite alérgica a feno que tenho há cinqüenta anos, que eu teria sido amante da minha mãe em outra vida, e que nós nos encontrávamos no feno. Como a abandonei como amante, esta seria a sua vingança. Devo dizer que essa explicação não me satisfez muito.

No curso do *Mind Control* eu fiz uma regressão de idade. Quando cheguei na vida pré-uterina, vi nitidamente o momento da minha concepção e o lugar. Era numa estação de veraneio da Alsácia chamada Wangenburg. Vi uma cama bem antiga, daquelas com bolas de cobre nos quatro cantos e grades metálicas. Um paletó preto pendurado numa cadeira com um cravo na lapela. Eu me vi pairando em cima da cama durante as relações sexuais dos meus pais. Regredindo mais eu me vi no escuro completo. De repente, um jardim florido. Só que as flores eram luminosas. A cena mudou depois. Eu me vi como cavaleiro medieval, num campo de batalha. Eu assistia à batalha mas não participava dela. Tal como na batalha do Mont Mouchet... Li num livro que é possível ver as vidas passadas olhando-se fixamente num espelho durante muito tempo. Fiz essa experiência inúmeras vezes. Efetivamente vi muitos rostos desfilarem na minha frente: mulher velha, homem horrível de cicatriz no rosto, jovem pajem medieval, jovem frei de mosteiro.

Participei de um seminário de Gestalt, "Terapia sobre a morte", em São Paulo. Numa experiência pessoal, vi, de repente, num castelo medieval, uma sala de pedra, com uma lareira e janelas pequenas, daquelas de atirar flechas. Eu estava estendido, morto. Eu via a minha cabeça completamente queimada. Eu estava fora do meu corpo. Não posso afirmar categoricamente que essas experiências foram verdadeiramente de reencarnação; ainda não aprendi suficientemente a distinguir nestes casos o que é imaginação do que é realidade. Estou ainda na expectativa de maiores experiências pessoais a respeito.

X

O PADRE DO DESERTO.

> O nome coletivo para os frutos maduros da religião num caráter é a Santidade. O caráter santo é o caráter para o qual emoções espirituais constituem o centro habitual da energia pessoal; e existe um retrato compósito determinado da santidade universal, o mesmo em todas as religiões, do qual se podem facilmente traçar as feições.
>
> WILLIAM JAMES

Imperceptivelmente passei a me desinteressar pela Parapsicologia, isto é, pelo estudo dos poderes psíquicos em moldes científicos. Quando digo desinteressar, me refiro a mim pessoalmente consagrar o resto da minha existência nessa investigação. Continuo lendo artigos sobre o assunto; se há algum caso extraordinário, aceito o convite para assistir e observar. No entanto, o meu entusiasmo passou. Quero, sim, é continuar na minha evolução interior, colocando para isso todos os meios ao meu alcance, dentro da Psicologia Transpessoal.

Entre estes meios figura tomar contato com pessoas que chegaram a um grau de evolução mais adiantado do que o meu, a fim de receber orientação deles. Entre eles figura o padre José Inácio Farah. Vou agora contar a sua história. O leitor, aliás, já tomou contato com ele quando do exorcismo no caso do polstergeist.

O Padre do Deserto

O telefone toca. Estamos num dia da semana de 1973; era meu amigo, o maestro Carlos Alberto Pinto Fonseca, que muito tinha colaborado na parte musical da interpretação da simbólica da Esfinge: "Pierre, você já conhece o padre Inácio?". "Não. Nunca ouvi falar..." "Então você precisa conhecê-lo; ele vê a aura e cura até câncer."

153

O meu amigo me deu o número do telefone e o endereço. Quando telefonei, nunca podia pensar que se estabeleceria a amizade mais profunda e mais significativa da minha existência com um verdadeiro homem santo e cristão.

Uma voz suave, tranqüila e respirando bondade me atendeu, dizendo-me que há muito desejava me conhecer e que tinha lido uma palestra que eu havia feito no Rotary Clube sobre "Paz interior e coletiva", e que tinha gostado muito.

O encontro

Marcamos encontro. Uma casa simples de um pavimento, no bairro da Floresta, Rua Aquiles Lobo. A porta se abre: o padre, de batina branca, me atende com um largo sorriso; olhos mais bondosos ainda do que a voz que atendeu; a pele branquinha, gordo, com uma barba que lhe dá mais um ar de rabino do que de um padre; ainda mais com um tipo racial semítico inconfundível. Soube aos poucos que era libanês, de origem, e que foi ordenado padre no monastério de Harissa, em 14 de agosto de 1935.

Um sentimento de amizade, muito mais de fraternidade, se instalou imediatamente e perdurou até a sua morte.

Ele me mandou sentar no seu escritório; me falou que dava aconselhamento espiritual para muita gente, e que eu poderia ajudá-lo nos aspectos psicológicos desses problemas.

Na biblioteca, livros de Teologia e Filosofia, enciclopédias, e alguns livros esotéricos

Ao lado do sofá percebi uma nuvem luminosa; ele me confirmou que via a mesma coisa; era algo real mas de outra dimensão.

Conversamos muito; uma dessas conversas que nunca terminam, pois duram a vida toda da amizade. Com o tempo aprendi a conhecer a sua história; vou contar aqui alguns dos aspectos mais marcantes.

A vocação precoce

Já com cinco anos de idade, José Inácio Farah queria ser santo; ele pedia isso a Deus nas suas rezas infantis. Era um ideal tão arraigado, que o seu caminho natural foi o seminário; a sua mãe era muito piedosa e tinha uma fé cristã muito profunda, o que decerto o influenciou bastante.

O jovem José Inácio costumava se penitenciar, se mortificar, e usava para isso os processos mais dolorosos. Já como adulto, ele me confessou que esses processos não levam a nada e que não são necessários para a plena realização do homem.

Nessa mortificação ele comia os restos do lixo dos ricos, lembrando nisso a vida de Muktananda. Ele também rezava ajoelhado em pedrinhas pontiagudas.

A cura no Santo Sepulcro

Foi com dezoito anos que aconteceu o primeiro fenômeno paranormal.

Certo dia, as pedrinhas pontiagudas nas quais costumava se ajoelhar para se mortificar infeccionaram os dois joelhos; provavelmente por não dar importância ao fato e por falta de cuidados anti-sépticos, a infecção se estendeu, ganhou as pernas todas. Quando foi ao médico, era tarde demais; a única solução apontada foi a de amputar os dois membros inferiores.

Desesperado, resolveu fazer uma peregrinação ao Santo Sepulcro, acompanhado de uma tia. A sua reza foi curta e simples: "Cristo, o Senhor sabe que eu quero ser Santo e ajudar o próximo; como é que posso ajudar o próximo, se não posso mais andar, pois pretendem me cortar as duas pernas?".

Ungiu as pernas com óleo sagrado; num instante a supuração desapareceu e a cura se operou, total e irreversível.

A partir desse dia, o jovem Inácio começou a notar que tinha o poder de curar os outros; e o fez até a sua morte. Sob esse aspecto que as pessoas mais o procuravam.

O poder de curar

Com o tempo, o padre Inácio se tornou um perito no que hoje podemos chamar de Parapsicologia Clínica. Como todos os autênticos agentes de cura paranormal, ele afirmava: "Não sou eu quem cura; eu sou apenas um instrumento". São inúmeros os casos de tumores que desapareceram sob a ação de suas mãos e da sua reza.

No seu altar, debaixo da toalha, ele colocava as fotografias das pessoas que lhe pediam ajuda. Quando ele tinha certeza da possibilidade de cura ele dizia com a sua voz bondosa: "Pode ficar tranqüila, filha... Você vai sarar". Quando ele dizia isso, a cura se operava rapidamente.

Só este poder do padre Inácio daria para escrever um livro; possivelmente alguém se dará ao trabalho de recolher testemunhas dentro das normas da pesquisa científica. Só em Belo Horizonte devem ser várias centenas as pessoas que podem prestar depoimento a esse respeito

Ele também tinha certas receitas aprendidas no deserto, de onde trouxe, por exemplo, um preparado para curar a asma.

No deserto também ele descobriu a propriedade da coalhada, ou melhor, do soro dela extraído, de dissolver, se tomada em grande quantidade, as pedras dos rins. Ele me contou como salvou um padre de uma operação renal, numa noite em que lhe aconselhou a tomar dois litros de soro de uma vez; na madrugada o padre eliminou todas as pedras do rim.

O Padre do Deserto

Os beduínos o adoravam como a um pai; ele exercia sobre eles os poderes do conselheiro e também de juiz. Regularmente ele reunia o conselho dos anciões e com eles julgava processos de litígios corriqueiros em toda sociedade humana.

Certo dia foi levado a fazer um julgamento de Salomão. Dois irmãos disputavam a propriedade de um potro; o outro tinha morrido e cada um era de uma jumenta diferente. Cada um afirmava que o potro era filho da sua própria jumenta. O padre não sabia como fazer, quando um dos anciões lhe pediu plenos poderes para resolver o caso. No dia seguinte reuniu os dois irmãos, as duas jumentas e o potro. Levou o potro longe de todo mundo e começou a lhe dar fortes alfinetadas; o potro começou a gemer; imediatamente a verdadeira mãe começou a correr para socorrer o seu filho... Estava resolvido o problema, e o potro foi entregue ao dono da verdadeira mãe.

Eis uma história mostrando o quanto ele era querido pelos beduínos. Certo dia um emissário do Bispo veio avisá-lo que ele tinha sido transferido, se me lembro bem, para Beirute. Na hora de partir, ou no caminho, não sei mais, um grupo de nativos resolveram seqüestrá-lo; levaram-no para um lugar desconhecido para impedi-lo de ir. Só mais tarde ele foi para o seu destino, escondido num carro.

Quando havia tensões de natureza política entre o governo francês do Líbano e autoridades locais árabes, muitas vezes o padre Inácio era chamado para intervir. Sempre conseguia êxito na sua missão, não somente pelo seu profundo conhecimento das diferentes subculturas locais, mas também pela sua diplomacia e seu espírito de verdadeiro amor cristão.

E certo dia o colocou em relação íntima com um dos maiores estadistas franceses.

Um encontro inesperado na batalha de El-Alamein

Como o padre Inácio chegou a participar da guerra de El-Alamein como Capelão, não sei. O fato é que morava dentro de uma barraca. Certo dia, um general entrou: "O senhor poderia me dar hospitalidade?". Era nem mais nem menos do que o general De Gaulle. Como era de se esperar, travaram amizade e o padre Inácio se tornou confidente e confessor do general De Gaulle.

O que mais impressionou o padre Inácio é que De Gaulle, todas as manhãs, chorava, antes de se dirigir para uma batalha. "Eu tenho que mandar matar os meus irmãos..."

Eis uma faceta do general De Gaulle que poucos franceses conhecem...

O Coração Vivo

Um dos aspectos marcantes do padre Inácio era o seu coração, a sua bondade infinita. Ele atendia todas as pessoas de maneira equânime, sejam elas pobres ou ricas, religiosas ou não. "O que há com você, meu filho?" Assim é que começava a conversa. Ele tomava a mão entre as suas duas mãos, comunicando o seu próprio calor e vibração ao outro.

Em matéria de presentes, ele era um elo entre os que para ele davam, e os que recebiam. Muitas vezes me pedia móveis usados, roupas, selos que recebia do estrangeiro; esses objetos ficavam algum tempo na sua casa, e depois chegavam ao seu destino: um orfanato, um asilo de velhos, uma pessoa necessitada. Um dia ele me declarou: "Você se lembra daquele dinheiro que você me deu? Pois imagine que ontem tomei um táxi; o chofer me contou que estava com uma dívida enorme e que temia perder o seu carro; 'emprestei' o seu dinheiro para ele".

Mesmo assim ele se julgava muito imperfeito. Quando me emprestou o livro sobre "Thérèse de Calcuta" ele me disse textualmente: "Esta mulher é uma verdadeira santa; sinto-me tão pequenininho e imperfeito ao lado dela...!".

Mas a sua maior caridade não era de ordem material, mas sim moral: o consolo, o encorajamento, o apoio, a compreensão, a compaixão, o saber ouvir sem julgar fizeram com que ele fosse cada vez mais procurado. No bairro ele era amigo do jornaleiro, do engraxate, do dono do armazém, da servente de café do Jumbo, supermercado que ele adorava freqüentar.

O Conselheiro de Almas

Nunca senti no padre Inácio nenhuma veleidade de querer me converter ao cristianismo; ele sabia que isso me afastaria dele; no entanto, ao longo dos anos, ele conseguiu me reconciliar com Cristo.

Como isso se deu? Foi extremamente sutil. Ele se aproveitou do meu interesse bastante desenvolvido pela experiência mística. Deu-me o velho livro de Tanquerey para ler, sobre Teologia ascética e mística; esse livro me convenceu dos laços que uniam a Ioga com a Igreja Católica.

Várias vezes ele me afirmava que a minha maneira de proceder para demonstrar ao mundo científico a realidade da experiência mística era uma maneira "Pauliniana". Um dia resolvi ler a vida de Saulo de Tarso. Aprendi muito sobre as origens do cristianismo; e devo reconhecer que sou realmente muito pauliniano.

Mas foi sobretudo a sua maneira de viver profundamente Cristo nele mesmo que me reconciliou com o cristianismo, fazendo-me esquecer, quase, o que a Inquisição fez em matéria de torturas e horrores.

Admirei-o ainda mais pela sua coragem em defender o que ele achava ser a verdade perante os seus superiores eclesiásticos.

O seu conflito com a Igreja Católica... e sua fidelidade

Em todas as religiões, os seus místicos ficaram em conflito com o aspecto reificado, esclerosado das suas instituições; é que o místico, graças às suas experiências interiores que lhe colocam em contato direto com uma realidade muito mais ampla e verídica do que a que nós estamos vivenciando através dos nossos cinco sentidos, adquire uma noção do que é a origem da religião: o religar o que está desligado.

De temperamento independente e muitas vezes impaciente, ele dificilmente tolerava certos absurdos que cometiam outros sacerdotes ou mesmo alguns dos seus superiores hierárquicos.

Já dentro do seminário, certo dia, ao ler o Antigo Testamento, ele ficou tão indignado com os seus aspectos sangüinários e vingativos, que jogou a Bíblia no chão, gritando: "Este não é o verdadeiro Deus; Deus não é vingança, mas é amor...".

E onde não encontrava esse espírito de amor, o padre Inácio se rebelava. No seu prefácio ao livro do Monsenhor Kallas, "A Igreja dos meus sonhos", ele expressa textualmente o seu verdadeiro sentimento e ressentimento: "...é um gesto de protesto contra um dispositivo hierárquico mais 'jurissista' que pastoral, infiltrado por injustiças e covardias".

Ao descrever o conflito do padre Kallas, ele descreve o seu próprio: "...o clamor de uma alma que sempre contemplara o sacerdócio como através de um caleidoscópio cheio de cores encantadoras e puríssimas linhas geométricas, considerando-a como instituição exclusivamente divina e esquecendo que essa instituição foi confiada a homens imperfeitos, que podem, por suas falhas, obnubilar a sua face sobrenatural... Temos, então, a impressão de que tudo malogrou: a injustiça imperando, a ganância prevalecendo e o orgulho predominando...".

Mas a fé do padre Inácio e o seu amor pela sua Igreja o faz imediatamente compensar a sua afirmação quando ele disse: "...É pura ilusão, efeito do medo e da pouca fé nossa... ergamos a cabeça e tenhamos confiança. A Igreja, protegida por seu divino Fundador e assistida pelo Espírito Santo, sempre venceu e vencerá superando as suas dificuldades, delas surgindo mais forte, mais bela e mais viçosa".

A vida mística do padre Inácio

Como já disse, o padre Inácio tinha acesso direito a outras dimensões da mente e do espírito. Tinha ele as principais características que se costumam encontrar nos grandes místicos da humanidade: os seus hábitos de vida, as suas relações com os outros, as visões e experiências interiores e os carismas ou poderes parapsicológicos.

Ele costumava levantar às três horas da madrugada, a hora que os iogues conhecem como a hora de Brahman; a hora em que todos os grandes místicos costumam acordar, para meditar. É a hora mais silenciosa, em que todos os seres estão dormindo.

O seu modo de meditar era simples. Ele tomava algum texto das escrituras, e começava a refletir sobre ele, até entrar em estado de contemplação; é o que ele me explicou quando um dia trocamos idéias sobre técnicas de meditação; ele recomendava não passar de meia hora, pois achava isso perigoso para principiantes.

Poucos dados me forneceu sobre a sua experiência interior quando meditava; pequenos detalhes, pequenas frases que ele soltava de vez em quando, e das quais não me lembro agora, deixavam entrever que ele entrava em estado de graça.

Esse estado, ele o comunicava diretamente durante a missa; a missa do padre Inácio era algo de muito especial; eu assisti algumas e posso afirmar que algo diferente acontecia e era sentido pela maioria das pessoas durante a consagração da hóstia; a sua expressão se modificava como se ele entrasse em êxtase; muitas pessoas começavam a chorar, e inclusive um amigo meu, judeu, me afirmou que não resistia.

Uma onda de amor inundava todos os corações, e todo mundo se abraçava profundamente; ao mesmo tempo reinava alegria que também ele comunicava a todos.

Às vezes a emoção do êxtase era tão forte que ele desmaiava; assisti a um desses desmaios, numa clínica que ele acabava de inaugurar. Na hora da consagração ele sentou-se e perdeu os sentidos; foi carregado para a sala de emergência; ligaram todos os aparelhos de medida: a pressão estava a zero. Em três minutos ele estava de novo em pé, brincando com os convidados. Os médicos diagnosticaram infarto do miocárdio; mas afirmavam que não compreendiam o que se passava: ele teve nada mais nada menos do que onze deles; um grande iogue que consultei na Índia afirmou-me que esse fenômeno era freqüente nos Bakti Iogues, isto é, nos místicos de linha devocional.

Somente uma vez ele se abriu para mim para uma experiência interior que ele me autorizou a publicar, o que fiz no meu livro "A Consciência Cósmica".

Reproduzo aqui o seu relato:

"Dia 9 de novembro de 1961, entre dez e onze horas da manhã, momento em que se prepara meu enterro. Três médicos cardiologistas do Prontocor que trabalhavam na Avenida Barbacena estavam em torno de mim e cuidavam de meus últimos momentos. Minha enfermeira particular, Srta. Zeni Mendonça, ajoelhada ao meu lado, recitava a Litania da Santa Virgem. Um dos médicos chorava.

Quando se recitava a invocação 'Salus infirmorum', senti-me carregado e um outro mundo todo feito de luz e de uma alegria indizível se abriu diante de mim. Sentia-me feliz, tão feliz que não via mais nada do que se passava em torno de mim. Não sentia mais dores no meu coração (tivera um infarto); chorava de alegria; sentia-me realizado.

De repente, um velho capuchinho se aproxima de mim, barba longa, vem em minha direção e se curva; senti sua barba roçar meu rosto; um perfume desconhecido na terra exalava de toda a sua pessoa; olhou-me, abraçou-me e disse: 'Sou Frei Leopoldo; venho te trazer uma mensagem, meu irmão; teu exílio ainda não acabou; viverás ainda o suficiente para continuar minha obra na terra; mas sofrerás suficientemente na terra; tem confiança e coragem'.

Beijou-me de novo e desapareceu como que evaporando-se. Nesse momento, abri os olhos e vi a triste cena, emocionante, descrita acima.

Senti-me triste, porque vi escapar a felicidade que tanto desejei em minha vida; senti a presença de Cristo na luz fulgurante que me contornava. Tinha a impressão de possuí-lo, e que ele preenchia todo o meu ser.

De volta à realidade terrestre, senti de novo o vazio e estas foram as primeiras palavras que pronunciei, decepcionado pela dura realidade: 'O que é que há? Por que choram? Tenho fome, dêem-me algo para comer'.

À minha volta, a alegria era geral; em mim, havia tristeza e eu o deixo adivinhar por quê...".

Neste relatório, pode-se facilmente reconhecer fenômenos clássicos e comuns da experiência mística: a saída do corpo, a experiência de iluminação, o encontro com seres em outra dimensão, a saudade e a decepção na volta.

Além do poder de cura, ele possuía outros poderes sobrenaturais. Um deles era o da bilocação. Com certa freqüência ele era visto aparecendo para certas pessoas durante a noite, ou mesmo durante o dia; lembro-me de uma senhora contando que ela o viu durante uma viagem de avião. Outras pessoas contam que o viram aparecer diante delas antes de conhecê-lo pessoalmente. Como nunca me passou pela cabeça, pela amizade e respeito que tínhamos, escrever algo sobre a vida do padre Inácio, não tomei nota de nenhum desses testemunhos e esqueci de que pessoas se tratavam; mas é um trabalho que decerto se fará um dia, o de colher estas informações nas fontes fidedignas.

Quando as pessoas lhe contavam essas aparições, ele às vezes emitia um sorriso cúmplice; outras vezes afirmava que isso era pura imaginação.

Ele tinha intuições e premonições todo o tempo sobre as pessoas que o cercavam; recebia mensagens, via cenas reais se passarem à distância, diagnosticava doenças; até de serpentes ele sentia a presença. Ele mesmo me contou que numa visita que fez recusou-se a penetrar num cômodo, pois sentia que havia uma cobra ali; e havia...

Ele era exorcista; para isso ele se preparava longos dias antes. Ele me contou que num desses exorcismos viu um ser demoníaco se movimentar debaixo da pele do possesso, saindo pelo pé e vociferando até sumir.

Num outro exorcismo, um furacão quase derrubou o carro em que ele estava, na sua volta do local.

Ele não dava muita importância a esses poderes, porém se interessava pelas pesquisas de Parapsicologia; ele mesmo armou pirâmides na casa dele e não raro as usava para tirar dores de cabeça ou outros sintomas mórbidos.

Era perito em desmascarar fraudes. Também não recuava em usar a colaboração de médiuns espíritas ou curandeiros; ele sabia distinguir os verdadeiros dos charlatões.

Em relação à sua morte, ele sempre me dizia que já sabia que iria morrer durante uma tempestade, ao celebrar a missa.

As maledicências

Uma das características dos grandes místicos é a sua castidade, a sua abstinência sexual total.

Nesse terreno, ele foi objeto, por parte mesmo de alguns superiores da Igreja, de acusações que eu considero como sem fundamento. Ele me afirmou várias vezes que nunca teve experiência sexual em toda a sua vida; no entanto, tinha fama de mulherengo.

A sua inocência quando era seminarista era tal, que certo dia ele confessou pecado de carne para o seu mentor espiritual, que ficou bastante preocupado com isso; confessou tantas vezes que o padre, intrigado, perguntou-lhe o que ele fazia; ficou todo vermelho de vergonha e disse que costumava soltar gases...

De onde vinha então essa fama? São vários fatores que concorrem para isso. Ele recebeu uma cultura francesa e por isso mesmo era charmoso e tinha maneiras encantadoras que conquistavam a simpatia das mulheres; e conhecia a alma feminina como poucas pessoas. Além disso era um homem forte, bonito e de um olhar penetrante. Sendo abstinente, irradiava magnetismo, como acontece muito nesses casos.

Certo dia, ainda no oriente, ele foi indicado como professor de um convento de freiras; tiveram de tirá-lo de lá, pois muitas noviças se apaixonaram por ele.

Quantas vezes ele me contou de mulheres à procura de uma aventura, que se ofereciam ostensivamente a ele. Ele costumava responder, com bom humor, que ele só tinha uma mulher, à qual era fiel de maneira total: a Igreja.

Um dia o bispo o chamou e lhe disse que ele fora visto passeando com uma mulher na rua; era um parente.

Ele estudou teoricamente Freud, e sabia do fenômeno de transferência de sentimentos sobre o analista; pois ele usou desta lei de maneira consciente. Quando uma moça começava a se apaixonar por ele, ele aproveitava dessa situação para tentar conseguir um deslocamento desse afeto sobre Deus, ou então lhe apresentava um noivo cuidadosamente escolhido; era conhecido como padre casamenteiro...

A amizade feminina mais profunda que tinha era com a irmã Glória, uma freira do Convento de Macaúbas, que está deitada, inválida há quarenta anos, sem praticamente se alimentar, e que também possui poderes extraordinários. Um dia um ladrão entrou no convento. A irmã Glória viu tudo que se passava à distância. De repente, o ladrão ficou cego e começou a gritar por socorro; quando as irmãs o encontraram, a irmã Glória pediu para trazê-lo perto dela. Ela lhe afirmou que lhe devolveria a vista, se ele prometesse nunca mais roubar; dito e feito, o homem recuperou a visão e ficou um dos serventes do convento.

O Missionário Ecumênico

Nunca pensei que na minha vida iria prestar o meu depoimento sobre a vida de um padre; já que não sou nem católico nem mesmo cristão. É este um dos resultados práticos do incomensurável espírito ecumênico, inter-religioso de padre Inácio.

163

Muitos são os espíritas que o consultavam e lhe pediam orientação; ele tinha muita admiração por certos espíritas de fé profunda e grande pureza de alma. "Pudera que todos os católicos tivessem essa pureza", exclamava ele de vez em quando. Ele se tornou amigo de Zé Arigó. Em companhia do advogado, Dr. Sigismundo Gontijo, e de médicos, éle assistia às operações desse médium, e pôde constatar a autenticidade dos fenômenos extraordinários que lá se passavam. Muito mais quando Zé Arigó foi preso por exercício ilegal da Medicina, ele e o Dr. Sigismundo preencheram um papel fundamental na sua liberação.

Aos poucos ele se aproximou dos mestres de Ioga da cidade; ele foi orientador espiritual do professor Jorge Kritikos, que um dia me afirmou, falando dele: "Ele tem linha direta com Deus...". Depois conheceu a professora Maria José Marinho, e junto com ela se tornou aos poucos o Padre da Ioga. Celebrava a Missa de Natal na sua Academia de Ioga; uma missa toda especial onde até se cantava o OM.

Quando veio o Swami Nadabrahmananda, um grande místico da Índia, mestre no uso dos sons e músico famoso, eles se encontraram na minha casa. O encontro foi imediato; eles se abraçaram carinhosamente e o padre falou: "Nós nos compreendemos". Ficou gravada na minha memória essa cena da batina preta do padre Inácio, misturada com o manto laranja do Swami Nadabrahmananda. Que belo exemplo de fraternidade, abertura e entendimento entre os homens. Ah, se toda a humanidade pudesse dar esse abraço! A minha emoção chegou ao cúmulo quando o padre Inácio celebrou a missa acompanhado no *harmonium* indiano pelo Swami Nadabrahmananda, que recebeu a hóstia das mãos do padre. Não há palavras para descrever o que eu senti nesse momento.

Preparo para a morte e desenlace

Quinze dias antes de morrer, ele começou a fazer penitência comendo pouco, apenas pão velho mofado. Ele recebeu os amigos e as pessoas que ele aconselhava; a cada um ele deu os seus últimos avisos. No dia de sua morte, exatamente nesse dia, o seu bispo, Dom Spirido Mattar, da Igreja Ortodoxa de São Paulo, veio visitá-lo; ele lhe deixou o seu testamento, todo o seu dinheiro, e recebeu a notícia de que o terreno, oferecido pela Prefeitura, estava livre para a realização do grande sonho do padre Inácio: a construção do Centro Paroquial N. S. do Perpétuo Socorro.

Era dia 22 de fevereiro de 1980. À noite, uma terrível tempestade assolava Belo Horizonte; as luzes da cidade se apagaram; e com elas se apagou a existência nesta terra do padre Inácio Farah. E com esse evento, se cumpriu parte da sua própria profecia: morreu durante uma tempestade, como tinha previsto.

Na sua oração mortuária, Dom Spirido Mattar concluiu: "Deixo à Providência Divina, que preparou as circunstâncias extraordinárias da morte do padre Inácio Farah, cuidar com a mesma discrição e a mesma evidência do futuro de sua existência fenomenalmente positiva".

Disse Jesus: "Pelos seus frutos, os conhecereis e os julgareis!".

Voltando dos Estados Unidos, só pude assistir à missa de um mês celebrada por Dom Spirido Mattar, e chorar no ombro desse sacerdote, como se fosse no próprio ombro do meu querido padre Inácio. E ao escrever estas últimas linhas, em homenagem à sua memória, as lágrimas voltam; não somente lágrimas de tristeza pela perda do amigo, mas também de emoção pura da lembrança do amor cristão, do amor universal que ele encarnava.

Adeus padre Inácio... Adeus meu bom amigo.

XI

TERCEIRA IMPLOSÃO:
O DESPERTAR DA KUNDALINI.

> Em cada ser humano há uma energia divina chamada Kundalini. O aspecto mundano dessa energia funciona perfeitamente; porém, o seu aspecto interior está adormecido.
> O despertar de Kundalini interna é o verdadeiro início da jornada espiritual. Da mesma forma que quando está dirigida para fora Kundalini nos capacita a explorar o mundo exterior, quando o seu aspecto interno é ativado nós nos tornamos aptos para experimentar o mundo interior espiritual.
>
> SWAMI MUKTANANDA

Foi um pouco antes do falecimento do padre Inácio que travei conhecimento com o Swami Muktananda. Mas eu já tomara contato com escritos dele, de uma maneira aliás um tanto curiosa, muitos anos antes de conhecê-lo.

O mesmo editor

Eu estava em Paris, de passagem para a Índia, quando fui visitar o editor de dois dos meus livros na França: a "Esfinge" e a "Mística do Sexo". Na hora de nos despedirmos, o Sr. Paya me anunciou que estava criando uma nova linha de livros, uma nova coleção consagrada à Ioga.

Então ele me deu dois livros já publicados: um, de Swami Shivananda, sobre Ioga da Kundalini. Achei interessante que meu editor estivesse me dando, e publicando, justamente o livro do mestre cujo Ashram eu estava planejando visitar logo em seguida. Além disso, o título do livro estava exatamente dentro das minhas cogitações atuais: Kundalini é a energia universal em nós, que pode ser despertada por exercícios especiais ou por um mestre plenamente realizado. Eu tinha acabado de publicar a "Mística do Sexo" em francês, e esse livro se enquadrava perfeitamente dentro do assunto.

Hoje vejo que mais uma vez havia três sincronicidades, três "acasos". Não somente recebi um livro do mestre cujo Ashram eu ia visitar, mas ainda o assunto era ligado a uma experiência de Kundalini, à qual eu iria ser submetido uns sete anos mais tarde. E ainda por cima, eis a terceira sincronicidade: o Sr. Paya me deu também o livro de Swami Muktananda, que será justamente o mestre que irá diretamente despertar em mim a Kundalini; mas isso eu não sabia naquela época. Eu também não sabia que seria no Ashram de Shivananda que começaria realmente a minha pesquisa sobre o Nome Secreto de Deus. Mais uma vez me encontro com sinais que querem talvez ser um indicador de que meu destino está escrito em algum lugar.

O que é a Kundalini?

O livro que me foi dado se chama "Chit Shakti Vilas", que quer dizer o Jogo da Consciência-Energia. Devo dizer que li o livro de uma vez, sem poder parar, tão fascinante é a história de Swami Muktananda ou de Baba, como o chamam os seus discípulos, com muito carinho.

Baba é hoje um mestre de Sidha Ioga, ou Ioga do Ser Perfeito. Esse tipo de Ioga é pouco conhecido na Índia, pois ele é transmitido de mestre a discípulo numa linha só; os seus segredos são pouco divulgados e confiados apenas a quem tem estrutura para isso. Essa transmissão se faz já há vários milhares de anos. Os Sidhas têm o poder de despertar nas pessoas que eles escolhem a energia primordial localizada na base da espinha; ela é simbolizada por uma serpente enrolada. Eles despertam a Kundalini através de uma ação chamada Shaktipat, que é uma graça concedida pelo Guru.

O despertar da Kundalini se manifesta de modo muito diferente, conforme as características de cada pessoa. Umas sentem uma descarga elétrica ao longo da espinha; outras têm visões de luzes ou de seres em outra dimensão; certas pessoas começam a manifestar posturas ou movimentos de Hatha Ioga sem nunca as ter aprendido; em outras, ainda, movimentos respiratórios espontâneos, chamados Pranayama, surgem, embora sejam totalmente desconhe-

167

cidos pelo praticante; às vezes doenças latentes se manifestam e são logo em seguida eliminadas. Trata-se da preparação do terreno para uma evolução posterior.

Uma vez despertada a Kundalini, essa evolução continua de modo irreversível; ela é dirigida por essa força simbolizada pela Shakti, ou Energia Cósmica. O símbolo de Kali, que me apareceu na minha visão de Esalen, é também símbolo desta Shakti.

Hoje vejo com bastante clareza que foi um sinal que recebi para me indicar que o meu caminho está ligado a Shakti.

A Kundalini corresponde ao que os cristãos chamam de Espírito Santo, e que os judeus dão o nome de Ruach Hakadosch. É um fenômeno universal.

Certas manifestações espontâneas podem ser confundidas com alucinações ou loucura; a experiência multimilenar dos Sidhas mostra que são apenas fases evolutivas que passam por si só; às vezes é necessária a intervenção do Guru, o que se faz diretamente ou à distância. Há atualmente um movimento de psiquiatras e psicólogos nos EUA que está fazendo pesquisas mostrando que muitas manifestações classificadas como loucura são apenas fenômenos espontâneos do despertar da Kundalini. Eles estão organizando verdadeiros prontos-socorros espirituais, onde pessoas em crise podem terminá-la sob orientação de pessoas preparadas para isso. É considerado perigoso pelos Sidhas despertar a Kundalini por meios próprios, sem um mestre.

Quem é Baba Muktananda?

Baba Muktananda é um desses mestres que chegaram ao estado de realização total; é considerado um Sidha, ou Ser Perfeito. Tal como foi o caso de Jesus, pessoas que o tocam têm muitas vezes a sua vida transformada.

O seu livro é um documento raro na história dos mestres indianos, pois estes não gostam e não costumam contar as suas experiências interiores. Muktananda recebeu do seu próprio Guru Nityananda autorização para publicar a maioria dessas vivências. De vez em quando, nota-se alguma restrição; nesse caso ele nos avisa: "Não tenho autorização para contar o que se passou aí".

Na Sidha Ioga não há necessidade de se isolar numa gruta ou num monastério para a sua prática ou Sadhana. É no mundo, no lugar onde estamos, que podemos perfeitamente combinar a vida cotidiana com as práticas; aliás, podem-se transformar os mínimos detalhes do cotidiano em prática de Ioga. É o que faz Baba Muktananda. Ele nasceu no 16 de maio de 1908, num dia correspondendo ao nascimento de Buda. A sua mãe, desesperada por não poder ter filhos, perguntou a um homem santo o que ela devia fazer. O Sedhu lhe deu um mantra: OM NAMAH SHIVAYAH, para repetir tanto quanto pudesse, até ser gerada a criança. Ele nasceu de repente, sem aviso prévio, enquanto a sua mãe estava lavando a boca debaixo de uma palmeira, e caiu numa bacia cheia de água. A natureza estava despertando e o sol estava jorrando os seus raios através das árvores. Deram-lhe o nome de Krishna. A sua família era economicamente abastada, vivendo perto de uma pequena localidade junto à cidade de Mangalore, no sul da Índia.

Ele foi uma criança precoce, alegre, imaginativa e bastante esperta. Tornou-se líder dos amiguinhos; gostava de mandar e não gostava de receber ordens. Era muito independente; não tinha amigos íntimos.

Embora genialmente inteligente, não foi atraído pela escola, nem por dogmas; queria experimentar por si mesmo.

Com quinze anos um acontecimento marcou a sua vida: ele encontrou o seu futuro Guru, Nityananda, que estava recebendo homenagens de muçulmanos, na região. O menino o abraçou e de repente Nityananda foi embora. Isso bastou para que o jovem Krishna ficasse fascinado pelo olha de Nityananda.

Krishna gostava de reunir a família para ler os escritos tradicionais indianos, tais como o Mahabharata e o Ramayama. Convidava santos para morar na sua casa; em pouco tempo o seu objetivo foi claro: ele queria se tornar um Sadhu, impressionado pelos seus poderes maravilhosos e pela sua sabedoria.

A sua vontade de se tornar Sadhu foi tão grande que com mais seis meses depois do encontro com Nityananda deixou a casa familiar, largou o conforto excepcional que tinha, para se tornar um mendigo, indo de aldeia em aldeia, à procura de ensinamentos de grandes mestres. Encontrou alguns que lhe deram algumas iniciações, ensinaram o Sânscrito e os textos tradicionais de Ioga. Foi num dos Ashrams, o de Swami Sidharudha, que ele se tornou monge, ou Sannyasi, em Hubli, onde ficou até a morte do Swami, em 1929.

Ele estudou Vedanta e outros textos no Ashram de Shivananda, do qual falei há pouco. Passou por muitas privações e dificuldades, mas sempre havia uma solução adequada. Morava debaixo das árvores e dormia debaixo de pontes. Teve malária e disenteria, pois bebia água empoçada ou de rios, e enfrentou calores e frios extremos conforme o lugar onde parava; só vestia uma tanga e mais nada.

Sempre que ele estava em perigo aparecia o sinal certo. Como por exemplo um cachorro bravo, que o impediu de tomar um caminho que ele soube mais tarde ser cheio de assaltantes; ou receber comida de uma pessoa que sumiu misteriosamente após lhe ter afirmado que ele precisava comer depois de três dias de jejum, o que essa pessoa não podia saber.

Ele presenciou muitos "milagres", curas e dons extraordinários dos seus mestres. Um deles, Zipruanna's, lhe falou que um dia a fama de Muktananda atingiria "alturas celestiais". Um outro lhe revelou que outrora ele fora um grande rei, em outra vida, e que se tornaria de novo uma espécie de rei... Harigiri Baba, um dos Sidhas que ele encontrou, lhe deu a ordem de deixar de pedir para começar a dar e se transformar num Maharaja.

No entanto, ele não aceitou nenhum dos numerosos mestres que encontrou como sendo o seu Guru; o seu espírito era demasiado crítico para isso.

Certo dia ele resolveu receber as bênçãos, ou Darshan, de Swami Nityananda. Logo que chegou aos pés do seu futuro Guru, este lhe declarou: "Então você veio!". Muktananda então se lembrou do primeiro encontro e sentiu uma paz imensa que Nityananda lhe comunicava. Mas ele não conseguiu ficar em Ganeshpuri desta vez, pois era ainda incapaz, pelas suas características independentes e avessas a qualquer submissão, de se entregar a alguém. Só em julho de 1947 Muktananda voltou para o mestre e se estabeleceu numa barraca perto do Ashram de Nityananda. Uma noite, Muktananda viu aparecer na sua frente uma forma feminina muito bonita; ele a seguiu até ela desaparecer na água de um rio da vizinhança. Nityananda lhe explicou que se tratava de uma das formas da Divina Mãe, a Shakti.

Em 15 de agosto de 1947, Nityananda ofereceu a Muktananda as suas sandálias. Isso, para nós ocidentais, não significaria nada, ou mesmo seria ofensivo; para o indiano, é o maior presente que um Guru pode oferecer ao seu discípulo. Há nisso uma razão de natureza energética. Os pés de um Guru inteiramente realizado são o lugar do corpo mais carregado de energia. Nityananda explicou então, longamente, o significado do mantra OM NAMAH SHIVAYAH. Então, Muktananda entrou em estado de transe, intoxicado pelas palavras magnetizantes do seu Guru, a quem ele se tinha entregue aos poucos. Depois de lhe ter dado um prato preferido pelo Muktananda, que Nityananda tinha preparado especialmente para ele na parte da manhã, Muktananda se retirou, ainda meio em estado de transe, tomou o caminho de volta para a sua barraca feita de cana-de-açúcar. Mas, no meio do caminho, teve que sentar debaixo de uma árvore. Aí ele teve uma experiência ímpar: sentiu-se cercado de luz por todos os lados; mergulhou na luz e se tornou onipresente; ele vivenciou como estando em todos os lugares ao mesmo tempo. Sentiu-se cheio de bem-aventurança e entrou em estado de graça. Ele estava tendo a experiência de Samadhi, vivenciando-se como a sua realidade última — o Brahman como sendo o seu próprio *self*. E permaneceu neste estado por mais alguns dias.

Uma das maiores experiências que Mukatananda conta no seu livro é a vivência da pérola azul. Trata-se de uma bolinha azul brilhante que aparece na frente dele, quando menos espera; ela pode crescer e diminuir à vontade. Para atingir o estado de Unidade completa é preciso mergulhar dentro de si e atravessar essa pérola azul.

Muktananda descreve no seu livro inúmeras experiências fundamentais em que ele aprendeu tudo sobre os nossos diferentes corpos: o corpo físico, que vivenciamos em estado de consciência de vigília; o corpo sutil, que é experimentado em estado de sonho; o corpo causal, que corresponde ao estado de sono profundo; enfim, o próprio *self,* que é vivenciado em estado de superconsciência. Ele visitou os diferentes paraísos, ou reinos, ou "Lokas", que são lugares em outra dimensão onde vivem os grandes mestres, e também lhe foram mostrados os infernos. As descrições se assemelham muito às de João da Cruz e Teresa d'Ávila. Eles também descrevem esses estados de consciência e visões parecidas, porém dentro do contexto cultural cristão. Tudo indica que a fonte da experiência é a mesma; porém, a mensagem vem dentro de uma codificação cultural ao alcance de cada pessoa; essa codificação é feita por esse "campo informacional", do qual falam os russos.

Uma vez ele teve uma experiência parecida com a visão de Ezequiel: foi levado por um carro de fogo para visitar certos "Lokas".

Até hoje ele continua vivendo em estado de superconsciência o tempo todo; ele "vê" permanentemente o espaço dentro da luz da consciência, que é azul.

Nityananda previu que a sua missão seria a de espalhar a tradição da Ioga no Ocidente; para isso lhe recomendou que construísse um Ashram com o conforto moderno ocidental, em Ganeshpuri.

Ele agora viaja pelo mundo. A predição de Zippruanna e de Nityananda se realizaram. Ele é hoje considerado como um dos maiores mestres vivos da humanidade. Chefes de estado, ministros, homens de ciência, líderes religiosos católicos, protestantes, judeus, muçulmanos, hinduístas, budistas o visitam a toda hora para receber o seu conselho, ou o Shaktipat.

Certo dia ele visitou uma usina atômica; um cientista famoso, cujo nome não me lembro agora, lhe mostrou uma cisterna em que circulava uma luz azul. "Isto é energia pura", disse o cientista. "Vocês construíram uma máquina tão cara para isso; eu vejo esssa mesma energia, com a mesma cor, o tempo todo...".

Ao astronauta Edgard Mitchell, que o visitou, ele declarou que não precisava de foguete caríssimo para se deslocar para a lua; ele ia para lá quando queria.

Os centenas de Ashrams, ou comunidades, que organizou mais particularmente na Índia e nos EUA, refletem o seu espírito de alta eficiência, de ordem e respeito à pessoa humana.

O meu primeiro encontro com Baba Muktananda

No Terceiro Congresso Internacional de Psicologia Transpessoal, em Belo Horizonte, sugeri ao Dr. Stanislaw Grof, já bastante conhecido pelos seus estudos sobre os mapas da consciência e sobre os fenômenos da morte, um dos criadores da Psicologia Transpessoal, fundar a Sociedade Internacional de Psicologia Transpessoal que organizaria o Quinto Congresso, em Boston. Esse Congresso se realizou e consagrou a Psicologia Transpessoal na região nova-iorquina, onde era ainda um tanto desconhecida.

Acontece que Christina Grof, sua mulher, além de professora de Ioga é discípula de Baba Muktananda; isso fez com que Muktananda fosse convidado para dar uma palestra no Congresso.

Não sei por que, durante toda a palestra, tive a estranha impressão que ele estava olhando para mim com insistência, e eu para ele.

Ele nos recebeu depois, em "petit comité", para dar o Darshan. Entrei na fila; quando me recebeu, falou-me que eu deveria ter escrito muitos livros; respondi que sim. Ao me despedir, não sei por quê, falei o mantra: "OM NAMAH SHIVAYAH". Ele ficou visivelmente tocado e me respondeu, com sua voz cheia de amor: "É um grande mantra".

Mais tarde eu soube que era o seu mantra preferido.

Dois dias depois recebi um convite para ficar mais alguns dias, depois do congresso, no seu Ashram. Terminei a minha conferência sobre os estados de consciência e a realidade, dei um minicosmodrama para os interessados e logo depois um carro veio me buscar para ir ao Ashram.

Este fora instalado na antiga residência do grande industrial Dupont de Nemours. Uma linda casa num bosque cheio de árvores e pássaros.

Na manhã seguinte ele me recebeu. Contei-lhe um pouco da minha história que vocês já conhecem; quando falei para ele que eu considerava a minha visão de Kali como ainda dual, ele respondeu: "Porém, tudo é uma coisa só". Depois ele recebeu um enviado de uma sociedade para a vida monástica, a qual, autorizada pelo Vaticano, procurava reunir periodicamente monges de diferentes orientações religiosas. Muktananda aceitou o convite para representar o hinduísmo no próximo conclave. Os meus olhos nessa hora se encheram de lágrimas; fiquei de novo tocado pela simplicidade da resposta: "Deus é o mesmo para todos nós, sejamos shivaístas, cristãos ou budistas....".

No dia seguinte, eu estava perto da porta onde ele recebia as pessoas. Entraram três monges franciscanos; Muktananda olhou para mim e me fez sinal para entrar também. Ele percebeu a minha vontade de assistir ao colóquio. Fiquei de novo tocado pelo que presenciei; o superior do convento vizinho o convidava para visitá-lo, a fim de estabelecer boas relações de vizinhança. Eu me sentia gratificado e exultante de ver enfim surgir uma esperança de aproximação das religiões. Ainda havia uns anos, um padre "Monsenhor" amigo meu tinha caracterizado, com um certo desdém, uma academia de Ioga com o termo "Paganismo!". Alguma coisa séria estava acontecendo ali. À medida que Muktananda falava da vida monástica e da função dos monastérios no desenvolvimento da consciência, eu vi os olhos de um dos monges mais idosos se encher de lágrimas; ele também estava sendo tocado pela beleza do evento.

Eu estava revivendo momentos idênticos aos que presenciei quando o padre Inácio abraçou o Swami Nadabrahmananda na minha casa.

Uma hora depois, Baba Muktananda estava me chamando para acompanhá-lo na visita ao Convento dos Franciscanos. Fiquei de novo tocado pelo carinho com o qual eu estava sendo tratado e maravilhado pela inteligência, atenção e memória excepcional que Baba estava manifestando a toda hora. Nada lhe escapava; ao contrário do que se pode imaginar de um místico que viveria na lua, Muktananda se mostrava um exímio administrador e anfitrião.

O que mais me impressionou nessa visita foi quando Muktananda se prosternou e ajoelhou perante uma estátua de Cristo. Ao passar na frente da Virgem Maria, ele falou: "Nós também temos a Shakti".

Ainda no Ashram, em Boston, num fim de semana, eu recebi o Shaktipat de Baba, através de um toque que ele me deu com a mão na cabeça; nesse momento uma parte do meu cérebro ficou um tanto iluminada. Foi uma luz diáfana, muito leve, que permaneceu apenas alguns segundos; abri os olhos; estava completamente no escuro. Era verdadeiramente uma luz interior; mas considerei isso como uma experiência muito pequena.

Fiquei mais alguns dias no Ashram e voltei para o Brasil, depois de ter ministrado mais um Cosmodrama nos arredores de Boston, a convite de um grupo de psicólogos. Na medida da minha própria evolução, sinto que também no Cosmodrama eu consigo transmitir algo de muito elevado; é pelo menos o que afirma a maioria dos seus participantes.

Em janeiro de 1979, isto é, no ano seguinte, voltei para os Estados Unidos; dei uma primeira demonstração do Cosmodrama em Esalen, na Califórnia. De lá fui para Miami, onde Muktananda tinha montado um novo Ashram num velho hotel, antigo asilo de velhos.

Esse hotel estava situado entre outros hotéis. Verifiquei que todos esses hotéis estavam inteiramente ocupados por judeus que vinham repousar das suas atividades profissionais. Inúmeros hassidins, isto é, uma seita mística judaica, e alguns rabinos passavam o dia inteiro andando na frente do Ashram, olhando, às vezes com muita curiosidade, o estilo oriental da decoração, que devia despertar algum sentimento arquetípico neles. Mais um "acaso": isso tinha a ver com a minha própria história; alguma coisa ia acontecer...

Esse asilo de velhos tinha uma história lamentável: muitos velhos tinham morrido de fome e de doença, explorados por um gerente que foi preso e condenado. Muktananda gosta de transformar lugares assim em Ashrams; ele já o fez em Nova York, onde se estabeleceu em primeiro lugar numa zona boêmia.

O hotel foi inteiramente reformado, exclusivamente com material e mão-de-obra dos próprios discípulos; ar condicionado, rede interna de TV e aparelhagem de som ultramoderna; ele está realmente executando as instruções de seu Guru Nityananda.

Como em todos os Ashrams, todo mundo vai trabalhar a serviço do Guru. É preciso dizer que, como tudo é Um, Guru significa tanto a pessoa de Muktananda como o próprio Brahman, ou Deus.

Encontro inesperado entre judaísmo e shivaísmo

Retratos de grandes Sidhis e mestres de Muktananda e outras inscrições enchem as paredes da sala de reuniões. Entre elas há uma que diz: "Shivah é um só", em sânscrito.

A respeito dessa inscrição eu tenho uma história muito engraçada para contar. Os judeus ortodoxos de Miami ficaram muito intrigados e depois se sentiram ameaçados pela presença de Muktananda, pois muitos jovens e mesmo alguns judeus mais idosos estavam seguindo os seus ensinamentos. Certo dia um carro com alto-falante parou na porta. Dentro dele, uma mulher, que a imprensa local havia anunciado como sendo uma famosa artista de teatro e líder religiosa norte-americana, começou a gritar: "Judeus desta casa, meus irmãos; não se deixem envolver pelo paganismo... etc. etc.". Na frente do carro estava escrito Adonai Echod, isto é, o Senhor é um só, em hebraico. Dentro do Ashram estava escrito o mesmo princípio: Shiva é um só. O que diferia era apenas a linguagem. Fiquei triste e amargurado com essa cena. Aos poucos entraram alguns hassidins, que começaram a dialogar com os judeus discípulos de Muktananda; e são muitos. Desse diálogo surgiram alguns convites para visitar e conversar com Muktananda. Aos poucos apareceram rabinos. Um deles, um rabino ortodoxo, travou conhecimento comigo e fizemos amizade; levei-o para assistir ao Darsham, isto é, ao cerimonial de recepção de Muktananda acompanhado de um Sat Sang, isto é, rituais hinduístas com ensinamentos do mestre. Expliquei para ele que Muktananda tinha sido agraciado em Nova York com a medalha Baal Schem Tov, criador do hassidismo judaico.

O rabino olhava com ar espantado para a direita e para a esquerda. Recebido por Muktananda, ele lhe perguntou: "É verdade que o Senhor acha que é Deus?". Muktananda respondeu: "Todos nós temos uma faísca divina em nós; o senhor também tem, não é?". O rabino só pôde concordar. Na saída, o rabino me declarou: "Isto deve ser alguma imitação muito antiga do judaísmo! Pois achei mais de vinte semelhanças entre os rituais judaicos e estes. Muktananda é um homem muito bom...". Era esse mesmo rabino que tinha participado da manifestação na frente do Ashram! Alguma coisa tinha mudado nele!

A vida no Ashram

Durante dois meses eu participei da vida do Ashram; isso significa se levantar às quatro horas da manhã para meditar e participar dos cantos e mantras; e trabalhar no que for necessário. Esse trabalho rotineiro está cheio de ensinamentos e é considerado "tapasia", isto é, uma espécie de desafio para você aprender a dissolver o seu ego. Por exemplo, eu me lembro que me deram alho para descascar: eu devia descascar, porém, sem enfiar a unha no alho, senão o faria apodrecer. A supervisora depois retirava os alhos com unha enfiada. Eu consegui fazer o trabalho sem enfiar a unha nenhuma vez. Infelizmente, alguns já tinham traços de unhas enfiadas por outros. Fiquei logo num dilema danado, típico do ego: quando a supervisora viesse, o que eu diria: fui eu ou foi o outro que fez isso? Estava em jogo toda a imagem de prestígio e orgulho que eu tinha construído em torno dessa tarefa de descascar alho; durante a tarefa, aliás, o meu mundo se transformou em alho; nada mais... No Ashram se aprende a realizar uma tarefa sem esperar resultado para si mesmo, tal como elogio ou outra recompensa; é trabalho inegoísta que nos ensina o desapego dentro da vida cotidiana; pois é do apego que vem todo o sofrimento. Apego e rejeição provêm de uma só fonte: o desejo, que por sua vez se desenvolve a partir da ilusão de um mundo plural. Certo dia, quando perguntaram a Muktananda como é que Deus, que é um, se encontra em todas as coisas do Universo, ele respondeu: "Deus é um; mas ele quis ter a sensação de não mais estar só; então criou a pluralidade dele mesmo; assim ele é ao mesmo tempo um e múltiplo".

O despertar da Kundalini

Foi dentro desse ambiente que convivi com pessoas que, como eu, estavam à espera do acontecimento, ou que já tiveram despertada a Kundalini, e contavam experiências típicas da Consciência Cósmica. Devo dizer que nas minhas viagens à Índia, eu nunca vi um Guru despertando experiências imediatas como Baba o faz.

A minha energia foi aumentando sob o efeito da vibração do ambiente, das meditações, dos cantos e mantras. Durante o canto muitas vezes eu chorava, tocado pela beleza e suavidade deles; havia cantos em que mulheres e homens se revezavam, o que dava um efeito maravilhoso. Durante uma das meditações em grupo, eu vi um Buda envolto em uma nuvem; só o vi num instante em que essa cortina nebulosa se abriu; era de novo de cor azul.

Comecei um livro de anotações sistemáticas; um dos pensamentos diz o seguinte: "O sentimento que o homem tem da sua importância própria é talvez uma das provas de que ele é ele mesmo o Universo... ou Deus".

Na segunda-feira, dia 14 de janeiro, Muktananda me deu o meu nome em sânscrito: Bholaram, que quer dizer simplicidade de Rama, ou alguma coisa assim. Interessante essa experiência que tive pela segunda vez: a de trocar o nome. De novo está em jogo todo o ego ligado ao nome. Para dizer a verdade, não gostei muito desse nome, porque em português lembra bola de futebol; ainda o meu orgulho ferido. Como aprendi sobre mim mesmo a toda hora!

Aos poucos comecei a ver, de vez em quando, pontos azuis brilhantes que apareciam e desapareciam no espaço ao redor de mim; esses pontos continuam aparecendo até hoje, quando escrevo estas linhas. Será que se trata da pérola azul, que eu não distingo ainda bem?

No domingo seguinte recebi de novo Shaktipat de Muktananda; uma vez ele soprou no meu nariz com a boca, outra vez tocou a minha cabeça com a mão; não aconteceu nada na hora. Às vezes a experiência custa a aparecer, sobretudo no caso de mentes muito fortes, iguais à minha! Mas, quatro dias depois, na quinta-feira, dia 24 de janeiro de 1980, eu estava deitado mais ou menos às dez horas da noite quando o meu corpo todo começou a ser acometido de tremedeiras e pequenas convulsões; a minha boca passou a borbulhar, emitindo um som parecido com: Blblblblbl... Eu não podia parar esses movimentos, que se chamam Kryas em sânscrito, isto é, purificações dos nadis ou correntes da energia sutil, mais particularmente da corrente central da espinha dorsal. Ama, uma Swami que acompanha Muktananda há muitos anos, me explicou que isso se dá quando Ida e Pingala, as duas energias opostas, positiva e negativa, se fundem na coluna central, ou Sushumna. Uma corrente imensa de energia começou a fluir a partir da parte inferior do meu corpo; não posso dizer a partir de onde, porque eu vi bolhas de luz subindo no meu corpo de modo ininterrupto durante várias horas. A luz era branca. As bolhas surgiam como se viessem do fundo da água.

Essa energia que eu intuitivamente identifiquei com a Shakti, ou Kundalini, estava fazendo um trabalho inteligente no meu maxilar e no meu pescoço, isto é, no centro energético da garganta, chamado Vishudda em sânscrito. Era nitidamente uma energia, uma força luminosa e inteligente. O meu espírito analítico me fez enfiar a unha na boca; não senti nada; eu estava realmente em estado de transe, mas perfeitamente lúcido.

Comecei a me sentir onipotente. No fim da experiência, que demorou até quatro horas da manhã aproximadamente, embora tivesse o sentimento que passou muito depressa, tive a noção que eu deveria ajudar a unir a humanidade, e mais particularmente todas as religiões do mundo, e trabalhar para a paz mundial.

Lembro-me muito bem que estava disposto a dar a minha vida e arriscar a ser fuzilado se fosse necessário.

Eu queria acordar Baba para ele organizar esse movimento comigo. No fim, um estado de graça e bem-aventurança terminou a experiência; porém, durante vários dias ainda fiquei com esse sentimento de missão, no entanto menos poderoso, e influenciado pelos freios da minha mente racional.

Uma declaração de Princípios para todas as religiões do mundo

Uma prova disso é que durante o canto da manhã do dia 28 de janeiro veio-me com insistência a idéia de redigir uma declaração que pudesse ser assinada e ratificada pelos grandes líderes religiosos do mundo; deveria ser uma declaração simples. O psicanalista assistente dentro de mim perguntou-me até que ponto não havia ainda o orgulho do meu ego. Mesmo assim redigi o texto que publico a seguir:

1 — Existe no Universo uma força única à qual diversos nomes foram dados conforme as culturas e as épocas.

2 — Essa força se encontra no próprio homem também.

3 — Em certas condições, o homem pode ter a experiência direta da sua unidade com essa força.

4 — É justamente o objetivo primordial das religiões oferecer ao homem as condições de restabelecer nele a vivência dessa unidade em aparência perdida.

5 — O restabelecimento da vivência dessa unidade é acompanhado do reaparecimento dos valores fundamentais que constituem a base da Paz dentre e entre os homens: a verdade, a consciência, o amor, a beleza e a justiça.

Está consignado aqui o que me parece ser a verdadeira origem das religiões.

E a Kundalini continua ativa...

Continuei ainda no Ashram por algum tempo. Na minha meditação do dia 30 de janeiro senti um calor enorme subindo no meu corpo; esse calor me deu a sensação de que eu ia morrer, perder os sentidos, esvanecer. Fiquei molhado de suor; perdi a fome. Baba fala desse calor da Kundalini, que queimaria os karmas passados.

Passei a me lembrar mais dos meus sonhos, que me revelavam soluções às vezes nítidas para os meus problemas.

Aproveitei a minha estada no Ashram para fazer dois cursos de Sidha Ioga. Esses cursos me ajudaram muito para compreender melhor ainda o sentido da evolução do homem; ele tem que percorrer o sentido contrário da involução do Absoluto no mundo do relativo e da pluralidade, isto é, ele pode fazer o trabalho inverso dentro dele mesmo: do mundo relativo e dual, ele pode reencontrar o Absoluto.

Os movimentos espontâneos, ou Kryias, aumentam na minha meditação; um dos Swamis me explica que isso serve para fortalecer o meu aparelho sutil, permitindo-me uma melhor meditação.

Em 20 de fevereiro de 1980, o ponto azul brilhante quase se apresentou como a pérola azul, e apareceu vagamente um rosto na minha frente.

Desde então um ponto luminoso muito brilhante aparece de vez em quando no espaço à minha frente, durante o tempo em que leio, escrevo à máquina como agora, ou simplesmente ouço uma pessoa conversando.

Eu continuo também de vez em quando a ver a aura das pessoas, especialmente das mãos; por que a das mãos não sei; a cor varia conforme as pessoas.

O despertar da Kundalini em mim me lembrou muito as minhas duas primeiras implosões, que já contei; tal qual nelas, veio esse estado maravilhoso de graça, acompanhado do desejo de ajudar a humanidade a se unir. Aliás, em função de tudo que aprendi por leituras ou descrições do próprio Muktananda, as minhas experiências prévias também já eram da Kundalini, pois já tinha recebido iniciação tântrica de Kanjur Rimpoche, um grande Sidha, no Himalaia.

Na volta do Ashram recebi a notícia da morte do padre Inácio, tal como descrevi mais acima.

O que posso dizer ao deixar o Ashram é que eu tinha o sentimento de entrar progressivamente numa nova fase da minha existência.

Já há quase um ano deixei o Ashram, e realmente uma transformação lenta mas segura está se efetuando dentro de mim; sinto-me cada vez mais em paz comigo mesmo e com os outros; a minha disponibilidade para ajudar a quem precisar também está aumentando.

Essa transformação também se deu na minha vida amorosa. É sobre isso que vou falar agora.

XII

TRANSFORMAÇÃO NA MINHA VIDA SENTIMENTAL.

> Acusar místicos de amar a Deus com a faculdade do amor sexual é como acusar um pintor de fazer quadros com cores que são compostas de substâncias materiais. Não temos outra coisa com que amar.
>
> SIMONE WEIL

O leitor curioso deve se perguntar, a esta altura, o que se tornou a minha vida amorosa. Como já expliquei, grande parte do que vivi se encontra consignada sob a forma de livros, tanto em "Amar e ser Amado", como na "Mística do Sexo".

A minha vida amorosa é realmente um reflexo da minha evolução espiritual, e vice-versa, sem que se possa dizer onde está a linha de demarcação. Houve, e ainda há um tal entrosamento entre as duas partes, que elas praticamente se confundem; isto é evidente, se se parte do ponto de vista que eu, como você, somos verdadeiros corpos energéticos que transformam energia densa em energias mais refinadas, como sentimentos, pensamentos e consciência.

Assim, o jovem francês, que desembarcou no aeroporto do Galeão pensando nas morenas brasileiras como um dos motivos da sua permanência no Brasil, já estava ao mesmo tempo procurando reencontrar o tipo de relação profunda que viveu com Janine, e em algumas relações posteriores.

Reencontrei uma série de poemas que escrevi em certas fases ou crises da minha vida amorosa; eles talvez traduzirão com muito mais realismo os sentimentos pelos quais eu passei do que um relato que, além de levar vários volumes, me forçaria a identificar pessoas que decerto têm direito a respeito pelo anonimato, e pelos bons momentos ou períodos da vida que foram vividos em comum.

Eu classificaria hoje o primeiro poema de muito primário; eu tive até o ímpeto de censurá-lo, mas ele traduz realmente uma época em que uma parte de mim mesmo me levava a uma procura de conquista pela conquista. Eis o poema:

Conquista

ME DÁ
A MÃO...
NÃO!
ME DÁ
O BRAÇO...
NÃO!
ME DÁ
UM BEIJO...
NÃO!
NA BOCA...
NÃO!
ME DÁ
UM ABRAÇO...
NÃO!
ME DÁ
CARINHO...
NÃO!
LHE DOU
CARINHO...
...
NAQUILO
...

Mas, paralelamente a esse tipo de relação muito primário, eu estava ainda marcado pela beleza das minhas experiências de encontro pelo olhar da adolescência, tais como eu as contei no início deste livro.

Hoje eu sei que por detrás da "Conquista" eu procurava outro tipo de relacionamento; mas a minha impetuosidade de jovem impedia-me de ter a paciência de esperar que esse tipo de relacionamento simplesmente acontecesse; mais eu o procurava através da conquista, e mais ele se afastava de mim. Levei muito tempo para aprender que é preciso simplesmente harmonizar com as circunstâncias, sem forçar nada.

O poema que traduz este meu ideal já foi publicado no meu livro "Amar e ser Amado". Reproduzo-o aqui para os que deixaram de ler o livro, ou que se esqueceram desta parte:

Encontro

TU EM TI
EU EM MIM
TU EM MIM
EU EM TI
TU COMIGO
EU CONTIGO
TU JUNTO DE MIM
EU JUNTO DE TI
JUNTOS AMAMOS
JUNTOS SENTIMOS
JUNTOS PENSAMOS
JUNTOS VIVEMOS
POIS
UM MAIS UM
SÓ DÁ UM.

O desespero de não encontrar este tipo de relação levou-me a escrever, em certas épocas, os seguintes poemas:

O Vazio

O VAZIO
QUE
ELA DEIXOU
VOCÊ
PREENCHEU
POR OUTRA
AINDA MAIS VAZIA
DO QUE A OUTRA.

Nessa época eu não me dava conta que o vazio era também meu... Realmente faltava algo:

Faltava Algo...

FALTAVA ALGO.
ENTÃO PROCURARAM
EM OUTROS
O QUE FALTAVA
NO OUTRO.
ACORDANDO
SE DERAM CONTA
QUE ESTAVAM
NA REALIDADE
À PROCURA
DO OUTRO
NOS OUTROS.
E NÃO ENCONTRARAM

O OUTRO NOS OUTROS.
POIS COM OS OUTROS
NÃO HAVIA CERTO BEIJO
NUMA FLOR.
NÃO HAVIA CERTO JEITO
NO AMOR.

Mas o apego ao "certo jeito" cria laços de dependência; então, pensa-se em recobrar a liberdade:

Liberdade

TU PODES TE LIBERTAR
DA CORRENTE
QUE TE LIGA ÀS TUAS CHAVES
TU PODES TE LIBERTAR
DAS TUAS CHAVES
QUE TE LIGAM ÀS TUAS CORRENTES
TU PODES TAMBÉM TE LIVRAR
DAS CHAVES
E DA CORRENTE.
ENTÃO NÃO LHE SOBRARÁ
NADA MAIS
DO QUE A TUA
LIBERDADE.
NADA...

E então voltava ao vazio, numa cadeia, em aparência sem fim...

E a cada libertação em que eu pensava ser livre, quando na realidade eu estava apenas "livre de", eu acabava magoando. Este poema é dedicado a todas as pessoas que magoei:

Mágoa

COMO É DURA
A MÁGOA
DE SEM QUERER
A GENTE MAGOAR
A QUEM QUERIA
APENAS AMAR

Eu também vivi certas relações tradicionais, em que o amor se transformava progressivamente numa relação de papéis; em que o "Ser" se transformava em "Ter":

Presença

EM TODO MOMENTO
PRESENTE
EU QUERIA VOCÊ
PRESENTE
EM VEZ DESTE
PRESENTE.

Quando isso acontece, apaga progressivamente a chama do amor, e a gente lamenta...

Lamento

LAMENTO
MAS
APAGOU
A CHAMA
QUE
VOCÊ MESMA
ACENDEU.
A CHAMA
EM QUE VOCÊ
MESMA
SE QUEIMOU.
A CHAMA
QUE VOCÊ MESMA
ABAFOU.

E o lamentar nos faz às vezes querer voltar aos tempos antigos:

Eterno Retorno

A VIDA VAI
A VIDA VEM.
AMOR VAI
AMOR VEM.
ASSIM FLUTUA TAMBÉM
A AMIZADE DA GENTE.
MAS DO ENCONTRO
E DO TEMPO
O LAÇO FICA
O LAÇO QUE FAZ
A GENTE REENCONTRAR.
O LAÇO QUE FAZ
A GENTE VOLTAR.
O LAÇO QUE FAZ
A GENTE AMAR.

Aos poucos, o amor ao ser, longe da relação possessiva, se tornou cada vez mais alvo das minhas preferências, à medida que constatava, sobretudo depois da minha própria psicanálise, que eu estava procurando culpar o outro, quando o problema era na realidade da qualidade da relação condicionada pela história dos dois parceiros.

Uma relação desta natureza despertou o seguinte poema:

Longe-Perto

LONGE DE TI,
QUANDO NOSSAS ALMAS
SE ENCONTRAM FORA
DO TEMPO-ESPAÇO,
NA ALMA UNIVERSAL,
ENTÃO
ESTAR DISTANTE É
COMO ESTAR PERTO
DE TI.
PERTO DE TI
QUANDO NOSSOS OLHARES
SE FUNDEM
NUM ETERNO PRESENTE,
ENTÃO
ESTAR FORA É
COMO ESTAR DENTRO
DE TI.

Na mesma época, inspirado pelos meus estudos sobre os chakras, surgiu a seguinte poesia, que traduz a possível evolução do amor no homem:

Do amor ao poder — Ao poder do amor

AMOR À LUTA
AMOR AO SEXO
AMOR AO PODER
PODER DO AMOR
PODER DA INSPIRAÇÃO
PODER DA MENTE
PODER DO ABSOLUTO

A maior cilada da espiritualidade é a de se apegar às experiências passadas. Eu tive durante muito tempo essa tendência a ficar com saudades das minhas experiências de implosões que já relatei. O mesmo se dava comigo no domínio das relações amorosas. Tive uma época em que uma imensa saudade se apoderou de mim. Tomei consciência, aos poucos, que era na realidade a saudade de Deus:

A Última Saudade

A ÚLTIMA TRISTEZA
A ÚLTIMA SAUDADE
NÃO É DE UMA PESSOA
NÃO É DE UMA RELAÇÃO
NÃO É DE UMA CIRCUNSTÂNCIA
A ÚLTIMA SAUDADE
É DO PARAÍSO PERDIDO
AQUELE QUE FOI VIVIDO
COM UMA PESSOA
NUMA RELAÇÃO
NUMA CIRCUNSTÂNCIA

A evolução do conteúdo desses poemas apresentados na sua ordem cronológica muito espelha o homem que eu era e o homem que sou agora. A tensão entre a minha avidez oral, que se caracterizou com o primeiro poema "CONQUISTA", e a procura de um encontro existencial profundo e verdadeiro, expresso no "ENCONTRO", diminuiu bastante à medida que eu mesmo ficava mais consciente dos meus condicionamentos pessoais.

Naturalmente, com o decorrer dos anos, a minha preferência aumentou pelo segundo tipo de relacionamento, o que coincide com a nova fase da minha existência, da qual vou falar daqui a pouco.

Eu não gostaria de deixar a impressão que essa mudança foi fácil, e que agora estou num mar cor-de-rosa, bem tranqüilo; com certeza, não. Foi uma evolução muito sofrida, entremeada de separações dolorosas de pessoas que amei muito. Hoje tenho certas dúvidas a respeito da afirmação de Sartre, segundo o qual às vezes é preciso mudar para continuar a ser o mesmo. Hoje diria que é preferível procurar encontrar quem somos sem mudar de situação ou relação, aproveitando a frustração para aprender sobre si mesmo e evoluir. Devo reconhecer honestamente que, na minha vida sentimental, eu não consegui isso até agora, apesar de o ter tentado desesperadamente nestes últimos tempos.

Embora tenha aprendido que quem medita nunca está só, e embora tenha gostado, até certo ponto, da minha relativa solidão atual, tenho observado certos casais que se apóiam mutuamente no seu esforço evolutivo; são casais que ambos passaram por um processo evolutivo sistemático, tal como uma psicanálise ou grupos de encontros de casais com várias orientações teóricas. Paradoxalmente, tenho conseguido isso em muitos casais dos meus próprios grupos terapêuticos. "Casa de ferreiro, espeto de pau" poderia ser uma boa desculpa; mas não tenho de me desculpar de nada. Eu sou assim e pronto... Outra desculpa seria dizer que eu sou nascido sob o signo de Áries... No fundo eu gostaria de ser um desses casais... Mas também gosto da minha solidão relativa. Estou disponível para o que der e vier, desde que não prejudique a mim mesmo, nem prejudique a outrem. Aprendi que somos teleguiados por uma força que estou começando a identificar a toda hora.

Para mim a relação a dois, tal como o encontro comigo mesmo, são oportunidades para crescer, transcender o nosso ego e transformar o prazer terreno num êxtase divino.

A grande diferença entre o que eu era e o que eu sou hoje é que hoje *sei* que isso é possível, porque experimentei, embora ainda parcialmente.

Evolução e mudança de relação

Nessa evolução, eu me dou conta hoje, e só muito recentemente, que eu procurava fora de mim encontrar, através das relações de amizade e com o sexo oposto, a realização da fase seguinte da minha evolução.

Isso explica em grande parte as minhas mudanças progressivas de companhia feminina. Numa primeira fase, em que eu era ainda muito voltado para a satisfação da minha sensualidade e cultivando a beleza física, procurava a companhia de mulheres bonitas fisicamente, e sensuais. Numa segunda fase, em que estava sendo desbloqueada a força da forma sentimental do amor, procurava companhias femininas "boas" e maternais. Numa terceira fase, em que estava desabrochando a minha criatividade e sensibilidade artística, eu procurava companhias criativas, artísticas, músicas, poetas. Quando entrei na fase de descoberta dos poderes psíquicos, procurei mulheres interessadas nesses poderes, ou os possuindo; e agora, que estou na fase de transcender o meu ego, estou procurando companhias que também têm esse mesmo ideal. E ao procurar, em todas as fases, uma mulher, eu estava procurando a outra metade de uma cisão na qual eu não tenho nenhuma responsabilidade.

Ao descobrir isso, como fruto desta autobiografia, me dou conta do quanto havia nisso de egocentrismo e de cegueira da minha parte. Falta pouco para eu mesmo me acusar de usar os outros para conseguir os meus fins pessoais; se o fiz, foi absolutamente sem o saber. Mas ao mesmo tempo me pergunto se isso

188

não seria uma regra geral; só podemos conviver e nos entendermos com pessoas que têm interesses e motivações comuns aos nossos. Se nós evoluímos e os nossos companheiros não, se opera uma ruptura do que era o laço que nos unia. A isto o sábio dentro de mim me responde que cabe ao mais evoluído dar a mão ao menos evoluído para subir o degrau, já que o mais evoluído compreende o menos evoluído, pois já passou por essa fase, enquanto o menos evoluído não tem nenhuma noção de como se apresenta o passo seguinte, se é mesmo que sabe que existe esse passo. Mas é preciso também que o outro esteja disposto a evoluir; e se isso não se der, vem a solidão a dois; horrível...

Além do mais, estou também ficando consciente de que não somente recebi muito do outro dentro do campo ou nível evolutivo em que eu me encontrava, mas também que dei muito de mim mesmo; e que, se houve aproveitamento do outro, este sempre foi mútuo. Mais um bálsamo para a ferida do meu sentimento de culpa... Porém, isso ainda é um raciocínio dentro do ego: a troca mútua de egoísmos... E o sábio dentro de mim está me dizendo: "Deixe de se preocupar; elas também continuam evoluindo e isso não depende só de você... Quem é que você pensa que você é?... O passado passou... Vá para a frente, rapaz, e aproveite a experiência do passado... É o melhor que você pode fazer, não é?...".

Concordo com tudo isso; mas o sabor da mágoa de ter magoado continua; e isso deixa em mim uma certa tristeza.

Feliz a geração vindoura que terá à sua disposição, assim como já está começando, pessoas que possam intervir e dar orientação segura para os casais que sofrem de um descompasso evolutivo criado pela evolução mais rápida e unilateral de um dos parceiros. Eu não tive essa chance e só fui descobrir os aspectos conflitivos da evolução nos casais às custas do meu próprio sofrimento, e do dos outros.

Trasmutação da energia sexual

A relação sexual, embora possa se tornar a relação cósmica mais sublime, em que a graça desce nos dois parceiros unindo-os dentro do Eterno, ainda é, na sua raiz animal, um impecilho para um amor mais vasto, o amor universal.

Pois, da mesma forma que o leão se defende da ameaça de perda da leoa com a violência do ciúme, o macho e a fêmea humanos, quando objetos sexuais recíprocos, impedem mutuamente um amor mais amplo, dirigido a todos os seres, sem distinção de sexo. Embora necessário como instinto de conservação da espécie, a energia na sua forma sexual, para garantir o amor universal, tem que ser transmutado.

Do amor possessivo ao amor universal

Cheguei a um ponto da minha própria evolução em que o afunilamento da energia numa só amizade ou numa só relação amorosa se torna algo coercitivo e insuportável. Pode ser que isso seja apenas uma fase provisória, e que ainda eu possa viver o universo a dois. De qualquer forma, teria de ser sem possessividade; uma relação em que os dois cultivem e estejam imbuídos do amor universal, em que haja uma flexibilidade e abertura para outras amizades, com bastante confiança na profundidade da própria relação por ambas as partes. Tenho a impressão que o casamento monogâmico possessivo, tal como ele existe entre muitos casais e que não suporto mais, seja justamente produto de uma fase possessiva na história da humanidade, de uma fase do homem do "Ter", ainda muito animal nas suas reações instintivas violentas, e que seja para evitar violências entre egos possessivos e preservar a boa ordem social que Moisés e outros legisladores, sob inspiração superior ou não, resolveram, numa síntese provisória, conciliar a necessidade de atender à força do instinto sexual e à do instinto de posse animal da fêmea pelo macho e do macho pela fêmea. O produto dessa conciliação seria a união monogâmica. Pode ser também que a longo prazo essa mesma forma de união seja o contendor provisório para uma fase em que voltemos para o andrógino, numa mutação genética evolutiva em que voltaremos ao estado de Adão, que se bastava a si mesmo como ser andrógino, antes que se tirasse Eva das suas costelas; isto é, uma eventual mutação genética involutiva, que se teria dado como processo de diversificação da involução do absoluto no relativo.

E quando isso acontecer, teremos voltado a uma época, ou chegado a uma época, ou os dois, em que não haverá mais competição selvagem entre os homens. Uma época messiânica em que reinará o amor puro, desinteressado. Em que a comunicação verbal oral será substituída por uma comunicação direta, instantânea e telepática. Em que o próprio governo mundial já será ultrapassado, pois será substituído por uma harmonia natural proveniente de um governo interno de cada ser humano, pelo *self* naturalmente e harmonicamente conectado com todos os outros *selfs* dentro do *self* universal, sem a obnubilação, a ofuscação nebulosa da mente tirânica do ego separador. Uma época em que as espadas se terão transformado em arados, as polícias e os exércitos em escolas, os castigos em carinhos, os superegos em simples amor à lei de harmonização.

E enquanto isso não se der, o que fazer?

Creio que o presente livro constitui uma resposta implícita a essa pergunta. Cada um de nós, no seu estágio evolutivo, precisa trabalhar sobre si mesmo para chegar à fase seguinte; pois tudo indica que é esta a função do homem para se tornar super-homem, ou, como afirmam certos antropólogos, para de "hominal" se transformar em homem, pois há sérios indícios de que o homem ainda não atingiu a sua completude, que é infinitamente mais gratificante para ele mesmo do que o estado em que se encontra.

Isto se dá também para os casais. Há necessidade, para muitos deles, não somente de se livrarem de sua possessividade "hominal" recíproca ou unívoca, mas ainda de se abrirem para o mundo e cultivar amizades que lhes propiciem maior alegria, plenitude, através da evolução. E isso terá que ser recíproco.

Essa tarefa necessita de muita paciência e compreensão para com os seus próprios instintos, e dos outros; transformar as nossas partes em luta, aquelas nossas subpersonalidades em conflito dentro de nós e com as dos outros, em conjuntos cada vez mais unificados; para isso temos que confiar, depois de tê-la constatado, nessa força unificadora única, que é o *self* universal, líder das potencializações e atualizações recíprocas dos movimentos transfinitos das forças de homogeneização e heterogeneização, de entropia e negentropia, dentro de um sistema energético único e plenamente consciente, chegando a uma sintropia.

O nosso ego, uma vez que mais consciente, ao chamar a colaboração dessa força unificadora superconsciente, e à medida que a sua energia tremendamente bela desce na personalidade de cada um de nós, um dia se deixará dissolver nela; quando isso acontecer teremos certeza que tudo mais foi apenas um grande sonho, quando não um pesadelo. Da mesma forma que em estado de consciência de vigília achamos o sonho uma ilusão, quando estivermos em estado de superconsciência descobriremos que era o nosso estado de consciência de vigília que era apenas um sonho.

191

XIII

"EU SOU."
UMA NOVA FASE DA MINHA EXISTÊNCIA.

> O dia em que saberemos quem somos estaremos bem perto de Deus.
>
> MAURÍCIO METTERLINCK

> A mente religiosa difere completamente da mente que crê na religião...
> A mente religiosa é um estado de espírito em que não há medo e, por conseguinte, não há crença de espécie alguma, porém tão só o que é, o que realmente é.
>
> KRISHNAMURTI

Estou agora numa nova fase da minha existência. Desde a primeira implosão em Esalen, que iniciou esta minha revolução silenciosa, uma mudança gradual se operou na minha representação do Universo, do lugar do homem neste e da natureza do que chamamos de Deus, nome infelizmente gasto, tão gasto que morreu o nome, esvaneceu o significante e renasceu o significado.

Os três fatores de evolução

Todos os acontecimentos que relatei, e muitos que já esqueci ou que não pude contar por uma ou outra razão, contribuíram para essa transformação interior que foi acompanhada de uma transformação de conceitos, de valores e de comportamento exterior.

Posso agora também afirmar, tal como o fazem os mestres do Vedanta e do Kashmir Shivaism, que para evoluir como eu o fiz é necessário manter constantemente em mira três fatores ou ações fundamentais: a experiência própria, a leitura dos textos que relatem e resumam a experiência multimilenar dos outros, e enfim o poder de discriminar e comparar os dois primeiros.

A experiência fundamental parte da meditação cotidiana. Escolhi um lugar, se possível sempre o mesmo. Mantenho uma postura física relaxada com a coluna reta, sem forçar. Entro na experiência com a atitude mental de que este é o momento mais importante do meu dia. De preferência, medito depois do banho matinal, que me coloca em condições energéticas favoráveis, e antes do desjejum, o que evita desgaste inútil de energia em digestão. Depois de relaxar, concentro-me sobre o ar que entra e sai do meu nariz e o acompanho na sua evolução, recitando interiormente o mantra HAMSA; HAM corresponde à inspiração e SA, à expiração. Se vierem pensamentos, e sempre vêm, tomo consciência deles; nunca luto contra eles; eles expressam em geral problemas meus não resolvidos, do passado ou do futuro; é uma boa oportunidade de esperar pela solução que em geral a acompanha, pois estamos aí na dimensão da criatividade.

Depois, eu volto para o meu nariz, a respiração e o HAM SA. É só isso. Meditar consiste na realidade em não fazer nada, inclusive em não pensar que não se deve pensar... É uma oportunidade diária de fazer o que todo mundo projeta para a sua aposentadoria: não fazer nada, durante uns vinte minutos a meia hora por dia.

Procuro também estender, e isso se faz aos poucos, quase automaticamente, o ambiente de meditação à minha vida cotidiana; isto é, concentrando-me do modo o mais relaxado possível naquilo que eu estou fazendo aqui e agora; isso pode ser bater à máquina, espremer laranja, ou redigir um plano de aulas para o futuro. Fazer no aqui e agora as coisas com amor e perfeição; isso se estende às minhas relações humanas diárias. Eu tomo cada frustração diária, e sempre as há, como oportunidade para eu ficar mais consciente de mim mesmo.

Em relação à meditação observei o quanto de paciência se precisava para prosseguir, pois há uma constante caída no pensamento. Eis o que me ocorreu escrever:

Sempre levanta

SE CAÍRES
LEVANTA.
AO LEVANTAR

SAIBA
QUE CAIRÁS
DE NOVO.
NÃO DESESPERAS.
POIS CADA LEVANTAR
A UM NOVO NÍVEL
TE LEVARÁ.
E MAIS PERTO DO TODO
TE SENTIRÁS.
ATÉ QUE UM DIA
NELE PERMANECERÁS.

As minhas leituras diárias têm o efeito não somente de adquirir novos conhecimentos em relação ao que eu vivo durante e fora da meditação, mas também me dão ânimo para continuar neste trabalho quando entro em certas crises onde os antigos hábitos e as velhas dúvidas voltam à carga; isso está diminuindo muito ultimamente, embora ainda apareçam de vez em quando; digamos uma vez por semana, em média. Acho que a releitura destas minhas memórias me ajudarão muito a vencer essa resistência periódica.

As leituras são reforçadas com a convivência se possível diária, ou periódica se não for viável, com pessoas que têm a mesma ordem de interesses, ou se for ao meu alcance, com mestres muito mais evoluídos do que eu.

O fato de eu ensinar o que aprendi me força também a me manter permanentemente alerta; muito mais eu aprendo também com os meus estudantes; certas dúvidas deles me forçam a tomar posição sobre problemas sobre os quais ainda refleti insuficientemente. Embora eu saiba que a mente é o obstáculo quando ela nos domina, eu procuro colocá-la a serviço dessa evolução; uso o meu poder discriminativo para evitar me deixar levar por fanatismo, por aceitação cega de tudo que for escrito ou mesmo para fazer uma análise crítica das minhas próprias experiências depois, ou, se for possível, durante o tempo em que elas ocorrem.

Algumas reflexões fundamentais

À medida que eu trabalhava sobre mim mesmo, inúmeros problemas vinham à minha mente. Vou dar aqui algumas anotações que reencontrei para dar ao leitor uma idéia do que se passava na mniha mente durante estes últimos anos.

O que vem a seguir foi escrito na época da minha psicanálise, em que eu já meditava diariamente. Nessas indagações se sente a influência dos dois processos:

"O que é que fica quando nós nos livramos dos nossos próprios condicionamentos, do nosso pai, da nossa mãe em nós mesmos?

Eis um problema, ou talvez o problema essencial, da nossa existência. Eu tenho o sentimento que posso escolher os meus próprios valores e minha maneira de agir. Quem é esse "EU"? De que é feito?

Quais os critérios para "EU" escolher o meu sistema de valores?".

O próximo pensamento é influenciado por leituras de textos de Zen e também por experiências de Tai Chi, uma dança que aprendi com AL HUAN em Esalen:

"Viver consiste, entre outras coisas, em presenciar constantemente contrastes e contradições.

Por exemplo, só pode haver união se houver separação.

O que seria do dia sem a noite?

O que seria do branco sem o preto?

O que seria da vida sem a morte?

O que seria dos altruístas

Sem os egoístas?".

Este outro é do tempo em que eu estava criando para mim mesmo a minha teoria que chamei de "Infinitismo":

"O tempo é movimento no espaço.

Por conseguinte não existe o tempo.

Existe mesmo o movimento?

Só pode haver movimento relativamente a um outro ponto fixo.

E se inexistir ponto fixo, inexiste também o movimento".

Este pensamento faz parte das dúvidas que eu tinha e tenho a respeito de certas crenças religiosas ingênuas:

"O correspondente físico da elevação espiritual consiste em olhar para o alto; muitos dizem que estão se elevando em direção a Deus.

Acabo de imaginar dois indivíduos olhando ao mesmo tempo para cima; no entanto, cada um está olhando em direção oposta no espaço, pois um está nos Estados Unidos e o outro na Austrália; para o que está nos Estados Unidos, o que está na Austrália está olhando na direção oposta ao seu "Céu", e vice-versa.

Mas os dois estão olhando para o infinito...".

Hoje eu diria que olhar para o alto é concentrar a energia nos centros energéticos superiores do nosso ser físico e sutil.

Este poema foi motivado por um estudante de Psicologia Transpessoal que, ao me ouvir declarar que se havia inteligência e pensamento em cada um de nós era por si só uma prova de que havia inteligência e pensamento no Universo, exclamou: "Mas eu não estou no Universo...". Eis aí a resposta que me veio mais tarde:

Evidências que cegam

HÁ EVIDÊNCIAS TÃO EVIDENTES
QUE CEGAM
A PRÓPRIA EVIDÊNCIA.
O HOMEM FAZ PARTE
DO UNIVERSO,
LOGO TUDO
QUE O INTEGRA
INTEGRA O
UNIVERSO.
HÁ INTELIGÊNCIA
NO HOMEM,
LOGO HÁ INTELIGÊNCIA
NO UNIVERSO.
HÁ SENTIMENTO
NO HOMEM,
LOGO HÁ SENTIMENTO
NO UNIVERSO.
HÁ AMOR
NO HOMEM,
LOGO HÁ AMOR
NO UNIVERSO.
HÁ DOR E PRAZER
NO HOMEM,
LOGO HÁ DOR E PRAZER
NO UNIVERSO.
HÁ CONFLITO

```
NO HOMEM,
LOGO HÁ CONFLITO
NO UNIVERSO.
HÁ ENTUSIASMO
NO HOMEM,
LOGO HÁ ENTUSIASMO
NO UNIVERSO.
HÁ PERCEPÇÃO
NO HOMEM,
LOGO HÁ PERCEPÇÃO
NO UNIVERSO.
HÁ VIDA NO HOMEM,
LOGO HÁ VIDA
NO UNIVERSO.
HÁ CONSCIÊNCIA
NO HOMEM,
LOGO HÁ CONSCIÊNCIA
NO UNIVERSO.
HÁ EVOLUÇÃO
NO HOMEM,
LOGO HÁ EVOLUÇÃO
NO UNIVERSO.
```

E QUEM SABE? TALVEZ O HOMEM SEJA A PRÓPRIA CONSCIÊNCIA E EVOLUÇÃO DO UNIVERSO.

Certo dia, ao ler um livro escrito por um autor soviético, me vieram as seguintes reflexões:

"Uma das grandes conclusões a que cheguei é que nós, os cientistas do século vinte, e sobretudo os tecnicistas, estamos imbuídos de uma certeza: a de estarmos aos poucos dominando as leis da 'natureza' ".

Na realidade, nunca na história da nossa humanidade tivemos tantas provas do contrário; cada vez que pensamos dominar uma lei, na realidade somos dominados por ela; muito mais: podemos dizer que só podemos obter determinado resultado se *obedecermos* a essas leis; só se consegue gelo a partir de zero graus centígrados; só se pode mandar um foguete ao espaço a partir de determinado empuxo e dentro de milhares de condições *impostas* pela "natureza"; sem obedecermos a essas leis, não conseguiremos gelo nas nossas geladeiras, nem viagens ao espaço.

O nosso antropocentrismo nos tornou mais convencidos do que nunca que estamos dominando o Universo; é uma deformação da percepção de pessoas tão acostumadas a falar das "leis da natureza", que estão se esquecendo de que se trata mesmo de *leis*, e que a palavra "Natureza" esconde algo que talvez seja justamente o que inconscientemente estamos procurando desvendar.

Tomamos como exemplo um cientista soviético, A. Emme. Falando dos ritmos biológicos, disse ele que "... os teólogos afirmam que cada relógio implica um relojoeiro. E seria, segundo eles, a intervenção divina que regularia todos esses relógios sobre a mesma hora que faria corresponder os ritmos do mundo vivo e do mundo mineral e organizaria todos os processos em função de um tempo único. Na realidade, a organização dos fenômenos biológicos no tempo é uma das manifestações mais evidentes do *princípio natural*, segundo o qual todos os fenômenos se organizam da maneira a mais racional. Assim, uma justa interpretação do problema dos ritmos biológicos, se apoiando num raciocínio científico, contribui para derrubar as concepções idealistas e religiosas e estabelecer uma concepção do mundo materialista e conseqüente".

Mais tarde o mesmo autor, no mesmo livro (A. Emme. "La montre biologique." Éditions de Moscou, 1966), falando das estruturas rítmicas dos organitos, disse textualmente o seguinte: "A natureza escolheu a forma de organização das células a mais racional e assegurando o melhor possível a transferência dos elétrons e a utilização da sua energia 2 (p. 32)". Que "natureza" é essa? A pergunta não tem resposta para os chamados "materialistas"; para os "espiritualistas" se trataria de Deus; porém, nem os espiritualistas nem os materialistas conseguem definir claramente esta "causa última"; as duas categorias de filósofos reconhecem a existência de leis e de uma ordem. Enquanto uns chamam o autor dessa ordem de "Deus", os outros o chamam de "Natureza". Trocaram de palavra, mas na realidade não explicam nada.

Em certa época, descobri aos poucos o quanto o que chamamos de mundo exterior é tributário das percepções e características do nosso corpo. Foi então que escrevi este pequeno poema:

Homocosmos

ONDE ESTÁ A LUZ SEM OS OLHOS,
ONDE ESTÁ O SOM SEM OS OUVIDOS,
ONDE ESTÁ A MATÉRIA SEM AS MÃOS,
ONDE ESTÁ O ODOR SEM O NARIZ,
ONDE ESTÁ O SABOR SEM A LÍNGUA,
ONDE ESTÁ A ENERGIA SEM O SEXO,
ONDE ESTÁ O TEMPO SEM O EU,
ONDE ESTÁ O COSMOS SEM O HOMEM?

"Não apresse o rio, ele corre sozinho..."

A nossa natureza é feita de tal modo que quando fazemos intensamente uma pergunta a nós mesmos, a resposta vem ou dentro de nós, ou recebemos a solução de eventos ou de terceiros. O que relatei a respeito da minha pesquisa sobre a Esfinge, em que encontrava a resposta na hora certa, continua a se processar ao longo desta minha existência. Eu já não tenho mais essa ânsia de forçar respostas a todo custo; hoje eu sei que a resposta certa virá na hora certa. Aliás, tudo vem na hora certa. "Não apresse o rio, ele corre sozinho." Esta máxima da Gestalt terapia poderia ser um lema meu...

Foi o que aconteceu com a pergunta que eu fazia com insistência sobre a relação existente entre o homem e o Todo, que muitos chamam de Deus.

Eu Sou...

Foi depois dos meus estudos de Kashmir Shivaism com Muktananda que cheguei a realizar dentro de mim uma síntese, embora provisória, como toda síntese, das relações existentes entre o eu pessoal e o eu universal e entre a involução do Absoluto no relativo e a evolução do Homem.

Acho que a poesia ainda é um dos meios mais diretos de traduzir tal concepção, evitando, como o fizeram os antigos Rishis, Sidhas e Místicos, textos muito densos e cansativos. Eis a poesia que me veio no mês de dezembro; dediquei a primeira versão a uma turma de futuros professores de Ioga, a quem lecionei alguns princípios de Psicologia Transpessoal. Depois ampliei o texto e completei o trabalho hoje, dia 25 de dezembro de mil novecentos e oitenta, exatamente oito anos depois da minha primeira implosão em Esalen.

Dedico esta poesia a Muktananda.

Eu Sou
NATAL DE 1980

SOU DESPROVIDO
DE NOME
PORQUE TODO NOME
ME LIMITA.
PORÉM
MUITOS NOMES
ME DERAM.
SOU BRAHMAN.
SOU BRAHMA, VISHNU E SHIVA,
O QUE CRIA, MANTÉM E DISSOLVE.

SOU JAHVE.
SOU BUDA.
SOU CRISTO.
SOU O PAI,
COM OU SEM BARBA.
SOU O FILHO.
SOU O ESPÍRITO SANTO.
SOU ALLAH.
SOU ALFA E ÔMEGA,
O COMEÇO E O FIM.
SOU SAT, CHIT, ANANDA.
SOU ENERGIA.
SOU A NATUREZA.
SOU O VERBO,
SOU LOGOS,
SOU RAZÃO.
SOU CONSCIÊNCIA.
SOU DEUS.
SOU O ETERNO.
SOU UNIVERSO.
SOU
SOU (diminuir altura da voz se declamado)
SOU
. . . (silêncio se declamado)
SOU O TEU PASSADO
SOU O TEU PRESENTE
SOU O TEU FUTURO.
SOU VOCÊ DENTRO
DO TEU CORPO.
SOU TAMBÉM
O TEU PRÓPRIO CORPO.
SOU A VIDA
QUE ME TORNA
ETERNO.
SOU A MORTE
QUE TRANSFORMA
A MINHA VIDA.
SOU A LUZ
QUE ME ILUMINA.
SOU A SOMBRA
QUE ME SUSTENTA
ENQUANTO LUZ.
SOU
AS PARTES
QUE ESTÃO
NO TODO.
SOU
O TODO
QUE ESTÁ
EM TODAS
AS PARTES.
SOU O
QUE PREENCHE

O NADA.
SOU O NADA.
SOU O VÁCUO
QUE PERMEIA
O TODO.
SOU HOMEM;
SOU MULHER;
SOU O AMOR
QUE OS TRANSFORMA
EM PLENITUDE.
SOU O SILÊNCIO
QUE FUNDAMENTA
O SOM.
SOU O SOM.
SOU O VERBO
QUE PREENCHE
O MEU PRÓPRIO
SILÊNCIO.
SOU A CIÊNCIA
QUE DESTRÓI
A IGNORÂNCIA.
SOU A IGNORÂNCIA
QUE IMPLORA
PELA CIÊNCIA.
SOU SUJEITO,
SOU OBJETO,
SOU ESPAÇO
ENTRE OS DOIS.
SOU ENERGIA
QUE ATRAI
E RECHAÇA
AS PARTÍCULAS
DA MINHA LUZ,
PARA QUE EU POSSA
EXISTIR
COMO MATÉRIA.
SOU O AUTOR
SOU O ATOR
SOU O PAPEL
SOU A PEÇA
SOU O ESPECTADOR.
SOU ENTRADA
SOU CAMINHO
SOU REGRESSO.
SOU SEMPRE
O MESMO MAR
CUJAS ONDAS
SEMPRE MUDAM.
SOU A ONDA
QUE SE ESQUECEU
DE QUE É O MAR.
SOU ZERO
SOU UM

SOU INFINITO
SOU TRANSFINITO.
SOU VIGÍLIA
SOU SONHO
SOU SONO.
EM TODOS ESTES ESTADOS
SOU A CONSCIÊNCIA
QUE SEMPRE ESTÁ AÍ.
SOU PONTO
SOU FORMA
SOU SEM FORMA.
SOU VOCÊ
QUE ME INFORMA
O TEU PENSAMENTO
SOU EU
QUE ME ANALISO.
SOU A FLOR
QUE COMO RADAR
EXPLORA
O MEU UNIVERSO.
SOU A ALEGRIA
DO VÔO
DA BORBOLETA
E DO PÁSSARO.
SOU A ONÇA
QUE ME DEVORA
COMO CORDEIRO,
PARA CUIDAR DE
ME CONSERVAR
COMO MATÉRIA.
SOU EXCREMENTO
QUE ME ALIMENTA
QUANDO SOU UMA ROSA.
SOU A SEMENTE
E SOU A ÁRVORE
QUE AINDA NÃO EXISTE
NELA.
SOU O DEMÔNIO
QUE ME ESPETA
PARA ME LEMBRAR
QUE VOCÊ, SOU EU.
SOU A MONTANHA
QUE PERMITE
O MEU REPOUSO
COMO VALE.
SOU A GUERRA
QUE GARANTE A PAZ.
SOU A PAZ
QUE IMPEDE A GUERRA.
SOU PRAZER
QUE APAGA A DOR.
SOU A DOR
QUE ME FAZ

```
RESTABELECER
COMO PRAZER.
COMO INFINITO
EU PERMEIO
TODO FINITO.
COMO FINITO
VOLTO SEMPRE
A SER
O INFINITO.
COMO ETERNO
DESFRUTO
DO TEMPO.
COMO TEMPO
ME DISSOLVO
NO ETERNO.
COMO ESPAÇO
ME PREENCHO
A MIM MESMO,
CRIANDO
A MIM MESMO
COMO MATÉRIA.
ENTÃO EU ME LIMITO
APESAR DE ILIMITADO.
SOU
O MEU PRÓPRIO ALIMENTO
QUANDO VOCÊ PENSA
QUE É VOCÊ QUE COME.
SOU
A TUA PRÓPRIA EMOÇÃO
QUANDO VOCÊ PENSA
QUE É VOCÊ QUEM CHORA
OU RI OU SE ENTUSIASMA.
A TUA PROPRIEDADE
SOU EU
QUE ME POSSUI
A MIM MESMO.
SOU TUDO
QUE FALEI
E NÃO FALEI.
ENFIM SOU
A TUA ALMA
ATRAVÉS DA QUAL
DESFRUTO
DA IMENSA BEM-AVENTURANÇA
DE SER
CONSCIENTE
DA PRÓPRIA
BEM-AVENTURANÇA.
```

Neste poema consegui realmente expressar como me encontro na minha posição em relação à existência do que chamamos de Divindade.

Entregar e confiar...

Uma paz enorme me permeia enquanto sei, ainda que muito intelectualmente, que sou apenas o todo; uma vez que estamos compenetrados dessa verdade, a nossa atitude em relação a todos os momentos da existência muda totalmente. É o que acontece atualmente comigo. O que seria decepção antigamente, é tomado como uma mensagem a decifrar. Vou dar um simples exemplo. Ontem eu tinha programado uma viagem para o Rio de Janeiro, onde eu ia encontrar amigos, muito queridos, além de descansar um pouco do esforço de escrever este livro. Quando cheguei no aeroporto, ele estava interditado por mau tempo e o vôo foi suspenso. Há mais tempo isso me deixaria triste ou mesmo desesperado, seria uma frustração muito grande. Enquanto eu esperava o avião, aproveitei o atraso para ler o recente livro de Therese Brosse sobre Consciência-Energia; nem vi o tempo passar. Depois de ter recebido a notícia do cancelamento do vôo, disse para mim mesmo: "Isto aconteceu porque você não deve ir agora para o Rio; vamos esperar o que vai acontecer".

Efetivamente, algumas horas depois me veio a intuição de telefonar para Consuelo Emediato, uma amiga de longos anos que está trabalhando com Psicossíntese, um método de evolução pessoal e transpessoal. Ao conversar com ela, recebi a notícia de que ia se realizar perto do Rio de Janeiro um seminário de treinamento dado por um especialista norte-americano.

Entendi logo a mensagem e resolvi me matricular nesse curso, que me será decerto muito útil para o meu trabalho. Saber que sou o todo me ajuda também a evitar de me apegar ou de rejeitar coisas, idéias ou pessoas; pois se apegar ou rejeitar significa que a consciência ou energia se apega a ela mesma, o que é um não senso; o ato de rejeitar, por sua vez, poderia ser comparado à minha perna direita começando a querer se livrar da perna esquerda... Aliás, a mesma imagem pode ser usada para o apego; a minha mão direita querendo segurar e reter a minha mão esquerda...

Tomar consciência de que Eu Sou o Todo

Cada vez que eu me sinto frustrado, com medo, mesmo emocionado, procuro imediatamente estar consciente do apego ou da rejeição que originaram o meu sentimento. Por exemplo, antes de ontem levei as minhas filhas, genro e netos para o aeroporto; fiquei logo depois da partida invadido por uma leve tristeza; imediatamente tomei consciência que eu estava me apegando a eles, assim como aos bons momentos que passei com eles, e que eles, como eu, somos o todo; a emoção logo passou. A tomada de consciência é um diluidor de toda espécie de sofrimento.

Mas isso nem sempre é fácil. Mesmo o grande Lama Milarepa, um dos fundadores da tradição tibetana, quando perdeu o seu filho desabou a chorar; os seus discípulos, espantados, expressaram a sua surpresa ao ver esse mestre chorar, enquanto ele lhes tinha ensinado toda vida que o mundo de formas é ilusório, pois nos faz perceber as coisas como separadas enquanto elas formam uma só unidade. "É verdade, mas é que o meu filho era uma ilusão muito querida..." Foi a resposta de Milarepa para os seus discípulos.

Viagem ao Oriente Médio

Estamos agora no fim do ano de 1980, exatamente dia 31 de dezembro. Todas as pessoas que refletem um pouco sabem que estamos vivendo uma mudança enorme e muito rápida. Conflitos armados estão se multiplicando no Oriente Médio. Eu mesmo fui para lá em julho; visitei Israel pela primeira vez. Num Congresso de Educação, na Universidade de Jerusalém, uma colega, sentada ao meu lado, sabendo que nasci em Estrasburgo, me perguntou se eu conhecia o rabino Deutsch. Fora o rabino que me iniciara na língua hebraica; e era o sogro dela. Foi com muita emoção que o visitei; ele tem hoje mais de oitenta anos. Mais um "acaso"...

Também encontrei com primos meus: André Chouraki, escritor de renome na França e ex-vice-prefeito de Jerusalém. A nossa história é muito parecida. Também preocupado em restabelecer a verdade, ele traduziu diretamente do hebraico e grego o Antigo e Novo Testamentos. Ele é o primeiro judeu a traduzir o Novo Testamento, recolocando Jesus, ou melhor, Yeshoua, no seu ambiente judaico. Esta nova bíblia tem sido elogiada não somente pelo Papa e altas autoridades eclesiásticas cristãs, mas ainda por pessoas expoentes da religião e tradição judaicas. Em Jerusalém, Jesus começa a ser visto pelos próprios judeus, como o maior profeta que Israel já teve. De outro lado, esta tradução lembra aos cristãos que Jesus era judeu, talvez iniciado em Qumran, onde eu vi as grutas da descoberta dos documentos essênios do Mar Morto. Eis o que André Chouraki escreve na introdução aos Evangelhos:

"Se o mundo deve desaparecer no fogo, a arma da sua destruição está completamente pronta, e talvez também a mão que a provocará. Os recursos contra os desencadeamentos da Besta, hoje mais que ontem, permanecem sem dúvida nos apelos à justiça, à paz, ao amor que nos vem de Jerusalém pela voz dos seus profetas e dos seus apóstolos, particularmente pela de Yeshoua — Ben Yosseph, este filho de Israel que o mundo chama de Jesus Cristo.

Pois se existe um recurso contra o horror dos massacres que se preparam, ele se encontra somente na potência do amor.

O presente livro pelo menos o afirma de novo, a hora em que cristãos e judeus retornam, e podem se reconciliar, junto às suas fontes.

> 'Se o seu afastamento
> foi a reconciliação do mundo
> que será o seu retorno
> senão a vida a partir da morte?'

dizia Shaul de Tarse.

Se o nosso cisma pode contribuir para fazer a riqueza das nações, depende talvez de nós que a nossa reconciliação, na hora do grande 'Retorno', seja para todos como um novo levantar dentre os mortos...

Ela vem, a noite, homens, meus irmãos.

Sim, está em tempo de responder ao chamado do amor".

André Chouraki, chamado por uma escritora francesa "L'Homme de Jerusalém", está resumindo nessas sentenças a crise do mundo e apontando a solução: O amor entre os homens.

Vivi outros grandes momentos na minha visita a Israel. Um deles foi a visita ao túmulo de Shimeon Ben Yochai, o grande Cabalista que viveu em Safat. Até hoje uma escola de hassidins funciona junto do túmulo dele e de seu filho.

Potencial de paz e de fim apocalíptico

O ambiente em Israel está cheio de contradições; é como estar em Copacabana sabendo que em Jacarepaguá há arame farpado impedindo o inimigo de invadir a terra por surpresa. Jerusalém contém paradoxalmente o explosivo do mundo e o potencial da sua salvação. Num Kibutz, no meio dos campos floridos, ouvi, à noite, o trovão de canhões do Líbano. Em Tel Aviv tomei um dos primeiros aviões que fazem a ligação Israel-Egito; no mesmo avião, por "acaso", voava a comissão israelense de armistício com o Egito. Na chegada ao Cairo, assisti à recepção desta comissão por um general egípcio, sorridente e muito cordial. Fiquei também emocionado quando o chofer do ônibus lançou um "Shalom" muito feliz para os passageiros israelenses. Mais uma vez vi confirmada a minha certeza de que são apenas as fronteiras econômicas que dividem os homens e são responsáveis pelas guerras; todos os povos do mundo são capazes de se amarem, pois a espécie humana é uma só, nesta terra nossa. É difícil de dizer a esta altura se árabes e judeus ainda têm possibilidades de se reconciliar, salvando a paz mundial. Muitos são os que trabalham para essa reconciliação; oxalá que vençam!

O Egito, desde a entrada no aeroporto, me lembrou a miséria do povo da Índia e do Nordeste do Brasil. O explosivo do mundo está nessa pobreza. Eu gostaria também de ajudar aos que estão com fome, aos milhões de crianças abandonadas, doentes e famintas, aos pequenos engraxates, jornaleiros e mendigos; gostaria de contribuir para acabar com a miséria, a injustiça, a desigualdade e exploração dos pobres pelos ricos, dos impotentes pelos poderosos. Cada criança que me pede esmola me corta o coração...

Acabei de ler o livro oportunisssíssimo de Servan Schreiber, "O Desafio Mundial" e fiquei realmente impressionado pela cegueira do Ocidente, de cujo sistema todos nós estamos impregnados; mais ricos e mais queremos, até saturar... A saturação que provocou a minha crise existencial ainda não chegou na maioria das cidades destes países. Tudo indica que os atuais pobres terão de passar pelo caminho dos ricos, para depois chegar à conclusão de que é preciso se limitar. O desenvolvimento industrial, no ritmo em que está, irá provocar, daqui a vinte ou trinta anos, uma crise tremenda: a exaustão e o desequilíbrio ecológico! Vão forçar o homem a reconsiderar toda a sua maneira de viver, toda a sua filosofia existencial. Já nos Estados Unidos, berço do bem-estar, são justamente filhos dos mais abastados, que tomaram consciência do perigo; três por cento da população, isto é, vários milhões de pessoas, na sua maioria entre vinte e trinta anos, resolveram entrar num movimento silencioso mas de alastramento rápido: o Movimento da Simplicidade Voluntária; procuram comer, se vestir e se abrigar com o mínimo necessário, para que sobre para os outros seres humanos; mais cedo ou mais tarde as nações terão também de tomar esse caminho; sem isso não sobrará ninguém para entrar na simplicidade voluntária. Um estudo estatístico da Stanford University mostra que os mais resistentes a essa idéia são os pobres; eles querem se tornar ricos e abastados; e o mesmo se dá com os países do terceiro mundo; também resistem à idéia as pessoas extremamente imbuídas do sistema de opulência em que vivem e extremamente identificadas com as suas posses e seu papel de acionistas; são os primos dos que se suicidaram no desmoronamento da bolsa de Wall Street. A miséria e a opulência tornam o ser humano cego, e as nações também.

O "Ter" terá que ser substituído pelo "Ser", o amor ao poder pelo poder do amor, a ignorância pela plena consciência de que tudo depende de tudo.

Visita à Esfinge: A pirâmide como meio de regressão intra-uterina?

No Cairo visitei, enfim, a Esfinge de Giseh. Ela está muito mais estragada do que eu pensei; pouco tempo irá sobreviver à erosão permanente causada pelo vento e areia. Esta visita à Esfinge possivelmente iniciou esta nova fase da minha vida; como o leitor se lembra, foi pela análise do significado da Esfinge que começou a minha revolução silenciosa.

Entrei também na grande pirâmide. Ao subir num longo corredor a quarenta graus de calor, verifiquei que só se pode fazê-lo agachado; isto me lembrou um pouco a posição fetal; só ao entrar na câmara dos reis é que há espaço para nos levantarmos, o que dá uma sensação muito grande de alívio; é como se isso tivesse sido traçado propositalmente, para reproduzir nas pessoas as condições da vida intra-uterina e do nascimento, elementos essenciais a uma boa iniciação. Ao visitar a grande pirâmide não tive dúvidas de que se tratava de um lugar iniciático. Além do mais, acho que o tempo enorme que deve ter requerido a sua construção não dava para servir de túmulo para nenhum faraó; pois o faraó que decidiu esta construção jamais poderia ser enterrado nela.

Talvez os seus netos ou bisnetos. Mas qual é o homem que teria a preocupação de preparar um túmulo para os bisnetos?

Quando cheguei na câmara dos reis e olhei para o sarcófago, levei um susto, pois um rapaz surgiu de dentro dele e soltou um grito para espantar uma sua amiga que acabara de chegar; achei isto uma profanação e uma brincadeira de mau gosto.

Consegui ficar só durante algum tempo; fiquei um pouco meditando. Veio-me a idéia de emitir um mantra; verifiquei que a câmara tem uma sonoridade extraordinária e que talvez também foi usada para obter certos efeitos sonoros nos iniciandos.

Depois dessas especulações, voltei para o hotel e pouco tempo depois retornei ao avião, a fim de voltar para o Brasil, via Europa.

Na minha volta decidi submeter-me a uma operação cirúrgica, a mesma a respeito da qual já descrevi a experiência de minha saída do corpo. Graças a ela, remocei e sou grato à Medicina moderna de o ter conseguido.

Consultando o I Ching

Como o fazia C. G. Jung, o psicanalista, eu também consulto o I Ching, um livro chinês de oráculos que constitui na realidade o conjunto cosmológico o mais perfeito já realizado neste planeta.

A consulta desse livro costuma-se fazer nas grandes crises do ser humano. Devo dizer, para o bem da verdade, que ele nunca falhou; sempre me indicou a solução certa na hora certa.

Foi o que eu fiz antes do dia de começar a sangrar, para saber se eu devia ir ao médico. Eis a resposta que encontrei: que era conveniente me livrar do pequeno antes que ele crescesse e me impedisse de prosseguir na minha missão. Para mim estava claro que eu tinha que me livrar do divertículo na bexiga, antes que um mal maior se produzisse no meu organismo.

Foi aí que decidi procurar o médico que resolveu me operar.

O que me reserva o futuro?

Estou agora na idade que o meu pai tinha quando faleceu; o oitavo septenário desta minha existência. Na Ioga afirma-se que as células do nosso corpo se renovam totalmente todos os sete anos; se isso for verdade, estou agora com um corpo totalmente livre de proteínas de origem animal, pois foi há oito anos que deixei de comer carne, pelas razões que já expus. Isso irá também, assim o espero, me ajudar a aprofundar ainda mais esta minha evolução. Muito ainda me resta a fazer. Não sei o que o futuro me reserva; sei que hoje confio na força que nos permeia a nós todos e ao Universo; aliás, não há em que confiar já que nós mesmos somos essa força. Como é difícil expressar essas coisas com a linguagem; ela nos faz constantemente voltar à dualidade!

Descobrindo o significado da minha existência

Jogando agora uma vista de olhos nesta história que acabo de relatar, sou forçado a reconhecer a dificuldade de dizer qual

209

foi a minha participação efetiva como ego pensante e qual foi a do meu "destino"; o que foi que fez com que eu nascesse numa família de três religiões opostas e duas culturas tradicionalmente inimigas? Sem dúvida foram esses antagonismos que constituíram a força principal desta minha busca progressiva de unidade; procurei primeiro essa unidade fora de mim; na Esfinge encontrei o símbolo do meu próprio conflito, mas também a perspectiva da sua solução; a minha formação científica permitiu estudar mais sistematicamente as variáveis que me levaram a experiências interiores verdadeiramente excepcionais; embora muito longe ainda de serem completamente unificadoras, elas foram o bastante para me convencer definitivamente de que o meu maior obstáculo para chegar à realização suprema é o meu próprio ego pensante; um dia terei que dar o salto definitivo; quando será e se será, não sei. O meu grande paradoxo é que o meu ego ilusório não quer se entregar, embora sei que se me despojar dele, a vida sem ele será incomparavelmente mais bela. Isto é a própria natureza do ego. Sei disso, e no entanto. . .

O que percebo hoje é que a minha existência tem um sentido bastante nítido; estou aqui para aprender sobre quem sou eu e qual o meu lugar no Universo, e para transmitir o que aprendi para os outros; uma força irresistível, cada vez maior, me leva a isso. O presente documento é mais uma realização nesse sentido. Espero que este meu depoimento sirva de estímulo e reconforto para todos os que estão trilhando o mesmo caminho e que passam ou passaram pelas mesmas dúvidas. É este o meu mais profundo desejo em relação ao presente livro.

Belo Horizonte, 31 de dezembro de 1980.

PSICOSSÍNTESE

(Como *post scriptum*)

> Deve-se distinguir entre escalar montanhas e voar de avião. Você pode voar ao topo, mas não pode permanecer sempre no avião, você tem que descer... Temos que descer e passar pelo processo laborioso do desenvolvimento gradual, orgânico da conquista real.
>
> ROBERTO ASSAGIOLI

> O ser humano é um viajante no caminho de se tornar um super-homem. Cada um deveria avançar fixando o seu olhar nessa direção.
>
> ANANDA MOYI

Cinco dias depois de ter terminado a explanação de minha existência, comecei a participar deste seminário de Psicossíntese, que se apresentou a mim graças ao fato de que o aeroporto da Pampulha em Belo Horizonte tinha sido interditado. Que sincronicidade maravilhosa!

Digo maravilhosa, pois graças a esse seminário estou mais em condições de tomar distância do meu relato para distinguir melhor ainda o que se passou comigo desde o nascimento até hoje.

A força do supraconsciente

Sem dúvida posso afirmar agora que uma força muito grande, um centro poderoso em mim, levou-me progressivamente a realizar quem sou na realidade: exatamente esta própria força, o *self,* este EU interior, que nada mais é do que o *self* ou EU universal. Mais eu me mantinha afastado dessa realização, e mais estava insatisfeito, infeliz e deprimido mesmo, possuindo tudo que um ser humano pode imaginar dentro do razoável. Mais eu me aproximava dele, através de experiências em que eu me desidentificava dos meus papéis sociais, do meu corpo, das minhas emoções e da minha mente, mais paz interior, serenidade e às vezes bem-aventurança me impregnavam profundamente.

Isso explica que a investigação do inconsciente através da minha psicanálise não foi suficiente, pois estava virada para o meu passado, para os meus instintos primários e os agentes repressores familiares e escolares. Ela ajudou a desreprimir certas pressões e a me tornar mais consciente e, em consequência, mais responsável. Mas a minha evolução não podia parar aí; aquela força gritando por maior unidade continuava sempre subjacente; hoje eu sei que ela faz parte de um supraconsciente intermediário entre o meu *self* e o meu ego consciente.

Foi através do Psicodrama, da Ioga e da Psicossíntese que consegui reencontrar aquela dimensão vivenciada na minha adolescência, nos meus contatos pelo olhar. Além de uma psicossíntese pessoal que se realizou mais especialmente através da psicanálise, se efetuou uma psicossíntese transpessoal, em que se realizou progressivamente um processo de individuação, no sentido que Jung dá à palavra: se tornar indivisível, realizar a unidade EU individual com o EU universal.

Agora estou em melhores condições para distinguir e discriminar as grandes fases desse processo, apesar de estar ainda numa delas; a vantagem de ser homem é que posso me tornar consciente da minha própria consciência...

1.ª Fase — Da unidade para dualidade

Embora não tivesse falado desta fase no presente livro, isso não quer dizer que ela não existiu. Como todos os outros embriões, fiz parte de uma unidade maior com a minha mãe.

Na experiência regressiva que relatei, lembro-me vagamente dessa unidade. De qualquer forma, ficou um sentimento de perda de algo de essencial. Lembro-me ainda da minha mamadeira, que possivelmente foi o primeiro objeto "exterior" a mim. Eu chorava muito no berço, o que possivelmente significa que estava insatisfeito, frustrado e com fome. Uma tia minha confirmou esse fato, pois o meu pai tinha de vigiar para que a empregada não bebesse o meu leite.

Aos poucos, a partir dessas experiências de discriminar um objeto exterior, formou-se um ego bastante ávido e um tanto possessivo. Lembro-me de ter roubado uma caneta de um colega, pois os meus pais me davam poucos presentes, para que, como filho único, não fosse uma criança mimada. Fui severamente punido por isso; na escola me colocaram numa coluna para que todos os coleguinhas vissem o ladrão de seis aninhos. Os meus pais me privaram da sobremesa durante uma semana. Tomei mais consciência do que é a propriedade e a posse quando um colega dessa vez me roubou um livro e o rasgou, deixando-o debaixo de uma das carteiras da sala de aula.

O primeiro Deus que me foi ensinado era um Deus antropomórfico, formado à nossa semelhança e fazendo também parte dessa dualidade: Eu e Deus fora de mim. Era o Deus "Pronto-Socorro". A discriminação dual Eu — o mundo exterior se acentuou na escola diante da competição para obter os melhores lugares. Eu fazia uma competição ao reverso: tirava em geral os últimos lugares; os meus pais tinham-me colocado cedo demais na escola e eu era canhoto, para complicar ainda mais a aprendizagem. Assim, aprendi e fui condicionado durante muitos anos a almejar ser o primeiro em tudo; a minha mãe incentivava isso, me comparando com os meus primos, que todos eles tiravam os primeiros lugares.

Assim sendo, estava eu, penosamente, sendo preparado para a realização do meu ego, ou realização pessoal.

2.ª Fase — Realização pessoal

Querer ser alguém, querer ser importante, respeitado e admirado pelos outros tornou-se muito cedo uma subpersonalidade essencial do meu ego. A subpersonalidade do líder iniciou com teatro de marionetes e posteriormente funções de chefe de lobinhos e escoteiros.

Uma outra subpersonalidade: a do erótico, em grande parte reprimida pela do líder; porém, a poderosa energia sexual tinha que encontrar um caminho para a sua atualização: aprendeu a clandestinidade masturbatória e, depois, a das relações heterossexuais, que são muito bem traduzidas pelo primeiro poema do capítulo sobre a minha vida sentimental. Uma parte da energia reprimida foi colocada a serviço da supraconsciência, fazendo emergir o encontro existencial nos meus primeiros namoros. Era uma semente da qual brotaria mais tarde a subpersonalidade do místico.

Mas a subpersonalidade do líder tomou conta e passou a ocupar o primeiro plano da minha vida, invadindo inclusive uma nova subpersonalidade, a do marido e do pai. O fato de ter escolhido a profissão de psicólogo, nova subpersonalidade que foi uma forma mais ampla e mais adulta da subpersonalidade do chefe escoteiro, ainda reforçou a do líder, graças à satisfação que sempre me proporcionou de me sentir útil. Esse sentimento de utilidade, de serviço à comunidade, constitui uma outra subpersonalidade minha, a de "Benfeitor" ou "Homem Bom". Ela também está impregnada de forças vindas do supraconsciente. Ao mesmo tempo que o líder se sentia cada vez mais importante na medida de seu sucesso profissional, o "Benfeitor" se sentia mais gratificado. A profissão, que no meu caso se transformou progressivamente em vocação e missão, tornou-se um adversário bastante poderoso nas minhas relações de marido. A subpersonalidade de criança ávida da fase precedente se tinha transformado na subpersonalidade do erótico; mas a avidez ficou tanto no erótico como no líder. Por essas razões a subpersonalidade do marido se tornou instável e sofredora.

Hoje eu tenho que reconhecer essa distorção; ela me faz compreender em grande parte o celibato dos padres e swamis hindus: a energia posta a serviço da coletividade e da auto-realização. A minha preocupação sobre a natureza de Deus se transformou numa busca de uma teoria original em que pudesse também ser um líder destacado: o infinitismo. Como tinha bastante autocrítica dentro de uma subpersonalidade, o homem de bom senso, nunca a publiquei, pois eu não me levei suficientemente a sério. Hoje devo reconhecer que eu estava intuitivamente reconstituindo a filosofia do Advaita Vedanta, que é considerada como a mais adiantada da Índia, sem ter tido, pelo menos nesta existência, nenhum contato com a Índia até aquela época. Fora desse aspecto eu era descrente, agnóstico, só tendo fé na pesquisa científica.

Chegou então uma época em que as subpersonalidades do líder ambicioso e do erótico chegaram a um grau de satisfação tal que poderíamos dizer que chegaram à saturação.

Foi então que se deu a grande crise existencial e uma doença grave.

3.ª Fase — A crise existencial

O erótico, o líder e o profissional tinham tomado conta de toda minha personalidade e chegou uma época em que eles estavam plenamente satisfeitos. Cheguei então a ser um homem "realizado". Não tendo mais objetivo a alcançar e tendo alcançado mais objetivos do que eu mesmo tinha fixado, a vida perdeu todo o seu interesse para mim; passei domingos e feriados num tédio mortal. Mesmo a subpersonalidade de escritor ficou adormecida. Aliás, a respeito do escritor, eu nem sabia que esta subpersonalidade existia em mim, até que um dia, numa palestra, fui apresentado como "Pierre Weil, escritor". Levei um verdadeiro susto, pois não me tinha dado conta que realmente era, também, um escritor.

Como eu estava completamente identificado com todas essas subpersonalidade e que eu pensava que eu realmente era aquilo e nada mais e que todas elas estavam satisfeitas, eu simplesmente não sabia o que fazer da energia disponível e entrei no tédio.

Foi a época em que mais freqüentei cinema para preencher o vazio existencial que se apoderou de mim; procurei matar o tempo com as distrações estimuladas pela nossa sociedade de consumo: espetáculos e sexo.

Mas nada adiantava; mais eu usava esses recursos e mais vazio eu me sentia posteriormente. No plano sentimental esse período está muito bem expresso nos poemas "O Vazio", "Faltava Algo", "Liberdade". Passei a atribuir a responsabilidade desse vazio a outrem e acabava magoando; donde o poema "Mágoa".

Nessa época eu procurava também preencher o vazio visitando amigos. Ficava lá sem falar nada. Foi uma época em que eu tinha a fama de ser um homem calado. "O Pierre, ele não fala." Foi dessa época que o meu amigo Djalma Teixeira conta, como anedota verdadeira, a história de um amigo dele que era fã dos meus livros; ele queria me conhecer; um dia Djalma apareceu com ele. O homem começou a tecer uma série de elogios e comentários; fiquei sem saber o que responder; tudo o que eu consegui dizer foi "pois não". O homem saiu extremamente decepcionado e o meu amigo Djalma também ficou todo sem jeito. Eu estava saturado de elogios e fugia deles.

Eu tinha tudo que eu queria e não queria, e estava fundamentalmente insatisfeito. Foi então que começou a fase seguinte. Os objetivos alcançados não eram tão satisfatórios como eu tinha pensado. Tornar-se fisicamente forte e sadio, emocionalmente equilibrado, intelectualmente eficiente, socialmente bem-sucedido, ainda não era plenamente satisfatório.

4.ª Fase — No caminho da realização transpessoal

Voltaram então perguntas que eu tinha começado a me fazer na adolescência: "O que é que eu estou fazendo nesta terra? Qual o significado da minha existência?".

O fato de me ter realizado totalmente no plano pessoal, de ter desfrutado da diversidade do mundo exterior e de subpersonalidades, é que me levou a estas perguntas vitais, graças à crise existencial que tinha provocado.

No entanto, as sementes dessa fase já existiam nas fases anteriores através de algumas experiências culminantes nos namoros de adolescentes e nas minhas primeiras leituras de Krishnamurti. Isso preparou o terreno para que, no momento da crise, as energias do supraconsciente viessem reforçar esses potenciais energéticos acumulados anteriormente; além do mais, as próprias subpersonalidades desenvolvidas nas fases anteriores continham também um potencial ligado ao supraconsciente. Por exemplo, o líder e o escritor encontravam satisfação muito grande ao saber da sua utilidade. Quando eu conseguia transportar um público num nível de sentimentos mais elevados, o conferencista se achava também muito gratificado.

Mas eu queria saber mais. Mais dinheiro, mais terrenos, mais prazeres sensuais, mais sucesso; para quê? Era essa a pergunta que comecei a me fazer e que volta e meia se apresentava a mim.

Era a época da "Dolce Vita", o famoso filme de Fellini, com o qual me identifiquei bastante. Foi quando eu caí doente. Hoje estou convencido que esse meu câncer tinha relação estreita com essa minha crise existencial, e foi o seu momento culminante a partir do qual o processo de mudança, já engatilhado, se precipitou. Lembro-me agora da visita de um dos meus amigos, um psicanalista. No auge da crise, e já em plena convalescência da operação, perguntei a ele: "Qual o significado da vida?". Ele me respondeu: "Mais vida". Foi uma resposta que me fez pensar muito! Porém, não me satisfez, pois é exatamente o que eu tinha feito até agora: viver procurando viver mais intensamente ainda e não estava satisfeito.

Logo depois de restabelecido fisicamente é que comecei a praticar Ioga, a investigar a Esfinge, a meditar e a verificar inúmeros acasos ou sincronicidades na minha vida cotidiana; a minha experiência de encontro existencial em Psicodrama também pertence a esta fase preliminar, que podemos chamar de descoberta da dimensão transpessoal.

Uma verdadeira febre de leitura de livros esotéricos se apoderou de mim. Os livros antigos mudaram de prateleira.

Inicia-se então uma mudança progressiva de valores, gostos e comportamentos. Só me satisfazia com filmes em que houvesse mensagens dos grandes valores da humanidade: Beleza, Verdade, Amor.

Procurava novas amizades que também cultivassem os mesmos interesses. A música clássica passou a fazer parte integrante da minha discoteca, substituindo progressivamente tangos e sambas; devo dizer que ainda gosto de samba, porém não exclusivamente.

À medida que o tempo passava, comecei a me empolgar pela dimensão transpessoal a tal ponto que passou a fazer parte integrante da minha vida e que a minha preocupação se tornou absolutamente exclusiva em relação a ela. As minhas diferentes implosões que relatei mudaram completamente a minha maneira de ser, inclusive de me vestir. Deixei de usar gravata, visto-me de modo simples. Houve uma época em que usava cabelo comprido e túnicas indianas muito bonitas que tinha comprado na Índia. Elas eram uma forma de exteriorizar essa mudança. Quando fiz a minha palestra no Congresso de Psicologia Clínica, aquela em que fui aplaudido de pé pelo auditório, saiu no jornal que eu era um líder "carismático". Levei muito tempo para acreditar nisso; hoje sei que o magnetismo que emana da minha pessoa é resultado deste trabalho sobre mim mesmo, embora haja quem diga que desenvolvi isso em outra vida, quando teria sido um perito em magia. Quem sabe? A subpersonalidade de líder, sob influência da superconsciência, me transformou em líder carismático. Isto aumenta muito a minha responsabilidade ao lidar com os outros!

Fato é que nesta fase me empolguei tanto com o assunto que me afastei progressivamente do convívio dos amigos, inclusive das reuniões e congressos da minha profissão de psicoterapeuta. Esta fase corresponde aos nove últimos capítulos do presente livro, cuja finalidade foi justamente descrever esta minha história. O resultado positivo foi eu chegar à certeza de poder dizer: "Eu sei".

5.ª Fase — A crise da dualidade!

Realização pessoal × Realização transpessoal

É assim que a chamam dois especialistas em Psicossíntese, John Firman e James Vargiu; eles dizem que depois do homem ter experimentado até às últimas conseqüências a realização pessoal e a realização transpessoal de modo separado, o fim de cada experiência se traduz por uma crise. Eu já descrevi a minha primeira crise existencial, que se seguiu à minha plena realização pessoal. A exploração da dimensão transpessoal me levou de vez em quando a estranhar a volta à dimensão pessoal; restava uma saudade infinita e um sentimento de perda me invadia quando eu voltava a vivenciar o cotidiano, cujo sabor se tornava cada vez mais insuportável. Era sobretudo nas implosões e em certos momentos de vivência plena da existência que me dava, e ainda dá, vontade de largar tudo e me dedicar de corpo e alma à manutenção da paz mundial e a unir todas as religiões do mundo. Apenas algumas horas depois, embora subsista este ideal, a minha subpersonalidade de homem de bom senso me chama à realidade de que, sem renda fixa para realizar isso e sem ser alguém mundialmente respeitado e relacionado, ia me transformar num Dom Quixote, lutando contra moinhos de vento.

6.ª Fase — Psicossíntese do desenvolvimento pessoal e transpessoal

Creio que passei várias vezes por esta crise de dualidade; embora sem ter conhecimento suficiente naquela época da existência desta crise, elas se resolveram exatamente como resultado de duas forças em física; entrei numa nova direção da minha existência procurando colocar o meu ego à disposição da dimensão transpessoal; deixar fluir as forças supraconscientes através do meu ego. É exatamente o que eu afirmei no meu livro sobre a Esfinge, na sua conclusão: "Este livro constitui para a minha vida um novo marco. Sinto que há necessidade para todos nós de constatar que a nossa vida instintiva existe e se traduz pelo nosso narcisismo, que carregaremos até a nossa morte. Mas que também está em nossas mãos colocar esse narcisismo a serviço do desenvolvimento da consciência humana".

Esta foi uma primeira tomada de posição diante dessa dualidade; ela se traduziu progressivamente na transformação das minhas subpersonalidades, à medida que aparecia uma nova subpersonalidade que integrou as forças positivas daquelas: a subpersonalidade do místico, com a qual passei a me identificar de modo bastante acentuado; essa subpersonalidade consegue hoje a colaboração do líder, do erótico, do escritor e do psicólogo, servindo de veículo da força do supraconsciente.

Desde aquela tomada de posição descrita no meu livro sobre a Esfinge, escrevo periodicamente os meus objetivos essenciais numa folha de papel, que coloco na pasta de assuntos a despachar do meu consultório, de tal modo que me sirvam de lembrete a toda hora. No último bilhete que escrevi já há alguns anos, uns sete possivelmente, estão escritas duas palavras: "Consciência cósmica e Amor". Isto quer dizer que em todos os atos da minha vida procuro me lembrar que faço parte integrante de uma consciência maior e que por isso mesmo preciso colocar amor em todas as minhas relações interpessoais, pois as outras pessoas também são partes da mesma consciência maior.

Assim, a energia do *self* vai impregnando cada vez mais a minha vida cotidiana; trabalho para me tornar um simples veículo dessa vontade superior; aliás, é o que somos na realidade, mas não o percebemos. O nosso ego o impede, como as nuvens impedem de ver o sol e o céu azul. Essa maneira de proceder me levou a descobrir aos poucos o significado da minha existência que é o de fazer justamente aquilo que estou fazendo: aprender e transmitir para os outros o que aprendi e como cheguei lá. Isso estou conseguindo apoiando organizações ou comunidades em gestação onde outros também podem fazer o mesmo que eu, ou dando conferências, ou no aconselhamento individual, na psicoterapia de grupo, no Cosmodrama e através dos meus livros.

Isso não impede que cada implosão, ou mesmo cada experiência culminante, insufle novas energias extremamente poderosas que me incentivam a fazer cada vez mais e melhor tudo o que acabo de falar.

Pode ser que um dia esteja impelido a mudar o curso dessa direção que estou seguindo já há vários anos; decerto será para algo mais essencial ainda para os desígnios do *self; o* apocalipse está aí, ameaçador. Pode ser também que o que eu e muitos outros estão fazendo através da educação e terapia transpessoal seja a sementeira de uma nova geração sobrevivente para uma nova era. Só o futuro o dirá.

QUESTÕES EM SUSPENSO

Estamos agora no início do ano de 1981. Estou sentado na minha mesa de trabalho e me sinto imprensado entre dois fenômenos sócio-econômicos.

De um lado a minha janela dá para as montanhas de Belo Horizonte; um verde imenso cobre a maior parte delas; beija-flores vêm de vez em quando se abastecer no meu jardim natural. Uma paisagem linda! Esta contribui para a minha paz interior; no entanto, algo alarmante está acontecendo: uma parte das montanhas está sumindo aos poucos; explosões longínquas levantam uma poeira inquietante; o minério de ferro está sendo levado para o Japão, em ritmo acelerado; naquela região o verde está sumindo, substituído pelo deserto.

Do outro lado, junto à cozinha, tem o quarto de empregada; como não tenho empregada, deixei-o para um jovem operário de construção; em troca da moradia, ele cuida da casa quando vou viajar. Acontece que ele tem bom coração: resolveu dividir a casa com outro rapaz e ainda hospeda ou divide a sua comida com outros rapazes; outro dia o seu quarto estava com quatro deles, mais a sua namorada; eles vivem de bico, quando encontram.

De um lado, a deterioração da natureza e o problema econômico de sobrevivência de um país em vias de desenvolvimento material; do outro lado, a miséria em que vive a maior parte da sua população e as primeiras manifestações da explosão demográfica do mundo. E eu no meio disso, escrevendo este final de memórias, vejo em cima da minha mesa o livro de J. J. Servan Schreiber, "O Desafio Mundial". O desafio mundial chegou dentro da minha própria casa e da região em que vivo. O que significa isso? É esta a primeira questão que me ocorre fazer. E como tudo isso vai se desenvolver?

Onde está o ponto de encontro entre a revolução silenciosa que está se desenvolvendo em mim e em muitos outros seres humanos neste fim do século vinte, de um lado, e esta transformação da nossa sociedade industrial em sociedade de informática, do outro lado? Se for realizada esta sociedade de informática e parece que vai ser mesmo, o trabalhador braçal vai ser transformado num homem perito em usar a sua mente de modo criativo; a sua alimentação terá que mudar pois ele será mais sedentário; entraremos na civilização do lazer; ele terá tempo e energia para evoluir; a energia gasta em força e trabalho físico irá subir de nível; no Japão, o pessoal já começa o dia nas indústrias com exercício físico e meditação. E como o mostrei, a meditação é a porta de entrada para reunificação homem-cosmos; está despontando uma esperança e uma reação à ameaça apocalíptica. Qual dos dois movimentos vencerá?

É esta a segunda questão.

Diante da imensidão do problema, quase não me atrevo a fazer uma pergunta pessoal, sobre a minha própria existência; diante do gigantismo da sociedade industrial em aparente falência e a miséria despontando no terceiro mundo em que vivo e num país que passei a gostar imensamente, faço agora a pergunta que muitos estão se fazendo nesta hora: "O que será de mim na possível tempestade que se aproxima?".

A minha revolução silenciosa continuará, pois uma vez desencadeada, não há recuo possível, como carece de sentido a idéia de recuar na revolução industrial; só podemos ir para a frente, cada um cuidando, no seu cantinho e no seu nível de atuação social, de zelar para que essa revolução se faça em proveito da humanidade e da natureza deste planeta, do qual estamos começando a sair. Corretivos se revelam necessários; entre eles, a volta à simplicidade, que implica no abandono da possessividade, já é atitude adotada por milhões de pessoas no mundo.

Estes, sem dúvida, através da sua revolução silenciosa, encontraram mais paz e serenidade. Será que os outros terão que passar por todas as crises que descrevi aqui?

Anexo I

RECOMENDAÇÕES GERAIS PARA QUEM ESTÁ INTERESSADO NA SUA PRÓPRIA REVOLUÇÃO SILENCIOSA.

> Precisamos criar indivíduos e comunidades que compreendam a sua relação com a consciência criativa que se expressa através deles.
>
> DAVID ZELLER

Estou seguro de que muitos leitores, durante a leitura do presente livro, se identificaram com partes ou com toda a minha história; isto criou possivelmente o desejo de iniciar a sua própria revolução silenciosa, ou de desenvolver algo que já despertou.

Embora o presente relato já contenha muitas indicações implícitas ou explícitas, fiz uma tentativa de condensar o assunto sob forma de algumas recomendações e alguns princípios que podem ser bastante úteis, como o foram e continuam sendo para mim.

Tudo que está escrito aí é um resumo muito condensado de tudo que vivenciei até agora; por conseguinte, mesmo se baseando na minha experiência pessoal e no que aprendi dos outros, há ainda muitos outros aspectos que deixaram de ser mencionados aqui, ou por falta de experiência no assunto, ou porque no momento não os estou focalizando suficientemente para me lembrar deles.

Por conseguinte, embora úteis para muitos, certas pessoas terão encontrado outros meios ou caminhos não mencionados aqui; isso não quer dizer que eles sejam desprezíveis.

A respeito da realidade e do self universal

1 — A vivência da realidade é função do estado de consciência em que nós nos encontramos.

Os estados de consciência são os seguintes:

— Vigília;

— Sonho;

— Sono;

— Consciência Cósmica.

2 — Em cada estado de consciência está sendo atualizado um subsistema energético diferente.

a) No estado de Vigília está em atividade o subsistema feito de energia densa ou compacta que corresponde ao corpo físico, em que estão ativados os nossos cinco sentidos, os órgãos motores, a nossa mente.

b) No estado de Sonho, está atualizado o nossos subsistema energético sutil, isto é, invisível para os cinco sentidos do corpo físico e que compreende:

— A energia vital;

— A energia mental-emocional;

— A energia cognitiva.

c) No estado do Sono sem sonho é vivenciada a consciência, ou *self* individual, isto é, a consciência universal ainda identificada com esse subsistema sutil, e que por isso mesmo contém o registro de todas as impressões boas passadas, ligadas ao prazer que provoca os apegos, e as impressões ruins ligadas à dor que provoca as rejeições; este *self* é ainda ignorante da sua natureza cósmica e é por isso mesmo a causa do apego e da rejeição. A sua vivência é acompanhada do estado de bem-aventurança característico do sono profundo.

d) No estado de Consciência Cósmica é vivenciada a Energia-Consciência pura, o *self* universal desligado de todas as características individuais descritas anteriormente. Além da bem-aventurança, há uma vivência do absoluto sem divisões; a pessoa passa a realizar a experiência de ser a consciência pura que permeia todos os universos além do tempo-espaço de nosso estado de Vigília.

3 — Cada um desses subsistemas individuais coloca o *self* individual em relação com o subsistema correspondente nos universos da seguinte forma:

a) O corpo físico coloca o *self* em contato com o mundo físico, que chamamos de matéria sólida, líquida e gasosa; isto se faz, como já foi dito, em estado de consciência de vigília.

b) O corpo sutil nos coloca em contato com os subsistemas energéticos sutis dos universos, tais como ondas e possivelmente os elétrons, assim como as manifestações simbólicas e formas arquetípicas de seres em outras dimensões ou forças invisíveis que presidem a organização e densificação dos sistemas e subsistemas dos universos. Isto é, em estado de consciência de sonho, o nosso *self* está instalado no corpo, ou subsistema sutil, e pode "ver", "ouvir", "cheirar", "degustar", "sentir" ou mesmo "conhecer mentalmente" formas energéticas que resultam de planos e projetos potenciais do *self* universal, ou mesmo do *self* pessoal; neste caso se trata de clarividência, clariaudiência e de todos os poderes PSI da Parapsicologia.

c) O corpo causal nos coloca em contato com os potenciais ainda adormecidos, com os planos, programas e metaprogramas que constituem as causas do mundo das formas minerais, vegetais, animais, humanas e de seres mais sutis. Isto se faz no estado de consciência de sono.

d) O corpo supercausal já se confunde com o *self* universal. Nele desaparece a distinção entre *self* individual e *self* universal; é o Estado de Superconsciência.

4 — Existe uma energia única que permeia e constitui a essência dos mundos mineral, vegetal, animal e humano; essa energia é a própria consciência.

5 — No homem, essa Energia-Consciência toma um aspecto individual que acaba se limitando a ponto de se esquecer quem ela é. É a involução do Absoluto no Mundo Relativo.

6 — Ela assume, então, no homem, as características do ego que, através do intelecto, das emoções e sensações físicas, age como se fosse um ser separado dessa consciência.

7 — O ego projeta, então, para fora, essa Consciência Universal, e a chama de Deus ou outros nomes, criando através da sua mente uma dualidade: Ego-Deus. O homem dá a Deus a forma que corresponde ao seu próprio estágio evolutivo: Castigador, Eros, Todo-Poderoso, Amor Puro, Criador, etc.

8 — O homem é uma reprodução em miniatura do sistema e das leis que regem a manifestação dessa Consciência-Energia, ao mesmo tempo em que ele é esta mesma.

9 — Como tal, ele mesmo involui, da unidade mãe-filho do feto, para pluralidade da vida extra-uterina.

10 — Ao se conhecer a ele mesmo, ele pode, dentro de determinadas condições, lembrar-se que ele é na realidade essa Consciência-Energia, ou *self*, e voltar às condições da unidade, enriquecido intelectualmente dos próprios mecanismos da involução e evolução, isto é, da ciência.

11 — O ego tem a função específica e importante de proteger e permitir a sobrevivência do sistema físico-bio-psíquico e servir de ponte para a sua realização como Consciência-Energia.

12 — Ele, ao realizar isso, contribui para garantir a manutenção eterna da Consciência Universal.

Condições para a sua realização

1 — Para o ego sob forma de consciência humana voltar a se vivenciar como Consciência-Energia Universal, o homem precisa percorrer o caminho inverso desta involução da Consciência-Energia absoluta no mundo relativo das formas físicas.

2 — Para isso ele precisa justamente dissolver esse ego, provisoriamente, durante a meditação, até que possa viver nos dois planos, pessoal e transpessoal, que são uma só realidade.

3 — Ele mesmo possui dentro dele uma força propulsora que o leva a realizar, queira ou não, essa evolução. Essa força não é nada mais que a própria Consciência-Energia, ou *self*. Tudo se passa de uma maneira análoga ao que fazemos quando vamos ao cinema: sabemos que vamos lá para sermos iludidos e acabamos sendo: choramos nos identificando com a mocinha, ficamos com raiva do bandido e rimos com situações engraçadas do enredo; durante essas identificações esquecemos por completo que tudo não passa de uma ilusão criada pelo próprio homem, com aparelhos construídos por ele mesmo. E, queiramos ou não, teremos de sair da sala e perceber que tudo isso era um jogo montado por nós mesmos.

4 — Assim também essa Consciência-Energia tem a propriedade, uma vez involuída, de se identificar com o corpo, as emoções,

a mente e os papéis ou subpersonalidades que constituem a sua personalidade individual; ela o faz com a sua característica própria: de modo absoluto. É isso que constitui o ego. Dissolver o ego consiste em se desidentificar de todos esses elementos e se desapegar deles, mesmo percebendo mais tarde, numa outra etapa, que eles também são a Consciência-Energia, ou *self*. Cada vez que fazemos isso, voltamos a nos lembrar que estamos apenas no cinema.

5 — Mas o desejo de saber o fim do filme, isto é, da ilusão, é tão grande, que voltamos imediatamente ao esquecimento. Por isso mesmo é necessário reduzir os desejos ao mínimo necessário para sobreviver, pois eles estão na origem dos apegos e identificações; isso precisa ser feito sem repressão, pois, como disse Pascal: "Rechaça a natureza, ela volta galopando".

A evolução, isto é, o processo de retorno do relativo ao absoluto se faz de várias maneiras:

a — *De modo espontâneo:* através da vivência de experiências culminantes que acontecem em momentos cruciais da existência, tais como o nascimento de um filho, uma separação ou uma morte, um acidente, ou por estímulos exteriores, tais como um espetáculo bonito, um concerto ou uma cena excepcional da natureza.

Através da desidentificação progressiva e da realização que somos muito mais que o nosso corpo, as nossas emoções, a nossa mente e os nossos papéis ou subpersonalidades; isto acontece de modo natural, pois chega um momento em que cansamos dessas identificações e as reconhecemos como tais; então, a energia se torna disponível para uma nova síntese.

b — *De modo provocado:* podemos, uma vez desencadeada a motivação para isso, precipitar este processo usando recursos por vontade própria. Entre eles figuram:

— Praticar a meditação diariamente, durante a qual o ego se dissolve mais ou menos integralmente e provisoriamente; trata-se de uma ginástica diária visando a neutralizar momentaneamente o bloqueio da Consciência-Energia pela mente.

— Fazer de cada instante de nossa vida, seja familiar, profissional ou social, uma oportunidade para praticar os mesmos atos que executaríamos sem isso, de modo desapegado e desidentificado.

Estas duas práticas se completam e se reforçam uma à outra, de tal modo que aparecem progressivamente no cenário diário sentimentos de paz e bem-aventurança e serenidade. A força do supraconsciente, como manifestação do *self*, vem cada vez mais em ajuda a esse esforço da vontade individual, até chegar a uma fusão cada vez maior, da vontade pessoal com a vontade universal; percebe-se um dia, que essas duas são na realidade uma só. Os acasos, ou "sincronicidades", podem ser encarados como sinais de que este processo está em plena realização.

— Nas crises existenciais, a intervenção de terapeutas experimentados, e se possível conscientes desses princípios, ajuda também a mobilizar as energias gastas no conflito em forças disponíveis para essa evolução. Especialmente os conflitos entre as subpersonalidades são boa oportunidade para o *self* emergir.

Meios acessórios podem contribuir de modo poderoso para reforçar ainda mais o processo; entre eles figuram:

— O controle voluntário da alimentação, isto é, dos elementos ou eventos energéticos que podemos ou não deixar entrar no nosso organismo: alimentos físicos, emocionais, mentais e espirituais. Existem alimentos que estimulam a evolução, outros que a retardam ou a tornam até quase impraticável.

— Retiros periódicos da vida cotidiana para realizar cursos, seminários ou simplesmente reflexões pessoais sobre a própria evolução num lugar no meio da natureza.

— A procura de um mestre é um dos recursos clássicos. O guru é um catalisador de evolução. Ele precisa ser uma pessoa que esteja ele mesmo plenamente realizado, com o conhecimento profundo dos textos e técnicas de evolução e reconhecido pelo seu próprio guru como sendo apto para a sua tarefa.

Há um ditado que diz que quando o discípulo está pronto, o mestre aparece. Nem sempre o mestre é um ser vivo em carne e osso; ele pode também aparecer sob forma de sonho, de visão, de livro ou pela realização de que o verdadeiro mestre está em nós mesmos; a função do guru não é nada mais nada menos do que a de nos mostrar que temos o guru dentro de nós mesmos. Tudo se passa como no caso daquela secretária que estava procurando os seus óculos em toda parte e seu patrão apontou para a sua cabeça; ela os tinha colocado ali; mas ela não tinha mais consciência disso; é o que faz o guru; ele nos mostra por todos os meios ao seu alcance que o *self* está dentro de nós mesmos.

Haverá muitos falsos gurus no seu caminho; mesmo assim, é preciso procurar separar a mensagem do mensageiro. Há mensagens excelentes que são transmitidas por mensageiros deficientes e há excelentes mensageiros que não sabem como e quando transmitir a mensagem certa para a pessoa certa.

No entanto, evite, mesmo se estiver aprendendo muito, se entrega totalmente às pessoas que pretendem ser mestres e que no entanto apresentam as seguintes condições negativas para um mestre:

— Dependem financeiramente dos seus discípulos e os exploram.

— Se dirigem um Ashram ou comunidade, a terra pertence a eles mesmos, em vez de ser da comunidade.

— Criticam os outros mestres ou outras linhas e caminhos de desenvolvimento.

— Afirmam que o seu caminho é o mais perfeito de todos, ou o único verdadeiro, com certo fanatismo.

— Ameaçam de sanções ou castigam quem quer sair da organização ou caminho.

— Afirmam que detêm poderes e que estes poderes são deles, mostrando nisso vaidade e orgulho.

— Exibem esses poderes e fazem questão de propaganda deles no rádio, TV ou imprensa. É o caso dos faquires, que nunca foram mestres nem iogues.

— Fazem proselitismo, procurando aumentar o número de discípulos. Há um velho ditado que diz que o cavalo é que vai à fonte; nunca a fonte vai ao cavalo. Essa observação é sobretudo válida quando se trata de aumentar receitas organizacionais.

— Condicionam a comunicação de mantras ou a iniciação a pagamento em dinheiro, especialmente se este pagamento for para eles e não para a organização ou a comunidade.

— Certos livros constituem excelentes gurus: Krishnamurti, Sri Aurobindo, Telhard de Chardin, Vivekananda, Thomas Merton, Suzuki, Inayat Khan, Muktananda, Paramahansa Yogananda, Sivananda, Pietro Ubaldi, Roberto Assagioli e muitos outros ainda.

— Procurar ver a toda hora o todo em todas as partes. Quando isso se torna um hábito, perde o sentido tanto apego a coisas, idéias ou pessoas, como a rejeição destes. E com isso desaparece o medo e a agressão que levam ao sofrimento humano. Não havendo nada mais a perder, o medo de perder não tem mais sentido: do mesmo modo não há mais o que defender; a agressão perde também o sentido.

— Procurar transmutar na hora em que aparecem todos os sentimentos negativos em sentimentos opostos; por exemplo, se estiver com raiva de alguém, procure tomar consciência dessa raiva na hora em que ela aparece; ela se dissolverá imediatamente; nesse momento imagine uma onda de amor saindo do seu coração e indo ao encontro da pessoa da qual tinha raiva.

— Procure estender a consciência de vigília ao sonho e sono profundo; pois a consciência está sempre aí.

— Procure viver no momento presente; no "aqui" e "agora" é que se encontra o eterno.

A respeito dos poderes parapsicológicos

À medida que se processa a evolução, podem aparecer diversos poderes; vamos citar aqui os principais. A lista é enorme: Telepatia, Clarividência, Premonição, Retrocognição, Escrita automática, Cura pelas mãos ou à distância, Psicocinesia ou ação sobre objetos à distância, Saída do corpo físico, Levitação do corpo físico.

Se isso ocorrer, não se assuste pois isso faz parte do processo. Mas também não se deixe empolgar, nem fique vaidoso disto; pois é a manifestação da superconsciência em você que está agindo, e não você; há o perigo de inflar o seu ego e de parar a sua evolução, pois o ego é justamente o obstáculo único para que essa mesma se realize.

Os entendidos no assunto estimam que duas exceções podem ser abertas nesta recomendação: o uso do poder de cura feito com muito amor e abnegação ou a pesquisa científica podem concorrer para ampliar a consciência e facilitar a emergência de energias provindo do *self* através da superconsciência.

Os perigos no caminho

Da mesma forma que a repressão da dimensão transpessoal leva a um exagero de possessividade na realização pessoal e a uma conseqüente crise existencial e neuroses graves, o inverso também é verdadeiro: abrir-se totalmente para a supraconsciência sem cuidar da manutenção da vida cotidiana e sem o devido preparo para isso, pode causar a irrupção de um excesso de energia com conseqüências que diferem conforme a pessoa e os fenômenos a que tiver sido submetido:

Delírio paranóico de salvador do mundo ou de ser Deus onipotente, intromissão de personalidades ou subpersonalidades intrusas de origem externa, terror provocado pela visão de seres em outra dimensão ou por outros fenômenos perceptivos, sem contar o simples medo de ficar louco. Visto sob este prisma, a chamada loucura não seria nada mais, nada menos, do que a irrupção sem preparo dessas energias, em plena viagem para a realização do *self*.

Outro fenômeno que pode ocorrer é a depressão devida ao constraste entre a vida cotidiana e as experiências transpessoais; por isso mesmo é indispensável aprender a tornar cada pequeno evento da vida cotidiana numa oportunidade para transcender o ego e facilitar assim o acesso das energias do supraconsciente, de modo harmonioso e natural.

Às vezes acontece também que a pessoa se sinta triste, inútil, insatisfeita depois de ter entrado na dimensão transpessoal. Isto pode ser o sinal de um acúmulo de energia provindo do supraconsciente; a natureza desta energia exige que ela seja redistribuída, transmitida para outros seres. Isto pode ser feito sob forma de serviços desinteressados para a comunidade, cuidar da evolução de outrem, dar conselhos de amigo, ensinar e transmitir assuntos de natureza transpessoal. À medida que isto se faz, o processo evolutivo se encontra em estado de aceleração crescente.

Anexo II

DECLARAÇÃO DE PRINCÍPIOS

Nós, membros do Retiro das Pedras, estamos de acordo para declarar que:

1. O Retiro das Pedras constitui uma comunidade de pessoas que procuram alcançar uma ou várias das finalidades abaixo descritas.

2. Procuramos o Retiro das Pedras pela sua natureza deslumbrante que nos propicia ambiente para atingir as finalidades descritas a seguir:

    — Recompor e desenvolver o nosso corpo e a nossa energia, compensando o desgaste produzido pela poluição de toda espécie.

    — Encontrar, graças ao silêncio e ao contato direto com a natureza e ao convívio com pessoas afins, alívio de tensões, equilíbrio emocional e paz interior, desfrutando da alegria de viver.

    — Refletir e meditar, visando à nossa própria evolução pessoal.

    — Encontrar dentro e fora de nós os grandes valores da humanidade: amor, beleza e verdade.

    — Restabelecer a nossa unidade interior e nossa comunhão com os homens e a natureza.

3. Para atingir estas finalidades, colocamos à disposição da comunidade, dentro do possível, a nossa competência, experiência de vida e energia da seguinte forma:

    — Incluir nos Estatutos os princípios acima descritos e dar-lhes uma forma que permita a eficiente realização da vontade de todos.

— Zelar pela boa execução desses novos Estatutos.

— Dar vida a esta comunidade aproveitando a experiência de outras comunidades e colaboração de organizações afins.

— Continuar e desenvolver obras de infra-estrutura que contribuem para atingir estas finalidades, eliminando porém todos os aspectos frustrantes, perturbadores da paz ou poluentes.

— Proteger o meio ambiente por todos os meios ao nosso alcance.

— Propiciar meios de desenvolvimento e evolução para os nossos membros, suas famílias e amigos, integrando os planos físico, emocional, mental e espiritual, com a cooperação efetiva de todos. (A comunidade existe para as pessoas, e não as pessoas para a comunidade...)

— Fazer do Retiro das Pedras um exemplo e centro de irradiação desse espírito para o mundo exterior.

OBRAS DO AUTOR

EM PORTUGUÊS

1 — *ABC das relações humanas.* Ed. Nacional. São Paulo. 1954. (Esgotado.)

2 — *ABC da Psicotécnica.* Ed. Nacional. São Paulo. 1955 (Esgotado.)

3 — *Relações humanas na família e no trabalho.* Ed. Vozes. Petrópolis. 39.ª edição. 1980.

4 — *A criança, o lar, a escola.* Ed. Vozes. Petrópolis. 5.ª edição. 1979.

5 — *A sua vida, seu futuro.* Ed. Vozes. Petrópolis. 5.ª edição. 1979.

6 — *Amar e ser amado.* Ed. Vozes. Petrópolis. 9.ª edição. 1979.

7 — (Com Roland Tompakow.) *O corpo fala.* Ed. Vozes. Petrópolis. 10.ª edição. 1980.

8 — *O psicodrama.* Cepa. Rio. 1979. Prefácio de J. L. Moreno. 2.ª edição.

9 — *O potencial de inteligência do brasileiro.* Com Eva Nick. Cepa, Rio. 1972.

10 — *Dinâmica de grupo e desenvolvimento em relações humanas.* Itatiaia. Belo Horizonte. 1972. (Com Anne Ancelin Schutzenberger, Célio Garcia e outros.)

11 — *Manual de Psicologia aplicada.* Itatiaia. Belo Horizonte. 1967.

12 — *Liderança, tensões, evolução.* Itatiaia. Belo Horizonte. 1972.

13 — *Esfinge; estrutura e mistério do homem.* Itatiaia. 1976.

14 — *A mística do sexo.* Itatiaia. Belo Horizonte. 1976.

15 — *O nome secreto de Deus.* Interlivros. Belo Horizonte. 1981.

16 — *A consciência cósmica.* Introdução à Psicologia Transpessoal. Ed. Vozes. Petrópolis. 1979. 2.ª edição.

17 — *Fronteiras da regressão.* Ed. Vozes. Petrópolis. 1976.

18 — (Com Anne A. Schutzenberger.) *O psicodrama triádico.* Interlivros. 1976.

19 — *Fronteiras da evolução e da morte.* Ed. Vozes. Petrópolis. 1979.

EM FRANCÊS

20 — *La jeunesse et le scoutisme devant le problème sexuel.* Préface de Bourjade. Arc Tendu. Paris. 1947. (Esgotado.)

21 — *L'Affective Diagnostic* — Presses Universitaires de France. Paris. 1952. (Esgotado.)

22 — *Le dessin chez l'enfant.* (Avec R. Zazzo, P. Naville.) Préface de Henri Wallon. Presses Universitaires de France. Paris. 1950. (Esgotado.)

23 — *Relations humaines dans la vie familiale et professionnelle.* Dunod. Paris. 1963. (Esgotado.)

24 — *Relations humaines entre les parents, les enfants et leurs maîtres.* Dunod. Paris. 1963. (Esgotado.)

25 — *Le Sphinx: structure et mystère de l'homme.* Epi. Paris. 1973.

26 — *Repression et libération sexuelles.* Epi. Paris. 1974.

27 — *Votre corps parle.* Marabout. Bruxelles. 1976.

EM ESPANHOL

28 — *Relaciones humanas en la familia y en lo trabajo.* Kapelusz. Buenos Aires. 1965.

29 — *Relaciones humanas entre los alumnos, sus profesores y padres.* Kapelusz. Buenos Aires. 1965.

30 — *Como elegir la profesión.* Kapelusz. Buenos Aires. 1970.

EM HOLANDÊS

31 — *Intermenselijke verhoudigen in werk en gezin.* Editest. Bruxelles. 1969.

32 — *Niet verbale inteligentzie test.* Editest. Bruxelles. 1974.

33 — *Intermenselijke verhoudigen tussen kinderen, ouders en Berarem.* Editest. Brussel. 1966.

IMPRESSO NA
sumago gráfica editorial ltda
rua itauna, 789   vila maria
02111-031   são paulo   sp
telefax 11 **6955 5636**
sumago@terra.com.br